AF561004

DIARIO

Ana Frank

Diario
Ana Frank

© Dora Tapia | | traducción
© Genoveva Saavedra | | diseño de colección y portada
© iStockphoto | | Guy45 (avión), Sduben (zorro)

D.R. © Selector S.A. de C.V. 2017
Doctor Erazo 120, Col. Doctores,
C.P. 06720, México D.F.

ISBN: 978-607-453-451-1
Primera edición: enero 2017

Buque de **Letras**® es una marca registrada de

Impreso en México
Printed in Mexico

2 de junio de 1942

Yo espero ser capaz de confiarte todo como jamás lo he hecho con nadie, y espero que seas un gran apoyo para mí.

28 de septiembre de 1942 [añadido]

Hasta ahora he tenido un gran apoyo en ti, también Kitty, a quien escribo con regularidad. Esta forma de escribir en mi diario me gusta mucho más y ahora me cuesta la hora para sentarme a escribir en ti.

¡Oh, estoy tan contenta de haberte traído conmigo!

Domingo 14 de junio de 1942

Voy a comenzar con el momento en que te recibí, es decir, cuando te vi sobre mi mesa de regalos de cumpleaños (porque, aunque presencié el momento de la compra, eso no cuenta).

El viernes 12 de junio me había despertado a las seis de la mañana en punto, es bastante comprensible, ya que era mi cumpleaños. Pero a las seis no me permitían levantarme aún, así que tuve que refrenar mi curiosidad hasta las siete menos cuarto. Entonces no pude por más tiempo y fui al comedor, donde me recibió Moortje, nuestro gato, dando piruetas.

Poco después de las siete fui con papá y mamá y luego a la sala de estar para desenvolver mis presentes; lo primero que llegué a ver fuiste tú, probablemente has sido uno de mis obsequios más bellos. Luego un ramo de rosas, una planta en maceta y dos peonías. Papá y mamá me obsequiaron una blusa azul, un juego de mesa, una botella de zumo de uva que según creo sabe un poco a vino (pues el vino está hecho de uvas), un rompecabezas, crema, dinero y un vale para dos libros. Además, recibí otro libro, *La cámara oscura* (pero ya que Margot lo tiene lo cambié), unas galletas caseras (horneadas por mí, por supuesto, porque últimamente hacer galletas se me da muy bien), un montón de dulces y una tarta de fresas hecha por mamá. También una carta de la abuela, que ha llegado puntual; pero eso, sin duda, fue casualidad.

Luego pasó Hanneli a recogerme y fuimos al colegio. Durante el recreo compartí a los profesores y alumnos galletas de mantequilla; después tuvimos que volver a clase. Llegué a casa a las cinco, porque había ido a gimnasia (aunque nunca me dejan participar porque se me dislocan fácilmente los brazos y las piernas). Elegí como juego de cumpleaños el voleibol para que jugaran mis compañeras. Al llegar a casa ya estaba allí Sanne Lederman. Ilse Wagner, Hanneli Goslar y Jacqueline van Maarsen llegaron conmigo después de gimnasia, ya que estamos en la misma clase. Hanneli y Sanne solían ser mis mejores amigas y, cuando nos veían juntas, solían decir: "Ahí van Anne, Hanne y Sanne".

A Jacqueline van Maarsen la conocí hace poco en el liceo judío; ahora es mi mejor amiga. Ilse es la mejor amiga de Hanneli, y Sanne va a otro colegio, allí tiene sus amigas.

Me obsequiaron un libro hermoso, *Sagas y leyendas holandesas*, pero me han regalado el tomo dos por equivocación, y por eso intercambié otros dos libros por el primer tomo. La tía Helene me ha traído otro rompecabezas, la tía Stephanie un broche muy mono y la tía Leny un libro estupendo, *Daisy va a las montañas.* Esta mañana pensé, estando en la bañera, lo bonito que sería tener un perro como Rin-tin-tín. También lo llamaría Rin-tin-tín, lo llevaría al colegio, lo dejaría en la conserjería o en los bastidores para las bicicletas cuando hiciera buen tiempo.

Lunes 15 de junio de 1942

El festejo de mi cumpleaños fue el domingo por la tarde. La película con Rin-tin-tín les encantó a mis compañeros. Me regalaron dos broches, un separador para libros y dos libros. Ahora voy a contar algunas cosas acerca de la escuela y las clases, comenzando por los alumnos.

Betty Bloemendaal parece pobre, y creo que lo es. Vive en la Jan Klasenstraat, una calle al oeste de Ámsterdam, ninguno de nosotros sabe dónde queda. Es muy buena alumna, pero esto es porque trabaja muy duro, pues su inteligencia deja qué desear. Ella es bastante tranquila.

Jacqueline van Maarsen supuestamente es mi mejor amiga, pero nunca he tenido una amiga verdadera. Al principio pensé que Jacque lo sería, pero estaba muy equivocada.

D. Q.[1] es una chica muy nerviosa que siempre olvida las cosas, por eso los profesores del colegio la castigan una y otra vez. Es muy buena, sobre todo con G. Z.

E. S. habla tanto que abruma. Cuando te pregunta algo, siempre toca tu cabello y juega con tus botones. Dicen que no me soporta, pero me importa poco, porque a mí ella tampoco me parece demasiado agradable.

Henny Mets es alegre y divertida, sólo que habla muy alto y es muy infantil cuando juega en la calle. Por desgracia tiene una amiga llamada Beppy que influye negativamente en ella, ya que ésta es demasiado sucia y grosera.

J. R., de quien podría escribir un libro entero, es una chica presumida, engañosa, desagradable, que se cree muy madura, es una mentirosa dos caras. Llora por la menor cosa, es quisquillosa y, para colmo, creída. Siempre quiere tener la razón. Se ha ganado a Jacqueline, lo que es una lástima. Es muy rica y tiene el armario lleno de vestidos preciosos, que la hacen lucir muy mayor. Se cree muy guapa, pero es todo lo contrario. Ella y yo no nos soportamos para nada.

Ilse Wagner es una chica agradable y alegre, pero es muy melindrosa y puede quejarse durante horas. Ella me aprecia mucho. Es muy inteligente, pero perezosa.

Hanneli Goslar o Lies, como la llamamos en la escuela, es una chica un poco extraña. Por lo general es tímida, pero en su casa es de lo más abierta. Todo lo que dices se lo cuenta a su madre. Tiene una mente abierta y últimamente le tengo mucho aprecio.

Nannie van Praag-Sigaar es una niña bajita, divertida e inteligente. Creo es agradable. Es muy bonita. No hay mucho que decir sobre ella.

Eefje de Jong es, en mi opinión, fenomenal. A pesar de que sólo tiene doce años, ya es toda una dama. Me trata como si fuera un bebé. También es muy servicial, y por eso me cae tan bien.

G. Z. es la más bonita de nuestra clase. Tiene una cara preciosa, pero en la escuela es bastante lenta. Creo que va a repetir el año, pero eso, por supuesto, nunca se lo he dicho.

[Dato añadido por Ana posteriormente.] Para gran sorpresa mía, G. Z. no ha tenido que repetir curso, después de todo.

Y la última de las doce chicas de la clase soy yo, que me siento al lado de G. Z.

---

1 Las iniciales han sido asignadas al azar para las personas que prefirieron el anonimato.

Sobre los chicos se puede contar mucho, y a la vez tan poco. Maurice Coster es uno de mis muchos admiradores, pero es un chico bastante desagradable.

Sallie Springer es un chico terriblemente obsceno y corre el rumor de que ha copulado. Aun así, me cae bien porque es muy divertido.

Emiel Bonewit es el admirador de G. Z., pero ella no le hace demasiado caso. Es bastante aburrido.

Rob Cohen también estaba enamorado de mí, pero ya no lo soporto más. Es hipócrita, mentiroso, llorón, está loco y se da aires de grandeza.

Max van der Velde es hijo de unos granjeros de Medemblik, pero es un buen tipo, como diría Margot.

Herman Koopman también es un obsceno, igual que Jopie de Beer, que es un donjuán y un mujeriego.

Leo Blom es el amigo del alma de Jopie de Beer y se ha contagiado de su obscenidad.

Albert de Mesquita proviene de un colegio Montessori y se ha saltado un grado. Es muy inteligente.

Leo Slager viene del mismo colegio, pero no es tan inteligente.

Ru Stoppelmon es un chico bajito y lunático de Almelo, que transfirieron a mitad del curso.

C. N. hace todo lo que no está permitido.

Jacques Kocernoot y Pam están sentados detrás de nosotras y nos hacen reír a menudo (a G. y a mí).

Harry Schaap es el chico más decente de la clase, y es bastante agradable.

Werner Joseph también es agradable, pero todos los cambios que ocurren últimamente lo han convertido en un chico callado, por lo que parece un tanto aburrido.

Sam Salomon parece un pillo arrabalero, un granuja. (¡Otro admirador!)

Appie Riem es bastante ortodoxo, pero otro majadero.

Ahora debo terminar. La próxima vez tendré tanto que escribir en ti, es decir, que contarte. ¡Adiós! ¡Estoy tan contenta de tenerte!

Sábado 20 de junio de 1942

Escribir un diario es una experiencia muy extraña para alguien como yo. No sólo porque nunca he escrito nada antes, sino porque parece que más adelante no importará a mí ni a nadie las confidencias de una colegiala de trece años. Pero eso no me importa, tengo ganas de escribir y sobre todo de desahogarme y sacar lo que hay en mi alma.

"El papel tiene más paciencia que las personas." Recordé de este refrán uno de esos días en que me sentía un poco deprimida, estaba sentada con la cabeza apoyada entre las manos, aburrida y apática, preguntándome si salir o quedarme en casa. Finalmente, meditando, me quedé donde estaba. Sí, es cierto, el papel es paciente, pero no tengo intención de enseñarle a nadie este cuaderno de tapas duras llamado pomposamente "diario", a menos que en algún momento en mi vida encuentre un amigo o amiga "de verdad", es probable que a nadie le interese.

Ahora, he llegado al punto donde comienza toda esta idea de escribir un diario: no tengo ninguna amiga.

Para ser más clara debo dar una explicación, ya que nadie entenderá por qué una chica de trece años puede estar sola en el mundo. Es que tampoco es completamente así: tengo unos padres muy cariñosos y una hermana de dieciséis, y una treintena de personas que puedo llamar amigos. Tengo un grupo de admiradores que no pueden mantener sus ojos devotos apartados de mí; incluso, intentan mirarme durante la clase a través de un espejito roto. Tengo a mis parientes, a mis tías, que son muy buenas, y un buen hogar. Al parecer lo tengo todo, excepto una verdadera amiga. Con mis conocidos lo único que puedo hacer es divertirme y pasarlo bien. Sólo puedo hablar de cosas cotidianas, nunca algo íntimo. Ese es el problema. Tal vez sea mi culpa la falta de confidencialidad, como fuere el asunto así es y lamentablemente no se puede cambiar. De ahí la razón de este diario.

Para mejorar más la imagen de la tan esperada amiga en mi imaginación, no quisiera anotar sólo hechos en este diario, como hacen los demás, sino que haré que el propio diario sea esa amiga, y su nombre será Kitty.

¡Mi historia! (¡Tonta sería si olvido algo!)

Debido a que nadie comprendería ni una palabra de lo que contaré a Kitty si lo hiciera así, sin ninguna introducción, relataré un breve esbozo de la historia de mi vida, por poco que desee hacerlo.

Mi padre, el padre más bueno de todos los que he conocido en mi vida, se casó hasta los treinta y seis años con mi madre, que tenía veinticinco. Mi hermana Margot nació en 1926 en Fráncfort del Meno en Alemania. El 12 de junio de 1929 le seguí yo. Viví en Fráncfort hasta los cuatro años. Como somos judíos, mi padre se vino a Holanda en 1933, donde fue nombrado director de la compañía holandesa Opekta, que elabora mermeladas. Mi madre, Edith Frank-Holländer, también vino a Holanda en septiembre, y Margot y yo fuimos a Aquisgrán, donde vivía mi abuela. Margot vino a Holanda en diciembre y yo en febrero, cuando me colocaron sobre la mesa como regalo de cumpleaños para Margot.

Pronto asistí al jardín de infancia del colegio Montessori, y allí estuve hasta cumplir los seis años. Momento en que inicié el primer año de primaria. En sexto mi profesora fue la señora Kuperus, la directora. Al fin de curso nos emocionamos mucho al despedirnos y lloramos, porque yo había sido admitida en el liceo judío, al que también iba Margot.

Nuestras vidas transcurrían con cierta agitación, ya que nuestros parientes en Alemania no escaparon de las leyes antijudías decretadas por Hitler. Tras los pogromos de 1938 mis dos tíos, hermanos de mi madre, huyeron y se salvaguardaron en Norteamérica; mi pobre abuela, que tenía 73 años, se vino a vivir con nosotros.

A partir de mayo de 1940, los buenos tiempos eran pocos y distantes entre sí: primero la guerra, luego la capitulación, la invasión alemana, y así iniciaron las desgracias para nosotros los judíos. Las leyes antijudías se sobrevinieron una a otra y limitaron nuestras libertades. Los judíos deben llevar una estrella de David; deben entregar sus bicicletas; se les prohíbe viajar en tranvía; no pueden viajar en coche, ni siquiera privado; los judíos sólo pueden comprar desde las tres hasta las cinco de la tarde; sólo pueden ir a una peluquería judía; tienen prohibido salir a la calle desde las ocho de la noche hasta las seis de la mañana; no les está permitido entrar a teatros, cines u otros lugares de esparcimiento público; les está prohibida la entrada a piscinas, pistas de tenis, de hockey y de cualquier otro deporte; no les está permitido practicar remo; se les prohíbe practicar cualquier otro deporte en público; no les está permitido estar sentados en jardines después de las ocho de la noche, ni propios ni de conocidos; los judíos no pueden entrar en casa de cristianos; tienen que ir a escuelas judías, y otras cosas por el estilo. Así transcurría nuestra vida: que si no podíamos hacer esto ni tampoco aquello. Jacques siempre me dice: «Ya no me atrevo a hacer nada, porque temo que esté prohibido.»

En el verano de 1941, la abuela estaba demasiado enferma. Tuvo que someterse a una operación, por lo que mi cumpleaños apenas lo festejamos. El del verano de 1940 tampoco, puesto que hacía poco había terminado la guerra en Holanda. La abuela murió en enero de 1942. Nadie sabe con qué frecuencia la pienso y quiero todavía. Este cumpleaños de 1942 lo hemos celebrado para compensar los anteriores, y también tuvimos encendida la vela de la abuela.

Nosotros cuatro aún estamos bien, y así hemos llegado a la fecha de hoy, 20 de junio de 1942, día en que inauguro mi diario con toda solemnidad.

Sábado 20 de junio de 1942

¡Querida Kitty!
Entonces inicio ahora mismo que está todo agradable y tranquilo. Papá y mamá han salido y Margot ha ido a jugar al pimpón con unos chicos en casa de una amiga. Yo también juego mucho al pimpón últimamente, tanto que incluso hemos formado cinco chicas un club llamado La Osa Menor menos dos. Un nombre extraño resultado de un error. Buscábamos un nombre especial, y como somos cinco miembros pensamos en las estrellas, en la Osa Menor. Creíamos que se constituía por cinco estrellas, pero nos equivocamos. Tiene siete, al igual que la Osa Mayor, lo que explica el *menos dos*. Ilse Wagner tienen un juego de pimpón y la gran mesa del comedor de los Wagner siempre está disponible. Como a las jugadoras de pimpón nos gusta mucho el helado, sobre todo en verano, y jugando al pimpón nos acaloramos mucho, solemos terminar con una visita a alguna heladería cercana, permitida para judíos, como Oase o Delphi. Hace tiempo no llevamos dinero o nuestras carteras, ya que Oase a menudo está tan concurrido que siempre encontramos algún caballero generoso perteneciente a nuestro amplio círculo de amistades, o algún admirador, que nos ofrece más helado del que podríamos comer en toda una semana.

Supongo que te sorprenderá un poco oírme hablar de admiradores por lo joven que soy. Desafortunadamente, en algunos casos no tanto, parece ser un mal inevitable en nuestra escuela. Tan pronto como un chico me pregunta si me puede acompañar a casa en bicicleta y entablamos una conversación, nueve de cada diez veces puedes estar segura de que va a convertirse en tu enamorado y no te quitará los ojos de encima. Después de algún tiempo, su pasión se enfría, sobre todo porque yo ignoro sus miradas apasionadas y sigo pedaleando alegremente. Cuando a veces la cosa se pasa de la raya, sacudo un poco la bici, se me cae la mochila, el joven se siente obligado a detenerse para recogerla, y cuando me la entrega yo ya he empezado otro tema de conversación. Éstos son los más inofensivos; también están los que te tiran besos o tratan de tomarte del brazo, pero definitivamente conmigo van en la dirección equivocada, freno y me niego a seguir aceptando su compañía, o me hago la ofendida y les digo claramente que se vayan a su casa.

Así, ahora hemos establecido las bases de nuestra amistad. ¡Hasta mañana!

Tu Ana

Domingo 21 de junio de 1942

Querida Kitty:
Toda la clase tiembla. La razón, por supuesto, es la próxima reunión de profesores. La mitad de clase está haciendo apuestas de si aprueban o no el curso. G. Z. y yo nos morimos de risa por culpa de nuestros compañeros de atrás, C. N. y Jacques Kocernoot, que ya han apostado todo el capital para sus vacaciones. "¡Que tú apruebas!", "¡que no!", "¡que sí", y así mañana y tarde, pero ni las miradas suplicantes de G. pidiendo silencio, ni mis ataques de ira, logran que estos dos se tranquilicen.

En mi opinión, la cuarta parte de mis compañeros de clase debería repetir el curso, por lo tontos que son, pero como los profesores son personas tan impredecibles, tal vez ahora, a modo de excepción, les de por repartir buenas notas.

No tengo temor por mis amigas y yo, creo que todo saldrá bien. Sólo las matemáticas me inquietan un poco. En fin, habrá que esperar. Hasta entonces, nos damos ánimos unos a otros.

Me llevo muy bien con todos mis profesores. Son nueve en total: siete hombres y dos mujeres. El señor Keesing, el viejo profesor de matemáticas, durante un tiempo estuvo bastante enfadado conmigo porque hablaba demasiado. Después de varias advertencias un día me castigó. Me mandó hacer un ensayo sobre el tema "La parlanchina". ¡La parlanchina! ¿Qué se supone que escribiría sobre esto? Ya lo pensaría más adelante. Lo anoté en mi agenda, la guardé en la mochila y traté de guardar silencio.

Esa noche, después de que había terminado con las demás tareas, descubrí la nota del ensayo. Con la pluma en la boca, empecé el tema para escribir. Era muy fácil divagar y dejar grandes espacios entre palabras, pero demostrar contundentemente la necesidad de hablar resultaba bastante difícil. Pensé y pensé, de pronto se me ocurrió una idea, redacté las tres hojas que me había dicho el señor Keesing y quedé satisfecha. Aduje que hablar era un rasgo femenino; que haría mi mejor esfuerzo por controlarlo, pero que lo más probable era que este hábito no se me quitara nunca, ya que mi madre hablaba tanto como yo, si no que es más, y que los rasgos hereditarios eran muy difíciles de cambiar.

Al profesor Keesing le dieron risa mis argumentos, pero cuando seguí hablando en la clase siguiente, me asignó un segundo ensayo esta vez sobre "La parlanchina empedernida". También lo entregué, y Keesing no tuvo motivo de queja durante dos clases enteras. En la tercera, sin embargo, le pareció que me había excedido. "Ana Frank, castigada por hablar en clase. Ensayo sobre el tema 'Cuac, cuac, cuac, dijo la señorita Graznido'."

Toda la clase soltó una carcajada. También tuve que reírme con ellos, aunque la inventiva se me había agotado en el campo de ensayos sobre el parloteo. Tendría que encontrar un giro original al tema. Mi amiga Sanne, sobresaliente poetisa, me ofreció su ayuda para escribirlo en verso de principio a fin, esto me animó. Keesing intentaba ridiculizarme con un tema tan tonto, pero yo lo pondría en evidencia a él por partida doble.

Terminamos el poema y quedó genial. Trataba de una pata y un cisne que tenían tres patitos. Como los patitos eran tan parlanchines, el papá cisne los mató a picotazos. Keesing, por fortuna, entendió y soportó la broma; leyó y comentó el poema en clase y hasta en otros grupos. Desde entonces me ha permitido hablar en clase y nunca más me castigó; al contrario, ahora es él el que siempre está bromeando.

Tu Ana

Miércoles 24 de junio de 1942

Querida Kitty:
¡Hace un calor sofocante! Nos estamos asando, y con el calor que hace tengo que caminar a todas partes. Sólo ahora me doy cuenta de lo cómodo que puede ser un tranvía, en especial los que son abiertos, pero ese lujo ya no lo tenemos los judíos: a nosotros nos toca ir en *dodge patas*. Ayer, en la hora del receso, tuve que ir con el dentista a Jan Luykenstraat, que desde el colegio es un largo camino. Lógico que por la tarde durmiera en clase. Por suerte, la gente te ofrece algo de beber sin tener que pedirlo. La ayudante del dentista es realmente muy amable.

El único medio de transporte que podemos utilizar es el transbordador. El barquero Jozef Israëlskade nos cruzó con nada más pedírselo. En realidad, los holandeses no tienen la culpa del mal que padecemos los judíos.

Sólo deseo ya no ir al colegio. En las vacaciones de Semana Santa me robaron la bici, y la de mamá; papá ha dejado la suya en casa de unos amigos cristianos. Pero, por fortuna, se acercan las vacaciones, una semana más y ya todo habrá quedado atrás.

Ayer por la mañana me ocurrió algo muy gracioso. Cuando pasaba por el parqueadero de las bicicletas, alguien me habló. Miré alrededor y vi a un chico muy simpático detrás de mí; lo conocí anteanoche en casa de Wilma, es su primo segundo. Wilma es una chica que al principio me caía muy bien, pero habla todo el día sólo de chicos y eso se vuelve aburrido. El chico se me acercó algo tímido y se presentó como Hello Silberberg. Había logrado sorprenderme y no sabía muy bien lo que pretendía; pero rápidamente lo dijo, buscaba mi compañía y quería acompañarme al colegio. "Ya que vamos en la misma dirección, podemos ir juntos", le contesté, y juntos salimos. Hello ya tiene dieciséis años y me cuenta cosas muy entretenidas.

Hoy por la mañana, de nuevo, me estaba esperando, es probable que en adelante lo siga haciendo.

Ana

Miércoles 1º de julio de 1942

Querida Kitty:
Hasta hoy, sinceramente, no había tenido tiempo para escribirte. El jueves estuve toda la tarde en casa de unos amigos, el viernes tuvimos visitas y así hasta hoy.

Hello y yo nos hemos conocido mejor esta semana. Me ha contado mucho acerca de su vida. Es originario de Gelsenkirchen y vive en Holanda con sus abuelos. Sus padres están en Bélgica, pero no tiene posibilidades de poder ir allí. Hello tenía una novia, Úrsula. La conozco, es el modelo perfecto de la dulzura y el aburrimiento. Desde que me conoció, Hello ha descubierto que al lado de Úrsula se duerme. O sea, que soy una especie de antisomnífero. ¡Nunca se sabe para lo que puede uno servir!

El sábado, Jacque se quedó a dormir conmigo, pero por la tarde del domingo se fue a casa de Hanneli y me aburrí como una ostra.

Hello, se supone, pasaría por la noche, pero a eso de las seis me llamó, descolgué el teléfono y dijo:

—Habla Helmuth Silberberg. ¿Me podría poner con Ana?

—Sí, Hello, soy Ana.

—Hola, Ana. ¿Cómo estás?

—Bien, gracias.

—Lamento decirte que esta noche no podré pasar a tu casa, pero quisiera hablarte un momento. ¿Está bien si te veo en tu puerta dentro de diez minutos?

—Sí, está bien. ¡Adiós!

—Voy para allá. ¡Adiós!

Colgué y veloz me cambié de ropa y arreglé mi cabello. Nerviosa, me asomé por la ventana. Finalmente apareció. De milagro no corrí escaleras abajo, sino que esperé hasta que sonó el timbre. Bajé a abrirle y él fue directo al grano:

—Mira, Ana, mi abuela piensa que eres demasiado joven para que estemos saliendo. Dice que debería ir a casa de los Löwenbach, aunque tal vez ya sepas que no salgo con Úrsula.

—No, ¿por qué? ¿Han tenido una pelea?

—No, al contrario. Le he dicho a Úrsula que no nos entendíamos bien, que no estamos hechos el uno para el otro, y que lo mejor para los dos era dejar de salir juntos, pero que en casa siempre sería bienvenida y yo esperaba serlo en la suya. En realidad, pensé que ella estaba viendo a otro chico y la traté como si fuera así. Pero esto resultó falso, y ahora mi tío me ha dicho que debo disculparme; sin embargo, obvio, yo no quería, y por eso he roto con ella, pero eso es sólo una de muchas razones.

Ahora mi abuela quiere que vaya a ver a Úrsula y no a ti, pero estoy en desacuerdo y no tengo intención de hacerlo. A veces la gente mayor tiene ideas muy anticuadas, pero no pueden imponérnoslas a nosotros. Necesito a mis abuelos, pero ellos en cierto modo también me necesitan. Ahora tengo libres los miércoles por la noche porque creen que voy a clase de talla de madera, pero en realidad voy a las reuniones del partido sionista. Mis abuelos no quieren que vaya porque están muy en contra del sionismo. Yo no es que sea fanático, pero me interesa, aunque últimamente están armando tal desastre que tengo la intención de no ir más. Así que el próximo miércoles será la última vez que asista. Esto significa que podremos vernos los miércoles por la noche, los sábados por la tarde y por la noche, los domingos por la tarde, y tal vez también otros días.

—Pero si tus abuelos no quieren, no deberías hacerlo a sus espaldas.

—El amor no se puede forzar.

En ese momento pasamos delante de la librería Blankevoort, donde estaba Peter Schiff con otros dos chicos. Era la primera vez que me saludaba en mucho tiempo, y esto realmente me alegro. Hello vino a casa el lunes, al atardecer, a conocer a papá y mamá. Yo había comprado un pastel y dulces, y además había té y galletas, pero como Hello ni yo deseábamos estar en silencio sentados en una silla uno al lado del otro, salimos a dar un paseo y regresamos hasta las ocho y diez. Papá se enfadó mucho, dijo que no podía ser que llegara a casa a esa hora. Tuve que prometerle que en adelante estaría en casa a las ocho menos diez a más tardar. Hello me ha invitado a ir a su casa próximo el sábado.

Wilma me ha contado que la otra noche cuando Hello fue a su casa le preguntó:

—¿Quién te gusta más, Úrsula o Ana?

Entonces él le dijo:

—No es asunto tuyo.

Pero cuando se fue, después de no haberle dirigido la palabra en toda la noche, le dijo:

—¡Pues Ana! ¡Adiós! ¡No se lo digas a nadie!

Y sin más se marchó.

Se puede decir que Hello está enamorado de mí, y a mí, para variar, me parece genial. Margot diría que Hello es un buen tipo, y yo también lo creo, y aún más. Incluso mamá está todo el día alabándolo. Que es un muchacho apuesto, que es muy educado y agradable. Me siento contenta de que a mi familia le caiga tan bien, menos a mis amigas, a las que él encuentra muy infantiles, y tiene razón. Jacque siempre me está molestando por lo de Hello. Yo realmente no estoy enamorada, nada de eso. ¿Acaso no puedo tener amigos? Con eso no hago mal a nadie.

Mamá me pegunta constantemente con quién me casaría, pero ni se imagina que es con Peter Schiff, porque yo lo niego una y otra vez sin pestañear. Quiero a Peter como nunca he querido a nadie, y siempre me digo que él oculta sus sentimientos por mí persiguiendo a otras chicas. Quizá él ahora también crea que Hello y yo estamos enamorados, pero eso no es cierto. No es más que un amigo o, como dice mamá, un galán.

Tu Ana

Domingo 5 de julio de 1942

Querida Kitty:

La ceremonia de fin de curso del viernes en el Teatro Judío fue lo que esperaba. Mis calificaciones no son nada malas, sólo una pésima en álgebra, dos seises, dos ochos y siete en el resto. Aunque en casa se sienten contentos, en cuestión de calificaciones mis padres son diferentes a otros padres, no les importa demasiado si son buenas o malas. Mientras yo esté sana, feliz y no sea demasiado fresca, lo demás viene solo si estas tres cosas están bien.

Yo soy todo lo contrario: no quiero ser mala alumna. Me aceptaron en el liceo bajo reservas, ya que todavía me faltaba el séptimo año del colegio Montessori, pero cuando a los chicos judíos nos forzaron a ir a colegios judíos, el señor Elte, después de mucha persuasión, nos aceptó de manera condicional a Lies Goslar y a mí. Lies también aprobó el año, pero tendrá que presentar un examen final de geometría bastante difícil.

Pobre Lies, no es fácil para ella estudiar en casa. En su habitación se la pasa jugando su consentida hermana pequeña que está a punto de cumplir dos años; si no se sale con la suya hace un gran berrinche, y si Lies no se ocupa de ella, la señora Goslar se pone a gritar. Así es difícil estudiar, y tampoco ayudan mucho las innumerables asesorías que tiene a cada rato. Y es que la casa de los Goslar es una verdadera casa de locos. Los abuelos maternos de Lies viven en la casa de a lado, pero comen con ellos. Luego hay una sirvienta, la niñita, el siempre ausente y distraído padre y la siempre nerviosa e irritable madre, que está nuevamente embarazada. La inhábil Lies está completamente perdida.

A mi hermana Margot también le han dado las calificaciones, brillantes como de costumbre. Si en la escuela hubiera algo como el *cum laude*, se lo habrían dado con honores. ¡Es una genio!

Papá ha pasado mucho tiempo en casa últimamente; en la oficina no tiene nada que hacer. Debe ser terrible sentirse inútil. El señor Kleiman se ha hecho cargo de Opekta, y el señor Kugler, de Gies & Cía., la compañía de los sustitutos de especias, fundada hace poco, en 1941.

Hace unos días, cuando estábamos de paseo alrededor de la plaza, papá empezó a hablar del tema de ocultarse. Dijo que será muy difícil para nosotros vivir aislados del mundo. Le pregunté por qué me decía eso ahora.

—Bueno, Ana —respondió—, ya sabes que desde hace más de un año estamos llevando ropa, alimentos y muebles a casa de otras personas. No queremos que nuestras pertenencias caigan en manos de los alemanes; tampoco que nos atrapen a nosotros mismos. Por eso nos iremos por iniciativa propia y no esperaremos a que vengan por nosotros.

—Pero, papá, ¿cuándo será eso?

Sentí miedo con la seriedad de las palabras de mi padre.

—No te preocupes de eso, ya nos encargaremos nosotros. Disfruta de tu vida sin preocupaciones mientras puedas.

Eso fue todo. ¡Ojalá que estas sombrías palabras tarden mucho en hacerse realidad! Está sonando el timbre. Es Hello. Es tiempo de parar.

Tu Ana

Miércoles 8 de julio de 1942

Querida Kitty:
Desde la mañana del domingo hasta ahora parece que hubieran pasado años. Han pasado tantas cosas que es como si de repente el mundo estuviera patas arriba, pero ya ves, Kitty: aún estoy viva, y eso es lo principal, como dice papá. Sí, es cierto, aún estoy viva, pero no me preguntes dónde ni cómo. Hoy no debes de entender nada de lo que te escribo, de modo que empezaré por contarte lo que pasó el domingo por la tarde.

A las tres —Helio salió un momento, luego volvería— el timbre sonó. Yo no lo oí, estaba de perezosa leyendo bajo el sol en la terraza. Margot apareció un poco después muy agitada por la puerta de la cocina.

—Ha llegado un requerimiento de la SS para papá —susurró—. Mamá ha ido a ver al señor Van Daan.

(Van Daan es un buen amigo y socio de papá).

Me quedé como piedra. ¡Un requerimiento! Todo el mundo sabe lo que eso significa. En mi cabeza imaginé los campos de concentración y celdas solitarias. ¿Acaso permitiríamos que a papá se lo llevaran a semejantes lugares?

—Por supuesto que no irá —me aseguró Margot mientras esperábamos sentadas en la sala el regreso de mamá.

—Mamá ha ido a preguntarle a Van Daan si podemos instalarnos en nuestro escondite mañana. Los Van Daan se esconderán con nosotros. Seremos siete.

Silencio. Ya no podíamos hablar. Pensar en papá, que sin sospechar nada había ido a una visita al asilo judío; esperar a que volviera mamá, el calor, la tensión, todo esto nos hizo guardar silencio.

De repente el timbre sonó de nuevo.

—Debe de ser Helio —dije yo.

—No abras —me detuvo Margot, pero no era necesario, oímos a mamá y al señor Van Daan abajo hablando con Helio.

Luego los dos entraron y cerraron la puerta. Cada vez que llamaban a la puerta una de nosotras debía bajar de puntillas para ver si era papá; no abriríamos la puerta a extraños. A Margot y a mí nos hicieron salir de la sala; Van Daan quería hablar a solas con mamá.

Cuando estuvimos en nuestra habitación, Margot me confesó que el requerimiento no estaba dirigido a papá, sino a ella. De nuevo me asusté muchísimo y comencé a llorar. Margot tiene dieciséis años. De modo que quieren llevarse a chicas solas tan jóvenes como ella... Pero por suerte no iría, lo había dicho mamá, y probablemente a eso se refería papá cuando habló conmigo sobre el hecho de escondernos. Escondernos... ¿Dónde nos esconderíamos? ¿En la ciudad, en el campo, en una casa, en una cabaña, cómo, cuándo, dónde? Eran muchas las preguntas que no podía hacer, pero seguían dando vueltas en mi cabeza.

Margot y yo empezamos a empacar lo más indispensable en nuestras mochilas. Lo primero que guardé fue este cuaderno de tapas duras, luego unas plumas, pañuelos, libros del colegio, un peine, algunas cartas viejas... Preocupada por lo del escondite, metí a la mochila las cosas más absurdas, pero no me arrepiento. Los recuerdos me importan más que los vestidos.

Finalmente, a las cinco llegó papá. Llamamos al señor Kleiman por teléfono, pidiéndole que viniera esa misma noche. Van Daan fue a buscar a Miep. Miep vino y metió en una bolsa algunos zapatos, vestidos, abrigos, ropa interior y calcetas, y prometió volver por la noche. Luego hubo un gran silencio en la casa, ninguno de nosotros quería comer nada, aún hacía calor y todo era sumamente extraño.

La gran habitación del piso de arriba la habíamos alquilado al señor Goldschmidt, un hombre divorciado de unos treinta años, que al parecer no tenía nada que hacer, porque se quedó con nosotros matando el tiempo hasta las diez, sin que entendiera que debía marcharse.

Miep y Jan Gies llegaron a las once. Miep trabaja desde 1933 para papá y se ha hecho amiga íntima de la familia, al igual que su talentoso marido Jan. De nuevo desaparecieron zapatos, medias, libros y ropa interior en la bolsa de Miep y en los grandes bolsillos del abrigo de Jan, y a las once y media ya se habían marchado.

Estaba agotada, y aunque sabía que sería la última noche que pasaría en mi propia cama, me dormí de inmediato y no me desperté hasta las cinco y media de la mañana, cuando me llamó mamá. Afortunadamente hacía menos calor que el domingo; una lluvia cálida cayó durante todo el día. Los cuatro nos pusimos tanta ropa que parecía que pasaríamos la noche en un congelador, pero era para poder llevarnos más ropa. Ningún judío en nuestra situación se atrevería a salir de casa con una maleta llena de ropa. Yo llevaba puestas dos camisetas, tres calzoncillos, un vestido, encima una falda, una chamarra, un impermeable, dos pares de calcetas, zapatos cerrados, un gorro, un pañuelo y muchas cosas más, me ahogaba incluso antes de salir de casa, pero nadie me preguntó cómo me sentía.

Margot llenó de libros su mochila, sacó la bicicleta del parqueadero y salió detrás de Miep, con un rumbo para mí desconocido. Yo, de hecho, seguía sin saber cuál era nuestro misterioso destino.

A las siete y media también nosotros cerramos la puerta detrás nuestro. Moortje, mi gatito, fue al único que dije adiós. Sería acogido en casa de los vecinos, según le indicamos al señor Goldschmidt en una nota.

Las camas deshechas, el desayuno sobre la mesa, medio kilo de carne para el gato en la nevera, todo daba la impresión de que habíamos abandonado la casa a toda prisa. Pero no nos importaba la impresión que dejáramos, sólo queríamos irnos de allí, escapar y llegar a puerto seguro, nada más.

Seguiré mañana.

Tu Ana

Jueves 9 de julio de 1942

Querida Kitty:

Así anduvimos bajo la lluvia torrencial, papá, mamá y yo, cada uno con una mochila y una bolsa de la compra, repleta con una variedad de artículos. Las personas que iban temprano a trabajar nos miraban con piedad. En sus rostros podía verse que lamentaban no poder ofrecernos ningún transporte: la insignia amarilla que llevábamos hablaba por sí misma.

Hasta que estuvimos en la calle, papá y mamá empezaron a contarme gradualmente el plan del escondite. Llevaban meses sacando de la casa la mayor cantidad posible de muebles y enseres, y habían decidido que nos ocultaríamos voluntariamente el 16 de julio. Por causa del requerimiento el plan se adelantó diez días, de modo que tendríamos que conformarnos con espacios menos arreglados y ordenados.

El escondite estaba en el edificio de las oficinas de papá. Para las personas ajenas al asunto esto es algo difícil de entender, así que lo explicaré con más detalle. Papá tenía poco personal: el señor Kugler, Kleiman y

Miep, además de Bep Voskuijl, la secretaria de 23 años. Todos estaban informados de nuestra llegada. En el almacén trabajan el señor Voskuijl, padre de Bep, y dos mozos, a quienes no les habíamos dicho nada.

He aquí una descripción del edifico: en la planta baja hay un gran almacén, que se usa para guardar mercancías. Éste se divide en varios cuartos, como el que se usa para moler la canela, el clavo y el sustituto de la pimienta, y luego está el de las provisiones. Junto a la puerta del almacén está la puerta de entrada normal de la casa, tras la cual una segunda puerta da acceso a la escalera. Subiendo las escaleras se llega a una puerta de vidrio esmerilado, en la que antiguamente en letras negras decía OFICINA. Se trata de la oficina principal del edificio, muy grande, muy luminosa y muy llena. Allí Bep, Miep y el señor Kleiman trabajan durante el día.

Pasando por un cuartito donde está la caja fuerte, el guardarropa y un armario para papelería, se llega a una pequeña habitación bastante oscura y húmeda que da al patio. Éste era la oficina que compartían el señor Kugler y el señor Van Daan, pero ahora el señor Kugler es su único ocupante. También se puede acceder a la oficina de Kugler desde el pasillo, aunque sólo a través de una puerta de vidrio que se abre por dentro y que es difícil de abrir desde fuera. Saliendo de esa oficina se va por un pasillo largo y estrecho, se pasa por la carbonera y, después de subir cuatro peldaños, se llega al despacho principal que es el orgullo del edificio. Muebles de caoba muy elegantes, el piso cubierto de linóleo y alfombras, una radio, una hermosa mesa de lujo, todo de primera clase. Al lado, una amplia cocina con calentador de agua y dos parrillas de gas y, al lado de ésta, un cuarto de baño. Ése es el primer piso.

Desde el pasillo de abajo se sube por una escalera corriente de madera. Al subir hay un espacio pequeño, llamado descanso. A la derecha e izquierda del descanso hay dos puertas. La de la izquierda comunica con la casa de delante, donde hay almacenes, un ático y una buhardilla. Al otro extremo de esta parte delantera del edificio hay una escalera muy empinada, típicamente holandesa, de ésas en las que puedes salir volando y torcerte el tobillo, que lleva a la segunda puerta que da a la calle.

A la derecha del descanso se halla la "Casa de atrás".

Nadie sospecharía que detrás de esta puerta pintada de gris se esconden tantas habitaciones. Delante de la puerta hay un pequeño escalón, y por allí se entra. Enfrente de la puerta de entrada hay una escalera empinada; a la izquierda hay un estrecho pasillo y una habitación que pasó a ser la sala y dormitorio de los Frank, y al lado otra habitación más pequeña: el dormitorio y estudio de las señoritas Frank. A la derecha de la escalera, un baño sin ventanas, con un lavabo y un retrete cerrado, y otra puerta que da a la habitación de Margot y mía. Subiendo las escaleras, al abrir la puerta de arriba, uno se asombra al ver que en una casa tan antigua de los canales pueda haber tanta luz y una habitación tan grande y espaciosa. En este lugar hay una estufa (esto gracias al hecho de que aquí Kugler tenía antes su laboratorio) y un fregadero. Ésta será la cocina, y el dormitorio del señor y la señora Van Daan, así como el cuarto de estar general, comedor y estudio. Luego, una pequeña habitación lateral, que será la morada de Peter van Daan y, finalmente, al igual que en la parte delantera del edifico, un desván y una buhardilla. Y aquí termina la presentación de toda nuestra preciosa Casa de atrás.

Tu Ana

Viernes 10 de julio de 1942

Querida Kitty:
Probablemente te haya aburrido con mi larga descripción de la casa, pero me parece necesario que sepas dónde he venido a parar. Te enterarás de cómo vivimos aquí a través de mis próximas cartas.

Primero, quisiera continuar la historia del otro día porque todavía no he terminado. Una vez que llegamos al edificio de Prinsengracht 663, Miep nos llevó en seguida a través del largo pasillo, subiendo por la escalera de madera, directamente hacia arriba, a la Casa de atrás. Cerró la puerta detrás de nosotros dejándonos solos. Margot había llegado mucho antes en su bicicleta y ya nos esperaba.

La sala y demás habitaciones estaban tan atiborradas de chunches que superaban toda descripción. Todas las cajas de cartón que habían sido enviadas a la oficina los últimos meses, se apilaban en el suelo y sobre las camas. La pequeña habitación estaba llena de suelo a techo de ropa de cama. Si queríamos dormir en camas decentes por la noche teníamos que poner manos a la obra cuanto antes. A mamá y a Margot les era imposible mover un dedo, se tumbaron en las camas desordenadas, cansadas, desganadas y no sé cuántas cosas más, pero papá y yo, los dos *ordenados* de la familia, queríamos empezar de inmediato.

Anduvimos durante todo el día desempaquetando, poniendo cosas en los armarios, martilleando y ordenando, hasta que por la noche caímos agotados sobre las camas limpias. No habíamos probado bocado caliente en todo el día, pero no nos importaba; mamá y Margot estaban demasiado cansadas y nerviosas como para comer nada, y papá y yo teníamos demasiadas ocupaciones.

El martes por la mañana empezamos el trabajo donde lo habíamos dejado la noche anterior. Bep y Miep hicieron la compra usando nuestros cupones de racionamiento, papá arregló los paneles para oscurecer las ventanas, que no resultaban suficientes, fregamos el suelo de la cocina y estuvimos nuevamente ocupados de la mañana a la noche. Hasta el miércoles casi no tuve tiempo de pensar en los grandes cambios que se habían producido en mi vida. Sólo entonces, por primera vez desde nuestra llegada a la Casa de atrás, encontré un momento para contarte todo lo sucedido y al mismo tiempo para darme cuenta de lo que me había pasado y de lo que aún me esperaba.

Tu Ana

Sábado 11 de julio de 1942

Querida Kitty:
Papá, mamá y Margot aún no logran acostumbrarse a las campanadas de la iglesia del Oeste, que suenan para anunciar la hora cada quince minutos. Yo sí, me gustaron desde el principio, especialmente por las noches me dan una sensación de tranquilidad. Te interesará saber qué me parece mi vida oculta, bueno, sólo te puedo decir que ni yo misma lo sé exactamente. Creo que aquí nunca me sentiré como en casa, no quiero decir que me desagrade estar aquí, es como estar de vacaciones en un lugar muy extraño. Reconozco que es una manera muy peculiar de mirar la clandestinidad, pero así son las cosas. La Casa de atrás es ideal como escondite, aunque hay humedad y está toda inclinada, es muy probable que, en todo Amsterdam, y quizás hasta en toda Holanda, no haya otro escondite tan confortable como éste.

Nuestra habitación, la de Margot y mía, estaba tan desnuda que tenía un aspecto bastante desolador. Gracias a papá, que había traído mi colección de tarjetas postales y mis fotos de estrellas de cine con antelación, pude decorar con ellas una pared entera, pegándolas con cola. Se ve mucho más alegre. Cuando lleguen los Van Daan, ya nos fabricaremos algún armarito y otros chunches con la madera que hay en el desván. Margot y mamá ya se han recuperado un poco. Ayer mamá se sintió con ánimo de cocinar una sopa de guisantes, pero cuando estaba platicando abajo se olvidó de la sopa y se quemó; los guisantes estaban negros como el carbón, de tal manera que no había forma de despegarlos del fondo de la olla.

Ayer por la noche bajamos los cuatro a la oficina privada y pusimos la radio inglesa. Yo tenía tanto miedo de que alguien pudiera oírnos que le rogué a papá que regresáramos. Mamá comprendió mi temor y subió conmigo. También tenemos miedo de que los vecinos puedan escucharnos o vernos. El primer día tuvimos que hacer cortinas, que en realidad no se merecen ese nombre, ya que no son más que unos retazos de tela que varían mucho entre sí en forma, calidad y dibujo. Papá y yo, que no entendemos nada del arte de coser, las unimos de cualquier manera con hilo y aguja. Estas obras maestras las colgamos luego con chinchetas delante de las ventanas, donde se quedarán hasta que salgamos de aquí.

A la derecha de nuestro edificio se encuentra una filial de la compañía Keg, de Zaandam, y a la izquierda una mueblería. Aunque los trabajadores se marchan al terminar su horario, aun así podrían oír algún ruido que nos delatara. Por eso hemos prohibido a Margot toser por las noches, pese a que está muy acatarrada, y le damos codeína en grandes dosis.

Estoy muy ilusionada con la llegada de los Van Daan, que se ha fijado para el martes. Será mucho más ameno y también habrá menos silencio, porque el silencio me pone muy nerviosa durante las tardes y las noches, y daría cualquier cosa porque se quedará aquí a dormir alguno de nuestros protectores. En realidad la vida aquí no es tan terrible, podemos cocinar nosotros mismos y escuchar la radio en la oficina de papá.

El señor Kleiman y Miep y también Bep Voskuijl nos han ayudado mucho. Nos han traído ruibarbo, fresas y cerezas en conserva, así que dudo que por el momento nos vayamos a aburrir. Tenemos suficiente material de lectura, y aún vamos a comprar un montón de juegos. Por supuesto, no podemos mirar por la ventana ni salir. También tenemos que estar en silencio para que la gente de abajo no nos vaya a oír.

Ayer tuvimos las manos muy ocupadas, deshuesamos cerezas, dos cajas, para la oficina. El señor Kugler quería usarlas para hacer conservas.

Con la madera de las cajas de cerezas haremos un librero. Me llaman.

Tu Ana

Domingo 12 de julio de 1942

Hoy hace un mes todos fueron muy lindos conmigo, cuando era mi cumpleaños, pero ahora siento cómo me voy alejando cada día más de mamá y Margot. Hoy he trabajado mucho y muy duro, y todos me elogiaron enormemente, pero a los cinco minutos me regañaron.

Se puede ver claramente la diferencia entre cómo nos tratan a Margot y a mí. Margot, por ejemplo, arruinó la aspiradora, y ahora nos hemos quedado sin luz todo el día. Mamá le dijo:

—Pero Margot, se nota que no estás acostumbrada a trabajar, de lo contrario sabrías que no se desenchufa una aspiradora jalando el cable.

Margot respondió algo y el asunto no pasó de ahí.

Pero esta tarde yo quise pasar a limpio la lista de la compra de mamá, porque su letra es bastante ilegible, pero ella no quiso y de inmediato me dio tremenda *regañiza* en la que se metió toda la familia.

Los últimos días he sentido cada vez más claramente que no encajo con ellos. Se ponen tan sentimentales cuando están juntos, y yo prefiero serlo cuando estoy sola. Y siempre hablan de lo bien que estamos y que nos llevamos los cuatro, y de que somos una familia tan unida, pero en ningún momento se les ocurre pensar que yo no me siento de esa manera.

Sólo papá a veces me entiende, pero por lo general está del lado de mamá y Margot. Otra cosa que no puedo soportar es que hablen en frente de extraños de que he estado llorando o de lo sensata e inteligente que soy. Es horrible. Y a veces hablan de Moortje, y eso me pone muy mal, porque ése es precisamente mi punto flaco y vulnerable. Extraño a Moortje a cada momento, y nadie sabe con qué frecuencia pienso en él. Siempre que lo pienso se me saltan las lágrimas. Moortje es tan dulce, y lo quiero tanto... Sueño a cada momento con su vuelta.

Siempre tengo un montón de sueños agradables, pero la realidad es que tendremos que permanecer aquí hasta que acabe la guerra. No podemos salir y tan sólo recibimos las visitas de Miep, su marido Jan, Bep Voskuijl, el señor Voskuijl, el señor Kugler, el señor Kleiman y la señora Kleiman, aunque ella nunca viene porque le parece demasiado peligroso.

Viernes 14 de agosto de 1942

Querida Kitty:
Te he abandonado un mes entero, pero ha sucedido tan poco que no hay tantas novedades como para contarte algo divertido todos los días. Los Van Daan llegaron el 13 de julio. Pensamos que vendrían el 14, pero como entre el 13 y el 16 de julio los alemanes empezaron a enviar requerimientos a diestra y siniestra, cada vez más gente se puso nerviosa.

Decidieron que era más seguro adelantar un día la partida, antes de que fuera demasiado tarde.

Peter van Daan llegó a las nueve y media de la mañana (aún estábamos desayunando), un muchacho soso, bastante flaco y tímido que no ha cumplido aún los dieciséis años, y de cuya compañía no se espera gran cosa. El señor y la señora Van Daan llegaron media hora más tarde. Para gran regocijo nuestro, la señora traía dentro de una sombrerera un enorme orinal. Dijo:

—Sin orinal no me siento en mi casa en ninguna parte —y al orinal fue a lo primero que le asignó un lugar fijo, debajo del diván. El señor Van Daan no traía orinal, pero sí una mesa de té plegable bajo el brazo.

El primer día de nuestra convivencia comimos todos juntos, y al cabo de tres días los siete sentíamos que nos habíamos convertido en una gran familia. Naturalmente, los Van Daan tenían mucho que contar de lo que había sucedido durante la última semana que habían pasado en el mundo exterior. Teníamos especial interés en saber lo que había sido de nuestra casa y del señor Goldschmidt.

El señor Van Daan nos contó lo siguiente:

—El lunes por la mañana, a las 9, Goldschmidt nos telefoneó y me preguntó si podía pasar por ahí un momento. Fui de inmediato y lo encontré muy angustiado. Me mostró una nota que le habían dejado los Frank y, siguiendo las indicaciones, quería llevar al gato a casa de los vecinos, lo que me pareció una gran idea. Temía que vinieran a registrar la casa, por lo que recorrimos todas las habitaciones, ordenando aquí y allá, y también recogimos la mesa. De repente, descubrí en el escritorio de la señora Frank un papel que tenía escrita una dirección en Maastricht. Aunque sabía que ella lo había dejado a propósito, me hice el sorprendido y asustado y le pedí apremiantemente a Goldschmidt que quemara ese papel, que podía causar una desgracia. Todo el tiempo me mantuve como si no supiera nada de su desaparición, pero al ver la nota se me ocurrió una buena idea.

—Señor Goldschmidt —le dije—, ahora que lo pienso, me parece saber a qué se refiere esa dirección. Recuerdo muy bien que hace más o menos medio año vino a la oficina un oficial de alto rango, que resultó ser un gran amigo de infancia del señor Frank. Prometió ayudarle en caso necesario, y precisamente residía en Maastricht. Supongo que este oficial ha cumplido su palabra y de alguna manera ha ayudado al señor Frank a pasar a Bélgica y de allí a Suiza. No hay nada de malo en decir esto a los amigos de los Frank que pregunten por ellos. Por supuesto, no hace falta mencionar lo de Maastricht.

Dicho esto, me retiré. La mayoría de los amigos y conocidos ya lo saben, porque he oído esta versión en varias ocasiones.

Nos pareció una historia muy divertida, pero nos reímos aún más cuando Va Daan nos dijo las fantasías que contaban algunas personas. Por ejemplo, una familia de la Merwedeplein afirmó que nos había visto pasar a los cuatro en bicicleta muy por la mañana, y otra mujer estaba segurísima de que nos habían cargado en un furgón militar en medio de la noche.

Tu Ana

Viernes 21 de agosto de 1942

Querida Kitty:
Nuestro escondite sólo ahora se ha convertido en un verdadero escondite. El señor Kugler pensó que era mejor que delante de la puerta que da acceso colocáramos una estantería, debido a que están registrando muchas casas en busca de bicicletas escondidas. Pero, por supuesto, se trata de una estantería giratoria, que se abre como una puerta. La ha fabricado el señor Voskuijl. (Lo hemos puesto al tanto de los siete escondidos, y se ha mostrado muy servicial.)

Ahora, cuando queremos ir abajo, tenemos que agacharnos y luego saltar. Al cabo de tres días, todos teníamos la frente llena de chichones de tanto golpearnos la cabeza al pasar por la puerta, demasiado baja. Para amortiguar los golpes en lo posible, Peter ha colocado un costal con virutas en el umbral. ¡Veremos si funciona!

No he estudiado mucho. Hasta septiembre he decidido que tengo vacaciones. Papá me ha dicho que él me dará clases, pero primero tendremos que comprar todos los libros del nuevo curso.

No cambia demasiado nuestra vida aquí. Hoy le han lavado la cabeza a Peter, lo que no tiene nada de espectacular. El señor Van Daan y yo siempre estamos en desacuerdo. Mamá siempre me trata como a un bebé, y eso no lo soporto. Peter sigue sin caerme bien; es un chico soso, que está todo el día holgazaneando en la cama, luego se pone a martillear un poco y cuando acaba se vuelve a tumbar. ¡Vaya tonto!

Esta mañana, de nuevo, mamá me ha soltado un soberano sermón. Nuestras opiniones son totalmente opuestas. Papá es un tesoro, aunque a veces se enfada conmigo durante cinco minutos.

Afuera hace un clima agradable y cálido y, pese a todo, tratamos de aprovecharlo en lo posible, echados en el catre que tenemos en el desván.

Tu Ana

21 de septiembre de 1942 [añadido]

El señor Van Daan ha estado dócil como un corderito conmigo últimamente. Yo lo disfruto mientras dure.

Miércoles 2 de septiembre de 1942

Querida Kitty:
Los señores Van Daan han tenido una terrible pelea. Nunca he presenciado nada igual, ya que a papá y mamá no se les ocurriría gritarse de tal forma. El motivo fue tan trivial que ni merece la pena mencionarlo. En fin, cada quien su gusto.

Por supuesto, es muy difícil para Peter, que está atrapado entre los dos, pero a Peter ya nadie lo toma en serio porque es tremendamente quisquilloso y flojo. Ayer andaba bastante preocupado porque tenía la lengua de color azul en lugar de rosa. Este extraño fenómeno, sin embargo, desapareció tan rápido como se produjo. Hoy anda con una gran bufanda al cuello, ya que tiene tortícolis, y por lo demás *el señorito* se queja de que tiene lumbalgia. También tiene unos dolores cerca del corazón, los riñones y el pulmón. ¡Es un verdadero hipocondríaco! (Se les llama así, ¿verdad?)

Mamá y la señora Van Daan no se llevan muy bien. Hay suficientes razones para tal fricción. Por poner un ejemplo: la señora Van Daan ha sacado del armario comunitario todas sus sábanas, dejando sólo tres. Si se cree que toda la familia va a usar la ropa de mamá, se llevará una gran sorpresa cuando vea que mamá ha seguido su ejemplo.

Además, la señora está de mala cara porque no usamos nuestra vajilla, y sí la suya. Siempre está averiguando dónde hemos metido nuestros platos; están más cerca de lo que supone, guardados en cajas de cartón en el desván, detrás del material publicitario de Opekta. Mientras estemos escondidos, los platos estarán fuera de alcance. ¡Tanto mejor!

A mí siempre me ocurren toda clase de tragedias. Ayer rompí en mil pedazos un plato sopero de la señora.

—¡Ay! —exclamó furiosa—. Ten más cuidado con lo que haces, que es lo único que me queda.

Por favor considera, Kitty, que las dos damas de la casa hablan un holandés abominable (de los señores no me animo a comentar nada, se ofenderían mucho). Si vieras cómo mezclan y confunden todo, te partirías de risa. Ya hemos renunciado a señalar sus errores, corregirlas no tiene sentido. Cuando te escriba sobre alguna de ellas, lo pondré en holandés correcto en lugar de tratar de duplicar su forma de hablar.

La semana pasada ocurrió algo que rompió un poco la monotonía: tenía que ver con un libro sobre mujeres y Peter. Has de saber que a Margot y Peter les está permitido leer casi todos los libros que nos presta el señor Kleiman, pero este libro en concreto sobre un tema de mujeres, los adultos prefirieron reservarlo para ellos. Esto despertó en seguida la curiosidad de Peter. ¿Qué fruta prohibida contendría ese libro? Secretamente lo tomó de donde lo tenía guardado su madre, mientras ella estaba abajo charlando, y se llevó el botín a la buhardilla. Este método funcionó bien durante dos días; la señora Van Daan sabía perfectamente lo que pasaba, pero se mantuvo callada hasta que su marido se enteró. Éste se enojó, le quitó el libro a Peter y pensó que el asunto se resolvería ahí. Pero había subestimado la curiosidad de su hijo, que no se dejó impresionar por la enérgica actuación de su padre. Peter se puso a idear las formas de seguir con la lectura de este libro tan interesante.

Su madre, mientras tanto, preguntó a mamá su opinión sobre el asunto. A mamá le pareció que éste no era un libro muy adecuado para Margot, pero no vio nada de malo, en los otros libros.

—Señora Van Daan —dijo mamá—, entre Margot y Peter hay una gran diferencia. En primer lugar, Margot es una chica, y las mujeres siempre son más maduras que los varones; en segundo lugar, Margot ya ha leído bastantes libros serios y no anda buscando temas que ya no le están prohibidos y, en tercer lugar, Margot es más sensata y está mucho más adelantada, como resultado de los cuatro años en liceo.

La señora Van Daan estuvo de acuerdo, pero de todas maneras consideró que era inadecuado dar a leer a los jóvenes libros para adultos.

Entretanto, Peter encontró el momento adecuado en el que nadie se preocupara por el libro o por él, a las siete y media de la tarde, cuando toda la familia se reunía para escuchar la radio en la antigua oficina de papá, se llevaba el tesoro a la buhardilla. Él tendría que haber regresado abajo a las ocho y media, pero como el libro lo había cautivado tanto se olvidó del tiempo, y justo estaba bajando la escalera del desván cuando su padre entraba en la habitación. La escena que siguió es fácil de imaginar:

una bofetada, un golpe, un tirón, el libro tirado sobre la mesa y Peter de vuelta en la buhardilla.

Así estaban las cosas cuando la familia se reunió para cenar. Peter se quedó arriba, nadie le hacía caso, tendría que irse a la cama sin comer. Continuamos comiendo, conversando alegremente, cuando de repente se oyó un silbido penetrante. Todos soltamos los tenedores y nos miramos con las caras pálidas del susto.

Entonces oímos la voz de Peter por el tubo de la chimenea:

—¡Ni crean que bajaré!

El señor Van Daan se levantó de un salto, se le cayó la servilleta al suelo, y con la cara de un rojo encendido gritó:

—¡Ya he tenido suficiente!

Papá, temiendo lo que podría suceder, lo tomó del brazo, y juntos subieron al desván. Tras muchas protestas y pataleo, Peter fue a parar a su habitación, la puerta se cerró y nosotros seguimos comiendo.

La señora Van Daan quería guardarle un bocado a su niñito, pero su marido se mostró inflexible.

—Si no se disculpa de inmediato tendrá que dormir en la buhardilla.

Todos protestamos; mandarlo a la cama sin cenar ya nos parecía castigo suficiente. Si Peter llegaba a resfriarse, no podríamos hacer venir a ningún médico.

Peter no se disculpó y regresó a la buhardilla. Van Daan no intervino más en el asunto, pero por la mañana descubrió que la cama de Peter había sido usada. Éste había vuelto a subir al desván a las siete, pero papá lo convenció con buenas palabras para que bajara. Al cabo de tres días de miradas hoscas y de silencios obstinados, todo volvió a la normalidad.

Tu Ana

Lunes 21 de septiembre de 1942

Querida Kitty:
Hoy te comunicaré las noticias generales de la Casa de atrás. Por encima de mi diván han colocado una lamparita para que pueda tirar de una cuerda en caso de que escuche disparos. Sin embargo, de momento esto es imposible de hacer, ya que tenemos la ventana entreabierta día y noche.

La sección masculina de la familia Van Daan ha fabricado una despensa muy cómoda, de madera barnizada y provista de mosquiteros de verdad. Al principio la habían instalado en el cuarto de Peter, pero para que esté más fresca la han trasladado al desván. En su lugar hay ahora un armario. Le he recomendado a Peter que allí ponga la mesa, con un bonito mantel, y que cuelgue el armarito en la pared, donde ahora tiene la mesa. Así, aún puede convertir su cuarto en un sitio acogedor, aunque a mí no me gustaría dormir ahí.

La señora Van Daan es insoportable. Continuamente me regaña cuando estoy arriba porque hablo demasiado, yo simplemente la ignoro. Ahora la señora ha salido con una novedad, se niega a lavar ollas. Cuando queda un poco de alimento, en vez de guardarlo en una fuente de vidrio, deja que se pudra en la olla. Y si luego a Margot le toca fregar muchas ollas, la señora le dice:

—Ay, Margotita, Margotita, ¡tienes tanto qué hacer!

Cada dos semanas, el señor Kleiman me trae algunos libros para niñas. Me encanta la serie de libros sobre Joop ter Heul, y los de Cissy van Marxveldt, por lo general, también me gustan mucho. *Locura de verano* me lo he leído ya cuatro veces, pero me siguen divirtiendo mucho las situaciones tan cómicas que describe.

Papá y yo estamos trabajando en un árbol genealógico de su familia, a medida que avanzamos me cuenta algo sobre cada uno de sus miembros.

Ya hemos retomado los estudios. Yo hago mucho francés, y cada día me porfío la conjugación de cinco verbos irregulares. Sin embargo, he olvidado mucho de lo que aprendí en el colegio.

Peter ha encarado con renuencia su tarea de estudiar inglés. Algunos libros acaban de llegar, yo he traído de casa los cuadernos, lápices, gomas de borrar y etiquetas en grandes cantidades. Pan (así llamo cariñosamente a papá) quiere que le demos clases de holandés. A mí me parece muy bien, en compensación por la ayuda que me da en francés y otras asignaturas. Pero él comete unos errores garrafales. ¡Son increíbles! A veces escucho la transmisión de Radio Orange; recientemente habló el príncipe Bernardo y contó que para enero nacerá su hijo. Creo que es maravilloso, pero aquí nadie entiende mi afición por la Casa de Orange.

Hace unos días estuvimos hablando de lo ignorante que soy, por lo que al día siguiente me puse a estudiar como loca, porque no tengo intención de volver al primer curso cuando tenga catorce o quince años. En esa conversación también se habló de que casi no me permiten leer nada. Mamá de momento está leyendo *Hombres, mujeres y criados*, que claro, a mí no me lo dejan leer (¡a Margot sí!); primero tengo que tener más cultura, como la *cerebrito* de mi hermana. Luego hablamos de mi ignorancia en temas de filosofía, psicología y fisiología (estas palabras tan difíciles he tenido que buscarlas en el diccionario), y es cierto que de eso no sé nada. ¡Tal vez el próximo año ya sepa algo!

Me di cuenta de que sorprendentemente sólo tengo un vestido de manga larga y tres cardiganes para el invierno. Papá me ha dado permiso para que me haga un jersey de lana blanca. La lana que tengo no es muy bonita, pero el calor que me dé me compensará de sobra. Tenemos algo de ropa en casa de otra gente, pero lamentablemente sólo podremos ir a recogerla cuando termine la guerra, si para entonces todavía sigue allí.

Hace poco, justo cuando estaba escribiéndote algo sobre la señora Van Daan, apareció. ¡Plaf!, tuve que cerrar el cuaderno de golpe.

—Oye, Ana, ¿no me enseñas algo de lo que escribes?

—No, señora Van Daan, lo siento.

—¿Ni siquiera la última página?

—No, señora, tampoco.

Casi muero del susto, porque justo en esa página contenía comentarios poco favorecedores sobre ella.

Así, todos los días pasa algo, pero soy demasiado holgazana y estoy demasiado fatigada para escribírtelo todo.

Tu Ana

Viernes 25 de septiembre de 1942

Querida Kitty:
Papá tiene un antiguo conocido, el señor Dreher, un hombre de unos 75 años, bastante sordo, enfermo y pobre, que tiene a su lado, a modo de apéndice molesto, a su mujer, 27 años menor que él, igualmente pobre, con los brazos llenos de brazaletes y anillos falsos y de verdad, que le han quedado de épocas más prósperas. Este señor Dreher ya le ha ocasionado un sin fin de molestias a papá, y siempre he admirado su inagotable paciencia cuando atendía a este pobre tipo al teléfono. Cuando aún vivíamos en casa, mamá siempre le recomendaba a papá colocar el auricular al lado de un gramófono que a cada tres minutos dijera "sí, señor Dreher", o "no, señor Dreher", porque el viejo no entendía ni una palabra de las largas respuestas de papá de todos modos.

Hoy el señor Dreher telefoneó a la oficina y le pidió a Kugler que pasara un momento a verle. A Kugler no le apetecía y quiso enviar a Miep. Miep llamó para cancelar. Luego la señora de Dreher telefoneó en tres ocasiones, pero como supuestamente Miep no estaría en toda la tarde, tuvo que imitar al teléfono la voz de Bep. En el piso de abajo, en las oficinas, y también aquí arriba hubo grandes carcajadas, y ahora, cada vez que suena el teléfono, dice Bep:

—Debe de ser la señora Dreher.

Por lo que Miep ríe de antemano y atiende el teléfono entre risitas muy poco corteses. Seguro este tiene que ser el mejor trabajo del mundo, en el que los directores y las secretarias se divierten tantísimo.

Algunas noches me paso por la habitación de los Van Daan a charlar un rato. Comemos una *galleta-polilla* con melaza (la caja de galletas estaba guardada en la alacena infestada por las polillas) y lo pasamos bien. Hace poco hablamos de Peter. Yo les conté que Peter a menudo me acaricia la mejilla y eso a mí no me gusta. Ellos me preguntaron de forma muy paternalista si yo no podía querer a Peter, ya que él me quería mucho. Yo pensé: ¡oh, cielos! Y contesté: ¡no! ¡Figúrate! Entonces le dije que Peter era un poco torpe y que me parecía que era tímido. Eso les pasa a todos los chicos cuando no están habituados a tratar con chicas.

Debo decir que el Comité de Escondidos de la Casa de atrás (sección masculina) es muy creativo. Fíjate lo que han ideado para hacerle llegar al señor Broks, representante de la Cía. Opekta, conocido nuestro y depositario de algunos de nuestros bienes escondidos, un mensaje de nuestra parte: escriben una carta a máquina dirigida a un tendero que es cliente indirecto de Opekta en la provincia de Zelanda, pidiéndole que rellene un formulario adjunto y nos lo envíe a vuelta de correo en el sobre también adjunto. El sobre ya lleva escrita la dirección con letra de papá. Cuando llegue todo a Zelanda, reemplazan la nota por un mensaje escrito a mano de papá para confirmar que sigue vivo. Así, Broks la leerá sin albergar sospechas. Han escogido precisamente Zelanda porque, al estar cerca de Bélgica, la carta puede haber pasado la frontera de manera clandestina y porque nadie puede viajar allí sin permiso especial. Un representante ordinario como Broks seguro que nunca recibiría ésta aprobación. Anoche papá volvió a hacer teatro. Estaba muerto de cansancio y se tropezó con la cama. Como tenía los pies fríos, le puse mis calcetines para dormir. A los cinco minutos ya se le habían caído al suelo. Luego escondió la cabeza debajo de la sábana porque la luz lo molestaba. Cuando se apagó la lámpara fue sacando la cabeza con cuidado. Eso fui tan divertido. Luego, hablamos de que Peter llama *la caraja* a Margot, de repente se oyó la voz cavernosa de papá, diciendo: *la carajillo*.

Mouschi, el gato, está cada vez más bueno conmigo, pero yo sigo teniéndole un poco de miedo.

Tu Ana

Domingo 27 de septiembre de 1942

Querida Kitty:

Hoy he tenido lo que se dice una "discusión" con mamá, lo malo es que enseguida rompo a llorar, no lo puedo evitar. Papá siempre es bueno conmigo, me entiende mucho mejor. No puedo soportar a mamá en momentos así, y es que soy una extraña para ella, ni siquiera sabe lo que pienso de las cosas más cotidianas.

Estábamos hablando de criadas, de que habría que llamarlas *asistentas domésticas*, y de que después de la guerra seguro que será obligatorio. Pero yo no estaba tan segura de ello, y añadió que yo muy a menudo hablaba de lo que pasará "más adelante", y actúo como si fuera una gran dama, pero eso no es cierto; ¿acaso yo no puedo construirme mis propios castillitos en el aire? Con eso no hago mal a nadie, no hace falta que se lo tomen tan en serio. Papá al menos me defiende; si no fuera por él, no sería capaz de aguantar hasta el final aquí.

Tampoco con Margot me llevo bien. Aunque en nuestra familia nunca hay enfrentamientos como el que te acabo de describir, para mí no siempre es agradable formar parte de ellos. La manera de ser de Margot y de mamá son ajenas a mí. Comprendo mejor a mis amigas que a mi propia madre. ¿No es una pena?

La señora Van Daan está de mala cara por enésima vez. Está muy malhumorada y va ocultando cada vez más pertenencias personales. Lástima que mamá, a cada ocultación vandaaniana, no responda con una ocultación frankiana.

Hay algunas personas a las que parece que les diera un placer especial educar no sólo a sus propios hijos, sino también a los de sus amigos. Tal es el caso de Van Daan. A Margot no hace falta educarla, porque es la bondad, la dulzura y la sapiencia personificada; a mí, en cambio, me ha tocado en suerte ser maleducada por partida doble. Cuando estamos todos comiendo, las recriminaciones y las respuestas insolentes van y vienen más de una vez. Papá y mamá siempre me defienden a capa y espada, si no fuera por ellos no podría entablar la lucha tantas veces sin pestañear. Ello me dice una y otra vez que tengo que hablar menos, dedicarme sólo a mis asuntos y ser más modesta, pero mis esfuerzos parecen estar condenados al fracaso. Si papá no tuviera tanta paciencia, yo ya habría perdido hace mucho las esperanzas de llegar a satisfacer las expectativas de mis propios padres, que son bastante modestas.

Cuando en la mesa me sirvo una porción pequeña de alguna verdura que aborrezco y como papas en su lugar, el señor Van Daan, y sobre todo su mujer, no soportan que me consientan tanto. No tardan en dirigirme un "¿Anda, Ana, sírvete más verdura!".

—No, gracias, señora —le contesto—. Me basta con las papas.

—La verdura es muy saludable, lo dice tu propia madre. Anda, sírvete más —insiste, hasta que intercede papá y confirma mi negativa.

Entonces, la señora empieza a despotricar:

—Tendrían que haber visto cómo se hacía en mi casa. Allí por lo menos se educaba a los niños. A esto no lo llamo yo educar. Ana es una niña terriblemente malcriada. Yo nunca lo permitiría. Si Ana fuese mi hija... Así siempre comienzan y terminan todas sus peroratas: "Si Ana fuera mi hija..." ¡Por fortuna no lo soy!

Pero volviendo a nuestro tema educativo, ayer se produjo un silencio tras el pequeño discurso de la señora Van Daan. Entonces papá contestó:

—A mí me parece que Ana es una niña muy bien educada, al menos ya ha aprendido a no contestarle cuando le suelta sus sermones interminables. Y en cuanto a la verdura, no puedo más que contestarle que a lo dicho, viceversa.

La señora estaba derrotada, y bien. El *viceversa* de papá se dirigía directamente a ella, ya que por las noches nunca come judías ni coles, porque le produce *ventosidad*. Pero eso también podría decirlo yo. ¡Qué mujer más idiota! Por lo menos, que no se meta conmigo.

Es muy cómico ver la facilidad con que se pone colorada. Yo por suerte no, y se ve que eso a ella le molestaba secretamente.

Tu Ana

Lunes 28 de septiembre de 1942

Querida Kitty:
Ayer tuve que interrumpir la escritura cuando todavía faltaba mucho que contarte. Me muero de ganas de contarte sobre otra disputa, pero antes de empezar debo contarte esto: me parece muy extraño que los adultos se peleen tan fácilmente y por nimiedades. Hasta ahora siempre he pensado

que reñir era cosa de niños, y que con los años se pasaba. Claro que a veces hay razones para pelearse en serio, pero las rencillas de aquí no son más que riñas de poca monta. Como están a la orden del día, ya debería estar acostumbrada a ellas. Pero no es el caso, y no lo será nunca, mientras yo siga siendo el tema de las discusiones (ésta es la palabra que usan en lugar de *riña*, lo que, por supuesto, no está mal, pero la confusión es por el alemán). Ellos critican todo, absolutamente todo de mí, nada de lo que hago les cae bien: mi comportamiento, mi carácter, mis modales, todos y cada uno de mis actos son tema a debatir y de continuo chismorreo, me he ido acostumbrando a las duras palabras y gritos que me sueltan, me los tengo que aguantar alegremente, según me ha recomendado una autoridad en la materia. ¡Pero yo no puedo! Ni tengo intención de permitir que me insulten de esa manera. Ya les mostraré que Ana Frank no es ninguna tonta, se quedarán muy sorprendidos y deberán cerrar sus bocazas cuando les haga ver que antes de ocuparse tanto de mi educación, deberían ocuparse de la suya propia. ¡Pero cómo se atreven a actuar así! ¡Vaya brutos! Hasta ahora siempre me ha dejado perpleja tanta grosería y, sobre todo, tanta estupidez (de la señora Van Daan). Pero tan pronto como esté acostumbrada, y ya no falta mucho, les daré agua de su propio chocolate. ¡Ya no volverán a hablar del mismo modo! ¿Es que realmente soy tan maleducada, tan terca, tan caprichosa, tan poco modesta, tan tonta, tan haragana, etcétera, etcétera, como dicen los Van Daan? No, claro que no. Ya sé que tengo muchos defectos y deficiencias, ¡pero tampoco hay que exagerar tanto! Si supieras, Kitty, cómo a veces me hierve la sangre cuando todos se ponen a gritarme e insultarme de ese modo. No falta mucho para que toda mi rabia contenida estalle.

Pero basta de este asunto, ya te he aburrido bastante con mis disputas y, sin embargo, no puedo resistir contarte una discusión de sobremesa muy interesante.

A raíz de no sé qué, llegamos de alguna manera al tema sobre la gran modestia de Pan. Dicha modestia es un hecho indiscutible, que incluso el más estúpido no puede cuestionar. De repente, la señora Van Daan, que siempre tiene la necesidad de meterse en todas las conversaciones, comentó:

—Yo también soy muy modesta, mucho más que mi marido.

¿Habías oído algo tan ridículo? ¡Pues esta frase sí que ilustra claramente toda su modestia! El señor Van Daan, que se sintió obligado a explicar eso de "mucho más que mi marido", replicó muy tranquilamente:

—Es que yo no quiero ser modesto. En mi experiencia he podido ver que las personas que no son modestas llegan mucho más lejos que los que lo son. Y dirigiéndose a mí, dijo:

—No te conviene ser modesta, Ana. Esto no te llevará a ninguna parte.

Mamá estuvo completamente de acuerdo con este punto de vista, pero, como de costumbre, la señora Van Daan metió su cuchara a este tema educacional. Por esta única vez, en lugar de dirigirse a mí, se volvió a mis señores padres, pronunciando las siguientes palabras:

—¡Su visión de la vida es tan extraña, decirle a Ana una cosa semejante! En mis tiempos no era así, y ahora seguro que tampoco lo es, salvo en su familia moderna.

Esto fue un golpe directo al método educativo moderno, tantas veces defendido por mamá. La señora Van Daan estaba roja del coraje. Una persona que fácilmente se ruboriza *pierde los estribos* y se altera cada vez más, por consiguiente, lleva todas las de perder frente a su adversario.

Mamá, que no tenía roja la cara, quería zanjar el asunto lo antes posible, recapacitó un poco antes de responder:

—Señora Van Daan, en realidad yo opino que en la vida es mucho mejor no ser tan modesta. Mi marido, Margot y Peter son todos tremendamente modestos. A su marido, a Ana, a usted aunque no nos falta modestia, tampoco permitimos que nos den la vuelta.

La señora Van Daan:

—¡Pero señora Frank, no la entiendo, qué quiere decir! De verdad que soy muy, pero muy modesta. ¡Cómo se le ocurre llamarme presumida!

Mamá:

—No digo que sea presumida, pero nadie la consideraría verdaderamente modesta.

—Me gustaría saber en qué sentido carezco de modestia. ¡Si yo no cuidara de mí misma, aquí nadie más lo haría, y entonces moriría de hambre, pero eso no significa que no sea tan modesta como su marido!

Mamá no pudo más que reírse de esta autodefensa tan ridícula, lo que irritó aún más a la señora Van Daan, que continuó su maravilloso sermón soltando una serie de hermosas palabras germano-holandesas y holando-germanas, hasta que a la oradora nata se le enredó su propia lengua, finalmente se levantó, estaba a punto de abandonar la habitación cuando sus ojos se clavaron en mí. ¡Deberías haberlo visto! Desafortunadamente, en el mismo momento en que la señora nos había vuelto la espalda, yo meneé irónicamente la cabeza, no a propósito, sino de manera más bien involuntaria, por haber estado siguiendo la conversación con tanta atención. La señora se volvió y dio tremenda reprimenda en alemán, de manera soez y grosera, como una verdulera gorda y colorada. Daba gusto verla. Si supiera dibujar, ¡cómo me habría gustado bosquejar a esa mujer bajita y tonta en esa posición tan cómica! De todos modos, he aprendido lo siguiente: Llegamos realmente a conocer a la gente hasta que se ha tenido una verdadera pelea con ella. Sólo entonces podemos conocer a su verdadero yo.

Tu Ana

28 de septiembre de 1942 [añadido]

Me angustia más de lo que puedo expresar el que nunca podamos salir de aquí, y temo que nos descubran y nos fusilen. Eso es, obviamente, una perspectiva pesimista.

28 de septiembre de 1942 [añadido]

Papá es siempre muy bueno, él me entiende perfecto, y me gustaría poder hablar con él en confianza, sin soltarme a llorar al momento. Pero eso parece tener que ver con la edad. Me gustaría escribir todo el tiempo, pero se haría muy aburrido.

Hasta ahora he escrito casi exclusivamente mis pensamientos, y no he podido escribir historias divertidas para poder leérselas a alguien más tarde. Pero a partir de ahora dedicaré menos tiempo al sentimentalismo y más a la realidad.

Martes 29 de septiembre de 1942

Querida Kitty:
Las cosas muy curiosas les pasan a los escondidos. Imagínate, como no tenemos bañera, nos bañamos en una pequeña tina, y como sólo dispone de agua caliente en la oficina (con esta palabra siempre me refiero a toda la planta baja), los siete nos turnamos para bajar y aprovechar esta gran ventaja. Pero como todos somos tan distintos y cada uno tiene distintos grados del pudor y la vergüenza, cada miembro de la familia ha elegido un lugar distinto para bañarse. Peter se baña en la cocina, pese a que ésta tiene

puerta de cristal. Cuando va a darse un baño, pasa a visitarnos uno a la vez para comunicarnos que durante la próxima media hora no debemos transitar por la cocina. Considera suficiente esta medida. El señor Van Daan se baña en el piso de arriba. Para él la seguridad de su propia habitación le compensa la dificultad de subir toda el agua caliente por las escaleras. La señora, de momento, no se baña en ninguna parte; sigue buscando el sitio ideal para hacerlo. Papá se baña en su antigua oficina, mamá en la cocina, detrás de una mampara, y Margot y yo hemos elegido para nuestro chapoteo la oficina grande. Los sábados por la tarde cerramos las cortinas y nos aseamos a oscuras. Mientras una está en la tina la otra mira por la ventana, a través de una brecha entre las cortinas cerradas, y curiosea a la gente graciosa que pasa.

Desde la semana pasada ya no me agrada este sitio para bañarme y empecé a buscar otro más confortable. Fue Peter quien me dio la idea de instalar la tina en el amplio lavabo de las oficinas. Allí puedo sentarme, encender la luz, cerrar la puerta con el pestillo, vaciarla sin ayuda de nadie, y además estoy a salvo de miradas indiscretas. El domingo fue el día en que estrené mi precioso cuarto de baño y, por extraño que suene, me gusta más que cualquier otro sitio.

El miércoles vino el plomero, a trabajar en el lavabo de la planta baja, quitó las cañerías de agua y drenaje y las volvió a instalar en el pasillo. Este cambio fue para evitar que el agua de la cañería se congele en un invierno frío. La visita del plomero no fue nada agradable. No sólo porque durante el día no podíamos dejar correr el agua, sino porque tampoco podíamos ir al retrete. Ya sé que no es muy propio contarte lo que hemos hecho para remediarlo, pero no soy tan pudorosa como para no hablar de estos asuntos. El día de nuestra llegada aquí, papá y yo improvisamos un orinal, sacrificamos para este fin un frasco de conservas. Durante la visita del plomero pusimos dichos frascos en servicio y allí guardamos nuestras necesidades de ese día. Esto me pareció mucho menos difícil que el hecho de tener que pasarme todo el día sentada sin moverme y sin hablar. No puedes imaginarte lo duro que fue esto para la señorita *Cuac-cuac*. Habitualmente debemos hablar en voz baja, pero no poder abrir la boca ni moverse es mil veces peor.

Al cabo de estar tres días pegada a la silla, tenía el trasero todo duro y dolorido. Unos ejercicios de gimnasia vespertina ayudaron.

Tu Ana

Jueves 1º de octubre de 1942

Querida Kitty:
Ayer me llevé un susto terrible. A las ocho alguien tocó el timbre muy fuerte. Pensé que serían ya sabes quiénes. Pero cuando todos aseguraron que serían unos bromistas o el cartero, me tranquilicé.

Los días transcurren en silencio. Levinsohn, un judío pequeño, farmacéutico y químico que trabaja para Kugler en la cocina, conoce muy bien todo el edificio y por eso constantemente tememos que se le ocurra ir a echar un vistazo al antiguo laboratorio. Nos mantenemos silenciosos como ratoncillos bebés. Quién hubiera creído hace tres meses que *doña Ana Mercurial* podría estar sentada quietecita y en silencio horas y horas.

El 29 cumplió años la señora Van Daan. Aunque no hubo una gran celebración se la agasajó con flores, regalos pequeños y buena comida. Los claveles rojos de su señor esposo parecen una tradición familiar.

Volviendo a la señora Van Daan, puedo decirte que una fuente permanente de irritación y disgusto para mí es cómo coquetea con papá. Le acaricia la mejilla y el pelo, se sube muchísimo la falda, dice cosas supuestamente graciosas y trata de llamar la atención de Pan. Por fortuna, Pan no la encuentra ni simpática ni atractiva, de modo que no hace caso de sus coqueteos. Como sabes, yo, por naturaleza, soy bastante celosa, así que todo esto no lo tolero. ¿Acaso mamá hace este tipo de cosas delante de su marido? Esto se lo he dicho a la señora en la cara.

De vez en cuando, Peter puede ser bastante divertido. Al menos una de sus aficiones que comparte conmigo, hace reír a todos: le encanta disfrazarse. Un día aparecimos él, metido en un vestido negro de su madre muy ceñido, y yo vestida con un traje; Peter llevaba un sombrero y yo una gorra. Los adultos se partían de risa y, por supuesto, nosotros no nos divertimos menos.

Bep ha comprado en el gran almacén faldas nuevas para Margot y para mí, valen 7.75 y 24 florines, respectivamente. Son de una tela malísima, parece yute, como aquella tela que se utiliza para hacer los costales para papas. Una falda que las tiendas antes ni se hubieran atrevido a vender, ahora cuesta eso. Otra maravillosa sorpresa se avecina: Bep ha encargado a una academia unas clases de taquigrafía por correspondencia para Margot, para Peter y para mí. Ya verás en qué excelentes taquígrafos nos habremos convertido el año que viene. A mí al menos me parece súper interesante aprender a dominar realmente esa escritura secreta.

Tengo un dolor terrible en el índice izquierdo, así que no puedo planchar. ¡Qué suerte! El señor Van Daan quiso que me sentara junto a él a la mesa, porque a su gusto Margot no come suficiente; a mí me ha agradado la idea de un cambio. Últimamente siempre hay un gatito negro deambulando en el jardín, que me recuerda a mi querido Moortje, ¡qué dulce! Mamá constantemente tiene algo que objetar, sobre todo cuando estamos comiendo, por eso también me gusta el cambio que hemos hecho. Ahora Margot es la que tiene problemas con ella o, mejor dicho, no tiene ningún problema, porque a ella mamá no le hace esos comentarios sarcásticos, la niña modelo. Ahora la fastidio siempre con eso de *la niña modelo* y ella no lo soporta. Quizá así aprenda a dejar de serlo. ¡Ya sería hora!

Para terminar esta serie de noticias variadas, un chiste muy divertido del señor Van Daan:

¿Qué hace 99 veces «clic» y una vez «clac»? ¡Un ciempiés con una pata de palo!¡Adiós!

Tu Ana

Sábado 3 de octubre de 1942

Querida Kitty:
Ayer todo el mundo me estuvo gastando bromas por haber estado tumbada en la cama junto al señor Van Daan. "¡A esta edad! ¡Qué escándalo!", y todo tipo de comentarios, otras expresiones igual de fuertes. ¡Qué tontos! Por supuesto, nunca dormiría con Van Daan, en el sentido general de la palabra.

Ayer mamá y yo tuvimos otra colisión, ella empezó armando un alboroto y le contó a papá todos mis pecados, y entonces se puso a llorar, claro que esto me hizo llorar a mí también, que ya tenía un dolor de cabeza insoportable. Finalmente le conté a papi que lo quiero mucho más a él que a mamá. Entonces él dijo que ya se me pasaría, pero no le creo. Simplemente a mamá no la puedo soportar y me tengo que esforzar muchísimo para no bufarle todo el tiempo y calmarme. A veces me gustaría darle un bofetón, no sé de dónde sale esta terrible aversión que siento por ella. Papá me ha dicho que si mamá no se siente bien o tiene dolor de cabeza, yo debería tomar la iniciativa para ofrecerle ayuda, no lo hago porque no la quiero y sencillamente no me nace. Puedo imaginarme que algún día mamá se morirá, pero la idea de que papá muriera me parece inconcebible, no lo soportaría. Espero que mamá nunca lea esto ni lo demás.

Últimamente me ha permitido leer más libros para adultos. Ahora estoy leyendo *La niñez de Eva*, de Nico van Suchtelen. Yo no veo que haya mucha diferencia entre éste y las novelas para adolescentes. Eva pensaba que los niños crecían en los árboles, como las manzanas, y que la cigüeña los recoge cuando están maduros y se los lleva a las madres. Pero la gata de su amiga tuvo cría y ella vio cómo salían los gatitos de la madre gata. Así que pensó que la gata ponía huevos, igual que las gallinas, y que los empollaban, y también que las madres que tienen un niño unos días antes suben a poner un huevo y luego lo incubaban. Cuando viene el niño, las madres todavía están debilitadas de tanto estar en cuclillas. Eva también quería tener un bebé. Cogió un chal de lana y lo extendió en el suelo, donde caería el huevo. Entonces se puso de cuclillas y comenzó a pujar. Al mismo tiempo empezó a cacarear, pero no le salió ningún huevo. Finalmente, después de muchos tiempo y esfuerzos, salió algo que no era ningún huevo, sino una salchichita. Eva se sintió muy avergonzada. Pensó que estaba enferma.

¿Verdad que es cómico? *La niñez de Eva* también habla de mujeres que venden sus cuerpos en las calles por un montón de dinero. A mí me daría muchísima vergüenza algo así. Además, también habla de que a Eva le vino el periodo. Es algo que quisiera que también me pasara a mí, entonces realmente sería adulta.

Papá anda refunfuñando y amenaza con quitarme el diario. ¡Por favor, no! ¡Horror de horrores! A partir de ahora, voy a ocultarlo.

Tu Ana

Miércoles 7 de octubre de 1942

Me imagino que...

Viajo a Suiza. Papá y yo dormimos en la misma habitación, mientras que el cuarto de estudio de mis primos Bernhard y Stephan pasa a ser mi cuarto privado, en el que puedo recibir a las visitas. Como una sorpresa, me han comprado un juego de muebles nuevos, con mesita de té, escritorio, sillones y un diván, todo simplemente increíble. Después de unos días, papá me da 150 florines, o su equivalente en moneda suiza, pero digamos que son florines, y dice que me compre todo lo que necesite, sólo para mí. (Cada semana me da un florín, con el que también puedo comprarme lo que se me antoje.) Salgo con Bernd y me compro:

3 blusas de verano, de 0.50 = 1.50
3 pantalones de verano, de 0.50 = 1.50
3 blusas de invierno, de 0.75 = 2.25
3 pantalones de invierno, de 0.75 = 2.25
2 enaguas, de 0.50 = 1.00
2 sostenes (de la talla más pequeña), de 0.50 = 1.00
5 pijamas, de 1.00 = 5.00
1 bata de cama de verano, de 2.50 = 2.50
1 bata de cama de invierno, de 3.00 = 3.00
2 mañanitas, de 0.75 = 1.50
1 cojín, de 1.00 = 1.00
1 par de zapatillas de verano, de 1.00 = 1.00
1 par de zapatillas de invierno, de 1.50 = 1.50
1 par de zapatos de verano (colegio), de 1.50 = 1.50
1 par de zapatos de verano (vestir), de 2.00 = 2.00
1 par de zapatos de invierno (colegio), de 2.50 = 2.50
1 par de zapatos de invierno (vestir), de 3.00 = 3.00
2 delantales, de 0.50 = 1.00
25 pañuelos, de 0.05 = 1.25
4 pares de calcetines largos hasta la rodilla de 0.50 = 2.00
4 pares de calcetines cortos, de 0.25 = 1.00
2 pares de medias de lana, de 1.00 = 2.00
3 ovillos de lana blanca (pantalones, gorro), de 0.50 = 1.50
3 ovillos de lana azul (jersey, falda), de 0.50 = 1.50
3 ovillos de lana de colores (gorro, bufanda), 0.50 = 1.50
Chales, cinturones, cuellos, botones = 1.25

También 2 uniformes (verano), 2 uniformes (invierno), 2 buenos vestidos de vestir (verano), 2 buenos vestidos de vestir (invierno), 1 falda de verano, 1 falda de invierno de vestir, 1 falda de invierno para el colegio, 1 gabardina, 1 abrigo de verano, 1 abrigo de invierno, 2 sombreros, 2 gorros. Todo junto son 108 florines.

2 bolsos, 1 traje para patinaje sobre hielo, 1 par de patines con zapatos, 1 caja (con polvos, pomadas, crema desmaquilladora, aceite bronceador, algodón, gasas y esparadrapos, rubor, barra de labios, lápiz de cejas, sales de baño, talco, agua de colonia, jabones, brocha). Luego cuatro playeras de 1.50, 4 blusas de 1.00, objetos varios por un valor total de 10.00, regalos por valor de 4.50.

Viernes, 9 de octubre de 1942

Querida Kitty:
Hoy no tengo más que noticias desafortunadas y deprimente. A nuestros numerosos amigos y conocidos judíos se los están llevando en masa. La Gestapo los trata sin la mínima consideración y los transporta en vagones de ganado y los envían a Westerbork, el gran campamento de Drente, al que están enviando a todos los judíos. Miep nos ha hablado de alguien que logró escapar de allí. Debe de ser un sitio terrible. A la gente no le dan casi de comer y menos de beber. Sólo hay agua una hora al día, y no hay más que un inodoro y un lavabo para varios miles de personas. Hombres y mujeres duermen todos juntos, y a estas últimas y a los niños a menudo les afeitan la cabeza. Huir es casi imposible. Muchos son estigmatizados con la marca inconfundible de su cabeza rapada o también su apariencia judía.

Si es tan malo en Holanda, ¿cómo vivirán en lugares como Polonia que es adonde los envían? Nosotros suponemos que a la mayoría los asesinan. La radio inglesa dice que los matan en cámaras de gas, tal vez sea la forma más rápida de morir. Estoy totalmente confundida porque Miep cuenta historias de horror tan conmovedoras que también a ella la estremecen. Por ejemplo, el otro día, se había sentado una viejecita judía entumecida delante de la puerta de su casa esperando a la Gestapo, que había ido a buscar una furgoneta para llevársela. La pobre anciana tenía tanto miedo por los disparos dirigidos a los aviones ingleses, que sobrevolaban la ciudad, y por el relampagueo de los reflectores. Sin embargo, Miep no se atrevió a hacerla entrar en su casa. Nadie lo haría. Sus señorías alemanas no son delicados con sus castigos.

También Bep está muy silenciosa, al novio lo mandan a Alemania.

Ella tiene miedo, cada vez que los aviones sobrevuelan nuestras casas, de que suelten sus cargas explosivas de hasta mil toneladas en la cabeza de su Bertus. Chistes como: "seguro que no le caerán mil toneladas" o "una sola bomba es suficiente", me parece que están fuera de lugar. Bertus no es el único, todos los días salen trenes llenos de jóvenes holandeses que van a trabajar a Alemania. En el camino, algunos se bajan a escondidas cuando paran en alguna pequeña estación e intentan buscar refugio. Un pequeño porcentaje tal vez tenga éxito.

Todavía no he terminado con mis lamentaciones.

¿Alguna vez has escuchado la palabra *rehén*? Es el último método para castigo a los saboteadores. Es los más horrible que te puedas imaginar. Respetables ciudadanos inocentes son aprehendidos ha espera de su ejecución. Cuando hay un sabotaje y no encuentran a los responsables, la Gestapo simplemente pone cinco rehenes contra el paredón. La muerte es publicada en los periódicos donde nombran a este crimen como "accidente fatal". ¡No! Hitler hace mucho nos convirtió en apátridas. Aun así, no hay mayor hostilidad en el mundo que entre los alemanes y los judíos.

Tu Ana

Miércoles 14 de octubre de 1942

Querida Kitty:

Estoy ocupadísima. Ayer, primero traduje un capítulo de *La belle Nivernaise* e hice un vocabulario. Luego resolví un desagradable problema de matemáticas y traduje tres páginas de gramática francesa. Hoy tocaba gramática francesa e historia. No tengo ninguna intención de hacer tales desagradables tareas todos los días. Papá también dice que son horribles. Yo casi las puedo hacer mejor que él, pero en realidad no nos salen a ninguno de los dos, por lo que siempre tenemos que recurrir a Margot. También estoy muy afanada con la taquigrafía, que me encanta. Soy la que va más adelantada de los tres.

Leí *Los exploradores*, me resultó entretenido, pero no tiene ni punto de comparación con Joop ter Heul. Por otra parte, aparecen a menudo las mismas palabras, pero eso se entiende al ser de la misma escritora. Cissy van Marxveldt escribe realmente genial. Definitivamente, se los daré a leer a mis hijos.

También he leído muchas obras de teatro de Körner. Me gusta cómo escribe. Por ejemplo: *Eduviges*, *El primo de Bremen*, *La institutriz*, *El dominó verde*, etcétera. Mamá, Margot y yo hemos vuelto a ser las mejores amigas, y en realidad esto es mucho más agradable. Ayer por la noche estábamos juntas en mi cama Margot y yo. Estábamos muy apretadas, pero era realmente lo divertido. Ella me preguntó si podía leer mi diario.

—Sólo algunas partes —le contesté, y le pedí el suyo. También ella me permitió leerlo.

Entonces empezamos a hablar del futuro y le pregunté qué quería ser cuando fuera mayor. Pero no quiso decírmelo, se lo guarda como un gran secreto. Yo deduzco algo así como que le interesaría la enseñanza. Por supuesto, no lo sé de cierto, pero sospecho que tirará a esa dirección. En realidad, no debería ser tan entrometida.

Esta mañana me tumbé en la cama de Peter, después de perseguirlo. Estaba enojado conmigo, pero me importa poco. Podría ser más amable conmigo, porque sin ir más lejos, anoche le regalé una manzana.

Le pregunté a Margot si me encontraba muy fea. Me contestó que tenía un aire gracioso, y que tenía ojos bonitos. Una respuesta un tanto vaga, ¿verdad?

¡Hasta la próxima!

Ana Frank

P. D. Esta mañana todos hemos pasado por la báscula. Margot pesa 54 kilos, mamá 56, papá 64, Ana 39.5, Peter 60, la señora Van Daan 48.5, el señor Van Daan 68. En los tres meses que llevo aquí, he aumentado 7 kilos. ¡Mucho!, ¿no?

Martes 20 de octubre de 1942

Querida Kitty:
Mi mano sigue temblando, a pesar de que ya han pasado dos horas desde el susto que nos dimos. Debes saber que en el edificio hay cinco extintores Minimax. Los de abajo fueron tan inteligentes de no advertirnos que el carpintero, o como se le llame, venía a rellenar estos aparatos. Po lo tanto, no estábamos para nada en silencio, hasta que en el descansillo (al otro lado de nuestra puerta-armario) escuchamos el martilleo. Inmediatamente pensé que sería el carpintero y avisé a Bep, que estaba comiendo, que no podría volver abajo. Papá y yo nos apostamos detrás de la puerta para oír cuando el hombre se fuera. Tras haber estado unos quince minutos trabajando, colocó el martillo y otras herramientas sobre nuestro armario (por lo menos, eso nos pareció) y golpeó a la puerta. Todos nos pusimos blancos. ¿Habría oído algún ruido y estaría tratando de investigar el misterioso mueble? Parecía que sí, porque los golpes, tirones y empujones no se detuvieron.

Casi me desmayo del susto, pensando en lo que pasaría si aquel perfecto desconocido lograba exponer nuestro hermoso refugio. Y justo cuando pensaba que mis días estaban contados, oímos la voz del señor Kleiman, diciendo:

—Abran, soy yo.

Inmediatamente le abrimos. ¿Qué había ocurrido? El gancho con el que se cierra la puerta del armario se había atascado, por lo que nadie nos había podido avisar o advertir sobre la visita del carpintero. Después de que el hombre ya había bajado, Kleiman vino a buscar a Bep, pero no lograba abrir el armario. No te imaginas lo aliviada que me sentí. El hombre que yo creía que quería entrar en nuestra casa, había ido adoptando en mi imaginación mayores proporciones gigantescas, pasando a ser un fascista monstruoso como ninguno. ¡Ay!, por suerte todo acabó bien, al menos esta vez.

El lunes nos divertimos mucho. Miep y Jan pasaron la noche con nosotros. Margot y yo dormimos esa noche con papá y mamá, para que los Gies pudieran ocupar nuestras camas La cena de honor estuvo deliciosa. Hubo una pequeña interrupción originada por la lámpara de papá, que causó un cortocircuito y de golpe nos dejó a oscuras. ¿Qué hacer? Había fusibles nuevos, pero había que ir a cambiarlos al oscuro almacén del fondo, y eso de noche no era una tarea particularmente agradable. Aún así, los hombres se atrevieron y diez minutos más tarde pudimos guardar nuestras velas iluminadoras de nuevo.

Por la mañana me levanté temprano. Jan ya estaba vestido. Tenía que marcharse a las ocho y media, de modo que a las ocho ya estaba arriba desayunando. Miep se estaba vistiendo, y sólo tenía puesto el camisón cuando entré. Usa los mismos calzoncillos de lana que yo para montar en bicicleta. Margot y yo también nos vestimos y fuimos arriba mucho más temprano de lo habitual. Después del desayuno, Miep bajó a la oficina. Llovía a cántaros, y se alegró de no tener que pedalear al trabajo. Hice las camas con papá y luego me aprendí la conjugación de cinco verbos irregulares franceses. ¡Qué diligente soy!, ¿verdad?

Margot y Peter estaban en nuestra habitación leyendo, y Mouschi se sentó junto a Margot en el sofá. Al acabar con mis irregularidades francesas yo también me sumé al grupo, y me puse a leer *El canto eterno de los bosques*. Es un libro muy bonito, pero extraño, y casi lo he terminado. Bep también nos hará una visita nocturna la próxima semana.

Tu Ana

Jueves 29 de octubre de 1942

Querida Kitty:
Estoy muy preocupada por papá, ha enfermando, tiene fiebre muy alta y salpullido rojo, parece que tuviera sarampión. ¡Y ni siquiera podemos llamar a un médico! Mamá lo hace sudar, quizá con eso le baje la fiebre.

Esta mañana Miep nos contó que los alemanes desamueblaron la casa de los Van Daan. Todavía no se lo hemos dicho a la señora, porque últimamente anda un tanto nerviosa y no tenemos ganas de escucharla quejarse sobre que no debió abandonar en su casa su hermosa vajilla de porcelana y las sillas tan elegantes. Nosotros también tuvimos que abandonar casi todo lo hermoso. ¿De qué nos sirve ahora lamentarnos?

Papá quiere que empiece a leer libros de escritores alemanes famosos. Leer alemán ya me resulta relativamente sencillo, sólo que con frecuencia leo susurrando, en vez de leer para mis adentros. Pero ya se me pasará. Papá ha sacado de la biblioteca grande los dramas de Goethe y de Schiller, y quiere leerme unos párrafos, todas las noches. Ya hemos empezado con *Don Carlos*. Siguiendo el buen ejemplo de papá, mamá me ha dado su libro de oraciones. Para no contrariarla he leído un par de oraciones en alemán. Me parecen bonitas, pero no me dicen nada. ¿Por qué me obliga a ser tan beata y religiosa? Mañana encenderemos la estufa por primera vez. No han deshollinado la chimenea hace mucho, así que seguro se nos llenará la casa de humo. ¡Esperemos que la cosa se vaya!

Tu Ana

Lunes 2 de noviembre de 1942

Querida Kitty:
La noche del viernes Bep estuvo con nosotros. Pasamos un rato agradable, pero no durmió bien porque había bebido vino. Por lo demás, nada especial. Ayer tuve un fuerte dolor de cabeza y me fui a la cama temprano. Margot está nuevamente de antipática.

Esta mañana empecé a ordenar un fichero de la oficina, que se había caído y estaba todo revuelto. Como era para volverme loca, les pedí a Margot y Peter que me ayudaran, pero los dos andaban de holgazanes, así que lo guardé tal cual, no estoy tan loca como para hacerlo sola.

Tu Ana

P. D. Se me olvidada comunicarte una noticia importante, que probablemente muy pronto me venga el periodo. Me he dado cuenta porque tengo una sustancia pegajosa en las bragas y mamá ya me lo anticipó. No puedo esperar. ¡Me parece algo tan importante! Es una lástima que ahora no pueda usar compresas, porque ya no se consiguen, y los palitos que usa mamá sólo son para mujeres que alguna vez ya han tenido hijos.

Jueves 5 de noviembre de 1942

Querida Kitty:
Los ingleses por fin han tenido algunos éxitos en África, y Stalingrado aún no ha caído, de modo que los señores de la casa están muy contentos, y esta mañana bebieron café y té. Por lo demás, nada especial.

Esta semana he leído mucho y he estudiado poco. Así han de hacerse las cosas en este mundo, y así seguro sigues avanzando... Mamá y yo nos entendemos mucho mejor últimamente, pero nunca llegamos a tener una verdadera relación de confianza, y papá, aunque hay algo que me oculta, no deja de ser un amor como siempre.

La estufa lleva varios días encendida, y la habitación está llena de humo. Yo realmente prefiero la calefacción central, y probablemente no soy la única. A Margot sólo puedo calificarla de odiosa; me irrita terriblemente los nervios día y noche.

Ana Frank

Sábado 7 de noviembre de 1942

Querida Kitty:
Mamá anda muy nerviosa, y eso para mí no presagia nada bueno. ¿Puede ser coincidencia que papá y mamá nunca regañen a Margot, y siempre me culpen de todo a mí? Anoche, por ejemplo, Margot estaba leyendo un libro con bellas ilustraciones. Se levantó y puso el libro a un lado para seguir leyéndolo más tarde. Como yo en ese momento estaba sin hacer nada, lo cogí y empecé a mirar las ilustraciones. Margot volvió, vio "su" libro en mis manos, frunció el ceño y con rabia me pidió que se lo devolviera. Yo quería leerlo un poco más. Margot se enfadó cada vez más y mamá se metió diciendo:

—Margot estaba leyendo ese libro, así que devuélveselo.

En eso entró papá y sin saber siquiera qué sucedía, al ver a Margot me gritó:

—¡Me gustaría ver lo que harías tú si Margot se pusiera a hojear tu libro!

En seguida cedí, solté el libro y salí de la habitación, *airada* según ellos. No estaba airada ni enfadada, sino simplemente triste.

Papá no estuvo muy bien al emitir un juicio sin conocer cuál era el problema. Yo sola le habría devuelto el libro a Margot, incluso mucho antes, si papá y mamá no hubieran intervenido en el asunto para defender a Margot, como si sufriera la gran injusticia.

Por supuesto, que mamá defienda a Margot es normal, siempre se defienden una a la otra. Estoy tan acostumbrada a ello que las regañizas de mamá me son indiferentes, igual que el mal humor de Margot. Las quiero sólo porque son mi madre y Margot; como personas, me importan un comino. Es diferente con papá. Cuando hace distinción entre las dos, y aprueba cada acción de Margot, alabándola y haciéndole cariños, siento un dolor punzante en mi interior, porque yo adoro a papá, es mi gran modelo, no quiero a nadie más en el mundo. No se da cuenta de que a Margot la trata de manera distinta que a mí. Y es que Margot es la más inteligente, la más buena, la más bonita y la mejor. ¿Pero acaso no tengo yo derecho a ser tomada en serio? Siempre he sido la payasa y la traviesa de la familia, siempre he tenido que pagar el doble por mis pecados: por un lado, las regañizas y, por el otro, la desesperación dentro de mí misma.

Ya no estoy satisfecha con el sentido de afecto ni tampoco con las conversaciones supuestamente serias. Anhelo algo que papá es incapaz de darme. No estoy celosa de Margot, nunca lo he estado. No envidio su inteligencia ni su belleza, tan sólo desearía sentir el amor verdadero de papá, no porque soy su hija, sino porque soy yo, sólo Ana.

Me aferro a mi padre, porque cada día crece el desprecio hacia mamá, y es el único capaz de hacer que conserve los últimos sentimientos de familia que me quedan. Papá no entiende que a veces necesito dar rienda suelta sobre lo que siento contra mamá. Pero él no quiere hablar de eso, y evita cualquier conversación que haga referencia a los errores de mamá.

Y sin embargo es ella, con todos sus defectos, la carga difícil de aguantar. No sé cómo debo actuar; no puedo confrontarla por su descuido, su sarcasmo y su dureza de corazón, pero tampoco puedo seguir cargando sobre mí la culpa de todo.

Soy todo lo contrario a ella así que, por supuesto, chocamos. No juzgo su carácter, no tengo derecho a eso, simplemente la observo como madre, y ella no es una madre para mí. Yo misma tengo que ser mi madre. Me he separado de ellos, ahora trazo mi propia ruta y veré dónde me lleva. No tengo otra opción, sobre todo por el hecho de que veo en mí misma un ejemplo de cómo ha de ser una madre y una mujer, y no encuentro nada de esto en la mujer que se supone debo llamar madre.

Siempre me propongo pasar por alto el mal ejemplo que ella me da; tan sólo quiero ver su lado bueno y, lo que no encuentre en ella, buscarlo en mí misma. Pero no funciona, y lo peor es que ni papá ni mamá se dan cuenta de que están fallando en cuanto a mi educación, y de cuánto me lo tomo a mal. ¿Habrá algunos padres que pueda hacer completamente felices a sus hijos?

A veces creo que Dios trata de poner a prueba, tanto ahora como en el futuro. Debo ser una buena persona por mi cuenta, sin ejemplos y sin consejos, sólo así me haré más fuerte.

¿Quién más que yo leerá luego todas estas cartas? ¿Quién sino yo podré consolarme? Con frecuencia necesito consuelo; a menudo me siento débil y fallo más de lo que acierto. Lo sé, todos los días intento mejorar. Me tratan de forma poco coherente. Un día Ana es una chica sensata, que sabe mucho, y al día siguiente es un asno que no sabe nada y se imagina haberlo aprendido todo en los libros. Ya no soy un bebé ni la niña mimada que causa gracia haciendo cualquier cosa. Tengo mis propias ideas, planes e ideales, pero aún no soy capaz de expresarlos.

¡Ah!, me vienen tantas cosas a la cabeza cuando estoy sola por las noches, y también durante el día, cuando tengo que soportar a todos los que ya me tienen harta e invariablemente malinterpretan mis intenciones. Por eso, siempre vuelvo a mi diario: es mi punto de partida y mi destino, porque Kitty siempre tiene paciencia conmigo. Le prometeré que, a pesar de todo, perseveraré; que me abriré mi propio camino y me tragaré mis lágrimas. Sólo que me gustaría poder ver los resultados, o que sólo alguna vez recibiera el aliento de alguien que me quisiera.

No me juzgues, piensa en mí como alguien que a veces está punto de quebrarse.

Tu Ana

Lunes 9 de noviembre de 1942

Querida Kitty:
Ayer fue el cumpleaños de Peter, cumplió dieciséis años. A las ocho ya subí a saludarlo y a ver sus regalos. Le han regalado, entre otras cosas, un juego de la Bolsa, una afeitadora y un encendedor. No es que fume mucho; al contrario, es sólo por motivos de elegancia.

La mayor sorpresa nos la trajo el señor Van Daan, cuando nos informó que los ingleses habían desembarcado en Túnez, Argel, Casablanca y Orán. "Es el principio del fin", dijo todo el mundo, pero Churchill, el primer ministro inglés, que seguramente oyó la misma frase en Inglaterra, dijo: "Este desembarco es un paso importante, pero no se debe pensar que sea el principio del fin. Yo más bien diría que es el fin del principio."

¿Notas la diferencia? Sin embargo, hay motivos para mantener el optimismo. Stalingrado, la ciudad rusa, ha sido defendida durante tres meses, aún no ha sido entregada a los alemanes.

Para mostrarte otro aspecto de nuestra vida aquí, te contaré sobre nuestro suministro de alimentos. (Haz de saber que los del piso de arriba son unos verdaderos tragones.)

El pan nos lo proporciona un panadero muy amable, un amigo de Kleiman. Por supuesto, no conseguimos tanto pan como en casa, pero es suficiente. Los cupones de racionamiento se compran de forma clandestina. El precio aumenta continuamente; de 27 florines ha subido ya a 33. ¡Y eso sólo por una hoja de papel impresa!

Aparte de las cien latas de comida que tenemos, hemos comprado 123 kilos de legumbres. No sólo para nosotros, una parte es para los de la oficina. Los sacos de legumbres estaban colgados con ganchos en el pasillo que hay detrás de la puerta secreta. A causa del gran peso, algunas costuras de los sacos se abrieron. Entonces decidimos que era mejor llevar nuestras provisiones de invierno al desván, y encomendamos la tarea a Peter. Cuando cinco de los seis sacos ya se encontraban arriba sanos y salvos y Peter estaba subiendo el sexto, la costura de abajo se desgarró; una lluvia, mejor dicho, una granizada de frijoles voló por el aire y rodó por la escalera. En el saco había alrededor de 25 kilos, de modo que fue un ruido infernal. Abajo pensaron que se les venía el viejo edificio encima. Peter se asustó, pero luego soltó una carcajada cuando me vio al pie de la escalera como una especie de isla rodeada de un mar de frijoles, que me llegaba hasta los tobillos. En seguida nos pusimos a recogerlos, pero son tan pequeños y resbaladizos que se meten en todos los rincones y agujeros posibles e imposibles. Ahora cada vez que alguien sube la escalera se agacha para recoger un puñado de judías, que entrega a la señora Van Daan.

Casi olvidaba decirte que la enfermedad de papá ya se le ha pasado totalmente.

Tu Ana

P. D. Justo acabamos de oír por radio la noticia de que ha caído Argel; Marruecos, Casablanca y Orán, ya hace algunos días que están en manos de los ingleses. Ahora sólo falta Túnez.

Martes 10 de noviembre de 1942

Querida Kitty:
¡Una gran noticia! ¡Queremos acoger un octavo escondido!

Sí, es cierto. Siempre hemos sido de la opinión de que en la casa aún hay espacio y comida para una persona más, pero no queríamos que Kugler y Kleiman cargaran con más responsabilidad. Así que cuando nos llegaron noticias cada vez más atroces respecto de lo que está pasando con los judíos, papá consultó a los dos principales implicados y a ellos les pareció una idea excelente. "El peligro es tan grande para ocho como lo es para siete", dijeron con toda razón. Cuando nos pusimos de acuerdo, pasamos revista mentalmente a todos nuestros amigos y conocidos en busca de una persona soltera o sola que se adaptara bien a nuestro escondite. No fue difícil dar con alguien así, después de que papá había descartado a todos los parientes de los Van Daan, se optó por un dentista llamado Alfred Dussel. Vive con una mujer cristiana mucho más joven que él y muy agradable, con quien probablemente no está casado, pero eso no viene al caso. Tiene fama de ser una persona tranquila y educada, y a juzgar por la presentación, aunque superficial, tanto a Van Daan como a nosotros nos pareció simpático. También Miep lo conoce bien, de modo que ella podrá arreglar el plan de su venida al escondite. Cuando él venga, tendrá que dormir en mi habitación y Margot deberá conformarse con el catre[2]. Le pediremos que traiga algo para engañar el estómago.

Tu Ana

Jueves 12 de noviembre de 1942

Querida Kitty:
Miep nos contó que había estado con el doctor Dussel, quien al verla entrar en su consultorio le preguntó enseguida si conocía algún escondite. Se alegró mucho cuando ella le dijo que sabía de uno y que tendría que ir allí lo más rápido posible, preferiblemente el mismo sábado. Pero eso lo hizo dudar, ya que todavía tenía que ordenar sus archivos, atender a dos pacientes y hacer el cierre de caja. Esta fue la noticia que nos trajo Miep esta mañana. No nos pareció bien esperar tanto tiempo. Todos esos preparativos significan dar explicaciones a algunas personas que preferiríamos

2 Margot se trasladó a la habitación de sus padres tras la llegada de Dussel.

quedaran fuera del asunto. Miep le iba a preguntar si no podía organizar todo antes del sábado, pero Dussel dijo que no, y ahora llega el lunes.

Me parece una locura que no haya aceptado inmediatamente nuestra propuesta. Si lo detienen en la calle ni ordenará los archivos ni atenderá a sus pacientes. Entonces, ¿por qué retrasar el asunto? En lo personal, creo que papá ha hecho mal en ceder.

Por lo demás, nada nuevo.

Tu Ana

Martes 17 de noviembre de 1942

Querida Kitty:
Dussel ha llegado. Todo salió bien. Miep le había dicho que a las once de la mañana estuviera en un determinado lugar frente a la oficina de correos, y que allí un señor pasaría a buscarlo. Dussel se encontraba en el lugar y hora convenidos. Se le acercó el señor Kleiman y le informó que la persona en cuestión todavía no podía venir y que si no podía pasar un momento por la oficina de Miep. Kleiman regresó en tranvía a la oficina y Dussel lo hizo a pie.

A las once y veinte Dussel tocó a la puerta de la oficina. Miep le ayudó a quitarse el abrigo procurando que no se le viera la estrella, y lo condujo a la oficina privada, allí Kleiman lo entretuvo hasta que se fuera la asistente. Con el pretexto de que ya el despacho estaba ocupado, Miep acompañó a Dussel arriba, abrió la estantería giratoria ante los ojos asombrados del hombre que entró en nuestra Casa de atrás.

Nos quedamos los siete sentados alrededor de la mesa con coñac y café, esperando a nuestro futuro compinche. Miep primero le enseñó la sala; Dussel de inmediato reconoció nuestros muebles, pero no pensó ni remotamente en que nosotros estábamos encima de su cabeza. Cuando Miep se lo dijo, casi se desmaya del asombro. Pero por suerte, Miep no le dejó tiempo de seguir asombrándose y lo llevó arriba. Dussel se dejó caer en un sillón y se nos quedó mirando a todos sin decir palabra, como si primero quisiera enterarse de lo ocurrido a través de nuestras caras. Luego tartamudeó:

—Perro... no... ¿perro ustedes no son en la Bélgica? ¿El militar no vienes? ¿El coche? ¿El huida... no es éxito?[3]

---

3 Dussel habla muy mal en neerlandés.

Le explicamos todo el asunto, cómo habíamos difundido la historia del militar y el coche a propósito, para llevar por el camino equivocado a la gente y a los alemanes que pudieran venir a buscarnos. Dussel se quedó sin palabras ante tanta ingeniosidad y no pudo más que dar un primer recorrido por nuestra querida Casa de atrás, asombrándose de lo superpráctico y agradable que era todo. Comimos todos juntos, Dussel durmió un poco y luego tomó el té con nosotros, ordenó sus poquitas cosas que Miep había traído con antelación y muy pronto se sintió como en casa, especialmente cuando se le entregaron las siguientes normas de la Casa-escondite (hechas por Van Daan):

PROSPECTO Y GUÍA DE LA CASA DE ATRÁS

Establecimiento especial para el alojamiento temporal de judíos y similares.

Abierto durante todo el año.

Entorno precioso, en zona tranquila y boscosa en el corazón de Amsterdam. Sin vecindarios particulares. Se puede llegar en las líneas 13 y 17 del tranvía municipal, en automóvil o en bicicleta. En los casos en que las autoridades alemanas no permiten el uso de estos últimos medios de transporte, también andando. Apartamentos amueblados y sin amueblar. Habitaciones siempre disponibles, con pensión incluida o sin ella.

Alquiler: gratis.

Dieta: sin grasas.

Agua corriente: en el cuarto de baño (lamentablemente sin bañera) y en varias paredes y muros.

Estufas y chimeneas: magníficas.

Amplios almacenes: para el depósito de mercancías de todo tipo. Dos grandes y modernas cajas fuertes.

Estación de radio propia: con enlace directo desde Londres, Nueva York, Tel Aviv y muchas otras capitales. Este aparato está a disposición de todos los residentes a partir de las seis de la tarde, no existiendo emisoras prohibidas, bajo la condición de que las emisoras alemanas sólo podrán escucharse a modo de excepción, por ejemplo, audiciones de música clásica y similares. Queda terminantemente prohibido escuchar y difundir noticias alemanas (indistintamente de donde provengan).

Horario de descanso: desde las 10 de la noche hasta las 7:30 de la mañana, los domingos hasta las 10:15. En circunstancias especiales, el horario de descanso también regirá durante el día, según indicaciones de la dirección. ¡Se ruega encarecidamente respetar estos horarios por razones de seguridad!

Tiempo libre: ninguna actividad permitida fuera de la Casa de atrás hasta nuevo aviso.

Uso del idioma: se requiere en todo momento hablar en voz baja, se permiten todas las lenguas civilizadas, o sea, el alemán no.

Lectura y entretenimiento: no se podrán leer libros en alemán, excepto los científicos y de autores clásicos, todos los demás son libres.

Ejercicios de gimnasia: todos los días.

Canto: sólo en voz baja y después de las 6 de la tarde.

Cine: se acordará.

Clases: taquigrafía, una clase semanal por correspondencia; inglés, francés, matemáticas e historia, se ofrecen a cualquier hora, el pago por la tutoría puede ser en forma de otra clase, por ejemplo, holandés.

Sección especial: para el cuidado de animales domésticos pequeños, con atención esmerada (excepto bichos y alimañas), que requieren un permiso especial.

Horarios de comida:

Desayuno: todos los días, excepto domingos y festivos, a las 9 de la mañana; domingos y festivos, a las 11:30 horas, aproximadamente.

Almuerzo: comida ligera de 1:15 a 1:45 de la tarde.

Cena: fría y/o caliente; sin horario fijo, debido a los partes informativos.

Obligaciones con respecto a la brigada de aprovisionamiento: estar dispuestos en todo momento a ayudar en los trabajos de oficina.

Aseo personal: los domingos a partir de las 9 de la mañana la tina está disponible para todos los inquilinos, posibilidad de usarla en el lavabo, la cocina, el despacho o la oficina principal, según preferencias de cada uno.

Bebidas fuertes: sólo por prescripción médica.

Fin.

Tu Ana

Jueves 19 de noviembre de 1942

Querida Kitty:
Como todos suponíamos, Dussel es un hombre muy agradable. Por supuesto, estuvo de acuerdo en compartir la habitación conmigo; honestamente no estoy muy contenta de que un extraño vaya a usar mis cosas, pero hay que hacer sacrificios por una buena causa y me alegra que pueda poner mi pequeño grano de arena. "Si podemos salvar a alguien, todo lo demás es secundario", ha dicho papá, y tiene toda la razón.

Dussel empezó a preguntarme toda clase de cosas desde el primer día de su estancia aquí, por ejemplo, cuándo viene la señora de la limpieza, cuál es el momento para usar el cuarto de baño, cuándo se puede ir al lavabo, etcétera. Te reirás, pero todo esto no es tan fácil en un escondite. Durante el día no podemos hacer ruido, para que no nos oigan abajo, y cuando hay otra persona, como por ejemplo la señora de la limpieza, tenemos que ser más prudentes. Le expliqué todo esto a Dussel con precisión, pero me sorprendió que es un poco cabeza dura, porque pregunta todo dos veces y aun así no lo retiene. Tal vez se le pase, y a causa de la sorpresa es su confusión. Por lo demás todo va bien.

Dussel nos ha contado mucho sobre el mundo exterior, ese que nos hemos perdido durante tanto tiempo. Todo lo que nos cuenta es triste. Innumerables amigos y conocidos han sido llevados a un horrible destino. Cada noche pasan los coches militares verdes y grises. Llaman a todas las puertas, preguntando si allí viven judíos. Si es así, se llevan a toda la familia de inmediato, de lo contrario, continúan su recorrido. Nadie puede escapar a su destino, a no ser que se esconda. A menudo, van por ahí con listas, tocando sólo donde saben que van a encontrar un rico botín, ya que ofrecen una recompensa por cabeza. ¡Cómo una cacería de esclavos de los viejos tiempos! Pero no es broma, la cosa es demasiado trágica.

A menudo veo por las noches filas de gente buena e inocente desfilando en la oscuridad, con niños que lloran, siempre en marcha, cumpliendo las órdenes de esos individuos, golpeados y maltratados hasta casi colapsar. Nadie se salva: ancianos, niños, bebés, mujeres embarazadas, enfermos... todos, absolutamente todos marchan camino hacia la muerte. Qué bien estamos aquí, tan lejos de la agitación. No necesitaríamos tomarnos tan a pecho todo este sufrimiento, si no fuera porque tememos lo que les está pasando a todos los que tanto queremos y a quienes ya no podemos ayudar. Me siento mal, porque duermo en una cama bien abrigada, mientras mis amigos más queridos quién sabe dónde estén tirados.

Me da mucho miedo pensar en todos aquellos con quienes me he sentido siempre tan íntimamente ligada y que ahora están en manos de los verdugos más brutales que hayan existido jamás.

Y todo porque son judíos.

Tu Ana

Viernes 20 de noviembre de 1942

Querida Kitty:
No sabemos cómo comportarnos. Hasta ahora nunca nos habían llegado tantas noticias sobre los judíos y hemos optado por permanecer tal alegres como sea posible. De vez en cuando, Miep ha contado algo sobre la terrible suerte de alguna conocida o amiga, mamá y la señora Van Daan siempre lloran, de modo que Miep prefirió no contarles nada más. Pero Dussel fue atacado con preguntas, y las historias que contó eran tan espantosas y bárbaras que no eran como para entrar por un oído y salir por el otro. Sin embargo, cuando ya no tengamos las noticias tan presentes, seguramente volveremos a contar chistes y a gastarnos bromas. No ayuda en nada seguir tan apesadumbrados como ahora. ¿Y qué sentido tiene hacer de la Casa de atrás una "casa melancolía"?

En todo lo que hago recuerdo a todos los que se han ido; si río por algo, me asusto y pienso que es una vergüenza que esté tan alegre. ¿Pero es que tengo que pasarme el día llorando? No, no puedo, este abatimiento ya se me pasará.

Además de todos estos pesares, hay otro de naturaleza personal, que no es nada comparado con la desgracia que acabo de relatar, sin embargo, no puedo dejar de contarte que últimamente siempre me siento abandonada, hay un vacío demasiado grande a mi alrededor. Antes nunca pensaba realmente en estas cosas, mis alegrías y mis amigas ocupaban todos mis pensamientos. Ahora con frecuencia pienso en cosas tristes o acerca de mí misma. Y finalmente he llegado a la conclusión de que papá, por más bueno que sea, no puede sustituir mi antiguo mundo. Cuando se trata de mis sentimientos, mamá y Margot ya no cuentan para nada.

¿Pero por qué molestarte con estas tonterías, Kitty? Soy terriblemente ingrata, lo sé, ¡pero la cabeza me da vueltas cuando no hacen más que reñirme y sólo puedo pensar en todas estas cosas tristes!

Tu Ana

Sábado 28 de noviembre de 1942

Querida Kitty:
Hemos consumido demasiada luz, rebasando nuestra cuota de electricidad. Como resultado hay austeridad excesiva y la perspectiva de un corte en el suministro. ¡Catorce días sin luz! ¿Qué te parece? Pero quizá no lleguemos a tanto. A las cuatro o cuatro y media de la tarde ya está demasiado oscuro para leer, y entonces matamos el tiempo haciendo todo tipo de tonterías. Adivinar acertijos, hacer gimnasia a oscuras, hablar inglés o francés, reseñar libros, pero a la larga todo te aburre. Anoche descubrí algo nuevo: espiar con un catalejo las habitaciones bien iluminadas de los vecinos de atrás. Durante el día las cortinas no pueden correrse ni un centímetro, pero cuando todo está tan oscuro no hay peligro.

Nunca me había dado cuenta de que los vecinos podían resultar tan interesantes, al menos los nuestros. A unos los encontré sentados a la mesa comiendo, una familia estaba viendo una película y el dentista de aquí enfrente estaba atendiendo a una señora anciana, quien lucía asustada por el tratamiento.

El señor Dussel, el hombre del que decían se entendía tan bien con los niños y que los quería mucho, ha resultado ser un educador anticuado, a quien le gusta soltar sermones interminables sobre buenos modales y buen comportamiento. Dado que tengo la extraordinaria fortuna (!) de compartir con este noble y educado señor mi lamentablemente muy estrecha habitación, y dado que por lo general se me considera la peor educada de los tres jóvenes de la casa, tengo que hacer lo imposible para eludir sus reiteradas regañizas y recomendaciones y me hago la sorda. Todo esto no sería tan terrible si el estimado señor no fuera un gran soplón y no hubiera elegido a mamá para irle con el cuento. Cada vez que me suelta un sermón, al poco tiempo aparece mamá y la historia se repite. Y cuando estoy realmente de suerte, a los cinco minutos me llama la señora Van Daan para pedirme cuentas, y ¡vuelta a empezar!

Realmente, no creas que es tan fácil ser el centro de atención maleducado de una familia de escondidos entrometidos.

En la cama por las noches, cuando pienso en mis muchos pecados y defectos imputados, me confunde la gran cantidad de cosas que debo considerar, de tal manera que o río o lloro, según mi estado de ánimo. Y entonces me duermo con la extraña sensación de querer ser diferente de la que soy, o de ser diferente de la que quiero, o tal vez también comportarme diferente de la que quiero o soy.

¡Santo cielo!, ahora te estoy confundiendo también a ti, perdóname, pero no me gusta tachar ni tirar papel; en épocas de gran escasez está prohibido. Por lo tanto te aconsejo que no releas la frase anterior y sobre todo no intentes analizarla, porque de cualquier modo no le encontrarás sentido.

Tu Ana

Lunes 7 de diciembre de 1942

Querida Kitty:

Janucá y San Nicolás cayeron casi juntos este año, la diferencia fue de sólo un día de diferencia. No haremos un gran festejo para Janucá, sólo unos pequeños regalos y luego las velas. Como hay escasez de velas, sólo las encenderemos diez minutos a lo mucho, pero si va acompañado del cántico, con eso basta. El señor Van Daan ha fabricado un candelabro de madera, así que eso también lo tenemos.

La noche de San Nicolás, el sábado, fue mucho más divertida. Bep y Miep habían despertado nuestra curiosidad susurrando todo el tiempo con papá, de modo que ya sospechábamos algo. A las ocho de la noche todos bajamos por la escalera de madera, atravesando por el pasillo superoscuro (yo estaba aterrada y deseaba estar sana y salva nuevamente arriba), hasta llegar al cuarto del medio. Ahí pudimos encender las luces, ya que esta habitación no tiene ventanas. Entonces papá abrió la puerta del armario grande.

—¡Oh, qué bonito! —exclamamos todos.

En la esquina había una gran cesta decorada con papel especial de San Nicolás y con una máscara de su ayudante, Pedro, *el negro*.

Rápidamente nos llevamos la cesta arriba. Había un regalo acompañado de un poema alusivo para todo el mundo. Ya sabrás cómo son los poemas de San Nicolás, de modo que no te los voy a escribir.

A mí me regalaron una muñeca hecha de migajón, a papá un atril y así sucesivamente. Lo principal es que todo estuvo muy bien ideado, y como ninguno de los ocho escondidos jamás habíamos festejado San Nicolás, este estreno estuvo muy acertado.

Tu Ana

P. D. Para nuestros amigos de abajo, por supuesto, también había regalos, todos procedentes de mejores tiempos y, además, algún dinero que a Miep y Bep siempre les viene bien.

Hoy supimos que el señor Voskuijl en persona hizo el cenicero que le regalaron al señor Van Daan, el portarretratos de Dussel y el atril de papá. ¡Cómo alguien puede fabricar con las manos, es asombroso!

Jueves 10 de diciembre de 1942

Querida Kitty:
El señor Van Daan ha trabajado toda su vida en el ramo de los embutidos, las carnes y las especias. En la empresa lo contrataron por sus cualidades de especiero, pero ahora está demostrando ser un gran salchichero, lo que de ninguna manera nos viene nada mal.

Hemos encargado un montón de carne (clandestinamente, claro) para conservar en frascos para cuando tuviéramos que pasar tiempos difíciles. Van Daan quería hacer salchicha, longaniza y salchichón. Era gracioso ver cómo iba pasando primero los trozos de carne por la picadora, dos o tres veces; luego en la masa de carne mezclaba todos los aditivos y, finalmente, llenaba las tripas con ayuda de un embudo. Las salchichas nos las comimos en seguida en el almuerzo con el chucrut, pero las longanizas, que eran para conservar, primero debían secarse bien, y para ello las colgamos de un palo que pendía del techo con dos cuerdas. Todo el que entraba en el cuarto y veía la exposición de embutidos, comenzaba a reír. Es que era una vista muy graciosa.

En la habitación había un caos. Van Daan tenía puesto un delantal de su mujer y estaba, todo lo gordo que era (parecía más gordo de lo que es en realidad), atareadísimo preparando la carne. Las manos ensangrentadas, la cara colorada y las manchas en el delantal le daban el aspecto de un carnicero de verdad. La señora hacía de todo a la vez: aprender holandés de un librito, remover la sopa, mirar la carne, suspirar y quejarse por su costilla rota. ¡Eso es lo que pasa cuando las señoras mayores (!) se ponen a hacer esos ejercicios de gimnasia tan ridículos para deshacerse de sus gordos traseros!

Dussel tenía un ojo inflamado y se aplicaba compresas de manzanilla junto a la estufa. Pan estaba sentado en una silla justo donde le daba un rayo de sol que entraba por la ventana; le pedían se moviera de un lado a otro continuamente. Seguro, su reumatismo de nuevo le molestaba porque torcía bastante el cuerpo y miraba lo que hacía Van Daan con una expresión de agonía en el rostro. Parecía un viejecito inválido de un asilo.

Peter se revolcaba por el suelo con el gato Mouschi, y mamá, Margot y yo estábamos pelando patatas. Pero finalmente ninguno hacía su trabajo correctamente, porque todos estábamos ocupados viendo lo que hacía Van Daan.

Dussel ha abierto su consultorio de dentista. Sólo por diversión, te contaré cómo ha sido el primer tratamiento.

Mamá estaba planchando la ropa y la señora Van Daan, la primera víctima, se sentó en un sillón en el medio de la habitación. Dussel comenzó pomposamente a desempaquetar sus instrumentos, pidió agua de colonia para usar como desinfectante, y vaselina para usar como cera. Luego miró la boca a la señora y le tocó un diente y una muela, lo que hizo que se encogiera del dolor como si se estuviera muriendo, emitiendo al mismo tiempo sonidos ininteligibles. Tras un largo reconocimiento (según le pareció a ella, porque en realidad no duró más que dos minutos), Dussel empezó a raspar una caries. Pero ella no tenía intención de dejarlo. Se puso a agitar frenéticamente brazos y piernas, hasta que en determinado momento Dussel soltó el escarbador... ¡que se le quedó clavado en un diente! ¡Ahí sí se puso bueno! La señora arremetió violentamente, lloraba (tanto como es posible con un instrumento así en la boca), intentando sacarlo de su boca, pero sólo lograba meterlo más. Dussel miraba el espectáculo impasible por completo, con las manos en la cintura. Los demás espectadores estallamos de risa, por supuesto, estaba muy mal, porque estoy segura de que yo hubiera gritado aún más fuerte. Después de mucho batallar, patear, chillar y gritar, la señora logró quitarse el escarbador y Dussel continuó su trabajo sin inmutarse. Lo hizo tan rápido que a la señora ni le dio tiempo de volver a la carga. Es que Dussel contaba con más ayuda de la que nunca en su vida: el señor Van Daan y yo éramos sus dos asistentes, lo cual no era poco. La escena parecía una imagen de la Edad Media, titulada "curandero en acción". Entretanto, la paciente se mostraba menos *paciente*, ya que tenía que echarle un ojo a *su* sopa y *su* comida. Una cosa es segura, pasará algún tiempo antes de que la señora pida una nueva cita.

Tu Ana

Domingo 13 de diciembre de 1942

Querida Kitty:

Me siento muy cómoda instalada en la oficina principal, mirando por la ventana a través de la rendija de las cortinas tan pesadas. Aquí es tenue, pero aún hay suficiente luz para escribirte. Es un espectáculo extraño ver pasar a la gente, todos ellos parecen tener mucha prisa y casi tropiezan con sus propios pies. Y las bicicletas, bueno, ¡ésas sí que pasan a ritmo vertiginoso! Ni siquiera puedo ver qué clase de individuo va sentado en ellas. La gente del barrio no tiene muy buen aspecto y, sobre todo, los niños están tan sucios que no quisiera tocarlos ni con pinzas. Son verdaderos barriobajeros, con los mocos colgándoles de la nariz. Cuando hablan, casi no entiendo una palabra de lo que dicen.

Ayer por la tarde, Margot y yo estábamos tomando un baño y le dije:

—¿Qué pasaría si a cada uno de los niños que pasan por aquí, uno por uno, los pescáramos con una caña, les diéramos un baño, les laváramos y arregláramos la ropa y luego...?

—Mañana estarían tan sucios y andrajosos como antes —respondió.

Pero basta de decir tonterías, que también se ven otras cosas: coches, barcos y la lluvia. Oigo pasar el tranvía y a los niños, y lo disfruto mucho.

Nuestros pensamientos tienen tan poca variedad como nosotros mismos. Al igual que un carrusel, giran de los judíos a la comida y de la comida a la política. Hablando de judíos, vi pasar ayer a dos, mirando por entre las cortinas, como si se tratara de una de las maravillas del mundo. Fue una sensación tan extraña, como si los hubiera traicionado y mirara en secreto su desgracia.

Justo enfrente se encuentra una casa flotante en la que viven un marinero con su mujer y sus hijos. Tienen uno de esos perritos ladradores, que aquí todos conocemos por sus ladridos y por el rabo en alto, que es lo único que sobresale cuando recorre la embarcación.

¡Uf!, ha empezado a llover y la mayoría de la gente se ha escondido bajo sus paraguas. Sólo veo impermeables y a veces la parte de atrás de alguna cabeza con gorro. En realidad, no hace falta ver más. A las mujeres ya casi me las conozco de memoria, hinchadas de tanto comer patatas, con un abrigo rojo o verde, con zapatos de tacones desgastados, un bolsillo al brazo, con caras furiosas o bonachonas, dependiendo del estado de ánimo de sus maridos.

Tu Ana

Martes 22 de diciembre de 1942

Querida Kitty:
La Casa de atrás ha recibido con alegría la noticia de que para Navidad entregarán a cada uno un cuarto de kilo de mantequilla extra. En el periódico dice medio kilo, pero eso es sólo para los mortales afortunados que reciben cupones del Estado, y no para judíos escondidos, ya que el precio es tan elevado que sólo se pueden comprar cuatro cupones en lugar de ocho, e ilegalmente. Todos pensamos hacer alguna cosa de repostería con la mantequilla. Yo esta mañana he hecho galletas y dos tartas. Arriba hay una gran cantidad de trabajo y mamá me ha prohibido que vaya a estudiar o a leer hasta que no hayan terminado todas las tareas domésticas.

La señora Van Daan guarda cama a causa de su costilla magullada, quejándose todo el día, pide cortantemente que le cambien los vendajes y no se conforma con nada. Me alegraré cuando vuelva a ponerse en pie y a hacer sus cosas por sí misma, porque hay que reconocer que es extraordinariamente hacendosa y ordenada, incluso alegre, siempre y cuando esté en forma, tanto física como anímicamente.

Como si de día no fuera suficiente con el *shh, shh* para que no haga ruido, a mi compañero de habitación ahora se le ha ocurrido la idea de también repetir por las noches el *shh, shh*. Si por él fuera, ni siquiera me debería dar la vuelta en mi cama. No tengo ninguna intención de hacerle caso, y la próxima vez le contestaré simplemente con un *shhhh*.

Está más desagradable y egoísta cada día que pasa. Después de la primera semana no volví a ver ni una de las galletas que tan generosamente me prometió. Particularmente los domingos me pone furiosa cuando enciende la luz al amanecer y se pone a hacer gimnasia durante diez minutos. A mí, pobre víctima, me parece que dura horas, ya que las sillas que prolongan mi cama se mueven continuamente bajo mi cabeza, medio dormida aún. Después de terminar con sus ejercicios, haciendo unos vigorosos movimientos de brazos, el caballero comienza con su vestir. Los calzoncillos cuelgan de un gancho, por lo que, en primer lugar, se mueve pesadamente para conseguirlos, y luego vuelve a donde estaba. La corbata está sobre la mesa, por lo que una vez más pasa a empujones y golpes junto a las sillas. Pero mejor no pierdo tiempo quejándome sobre viejos latosos, de todos modos, no ayuda en nada, y mis pequeñas venganzas, como desenroscarle la lámpara, cerrar la puerta con el pestillo o ocultarle la ropa, deben ser abandonadas, lamentablemente, para mantener la paz.

¡Qué razonable me estoy volviendo! Aquí todo debe hacerse por medio de la razón: estudiar, obedecer, cerrar el pico, ayudar, ser buena, ceder y no sé cuántas cosas más. Temo que mi razón se esté agotando demasiado rápido y que para después de la guerra no me quede nada.

Tu Ana

Miércoles 13 de enero de 1943

Querida Kitty:
Esta mañana me interrumpieron constantemente en todo lo que hacía, y como resultado no he podido adecuarme al trabajo.

Tenemos una nueva ocupación, llenar paquetes con salsa de carne (en polvo), ésta es un producto de Gies & Cía. El señor Kugler no encuentra gente que se lo haga, además resulta mucho más barato si lo hacemos nosotros. Es un trabajo como el que hacen las personas en prisión, muy aburrido, y que a la larga te marea y te hace reír tontamente.

Afuera es terrible. Día y noche arrastran a esa pobre gente, que no lleva consigo más que una mochila y algo de dinero. Incluso estas posesiones se las quitan en el camino. Las familias son separadas, hombres, mujeres y niños van a parar a sitios diferentes. Al volver de la escuela los niños ya no encuentran a sus padres. Las mujeres que salen a hacer la compra, a su regreso a casa se encuentran con la puerta sellada y con que sus familias han desaparecido. Los holandeses cristianos también empiezan a temer, pues sus hijos varones son enviados a Alemania a trabajar. Todo el mundo tiene miedo. Y todas las noches cientos de aviones sobrevuelan Holanda, en dirección a Alemania, donde las bombas que tiran arrasan con las ciudades, y en Rusia y África cada hora caen cientos o miles de soldados. Nadie puede mantenerse al margen. Todo el mundo está en guerra, y aunque a los aliados les va mejor, todavía no se divisa el final.

¿Y nosotros? Nos va bien, mejor que a millones de otras personas. Estamos en un sitio seguro y tranquilo y todavía nos queda dinero para mantenernos. Somos tan egoístas que hablamos de lo que haremos *después de la guerra*, de que nos compraremos ropa nueva y zapatos, mientras que deberíamos ahorrar cada centavo para cuando acabe la guerra poder ayudar a esa gente, e intentar salvar lo que todavía pueda ser salvado.

Los niños del barrio andan por la calle en camisas delgadas, los pies metidos en zapatos de madera, sin abrigos, sin gorros, sin calcetas, y sin alguien que los ayude. Tienen la panza vacía, pero van mordiendo una zanahoria, ellos salen de sus frías casas hacia las calles aún más frías y llegan a las aulas igualmente frías. Sí, Holanda ha llegado al extremo de que por las calles muchísimos niños paran a los transeúntes para pedirles un trozo de pan.

Podría estar horas contándote sobre las desgracias que trae consigo la guerra, pero eso haría que me deprimiera aún más. No tenemos más opción que esperar con la mayor tranquilidad posible el final de toda esta desgracia. Los judíos esperan, los cristianos esperan, todo el mundo está esperando y muchos están en espera de su muerte.

Tu Ana

22 de enero de 1943 [añadido]

Ya no podría escribir una cosa así.

Ahora, después de un año y medio que releo mi diario, me sorprendo de que alguna vez haya sido tan niña e inocente. Me doy cuenta de que, por más que quisiera, nunca más podré ser así. Mis estados de ánimo, los comentarios que digo sobre Margot, mamá y papá, todavía lo comprendo como si lo hubiera escrito ayer. Pero escribir de esa manera desvergonzada sobre ciertas cosas ya no me las puedo imaginar. De verdad me avergüenzo cuando leo algunas páginas que tratan temas que me gustaría imaginarlos más bonitos. Los he descrito de manera tan poco delicada... ¡Pero ya basta de lamentarme!

Lo que también comprendo muy bien es la nostalgia de Moortje y el anhelo de tenerlo conmigo. A menudo conscientemente, pero mucho más a menudo de manera inconsciente, todo el tiempo que he estado y que estoy aquí he tenido un gran deseo de confianza, amor y ternura. Este deseo a veces es fuerte y otras débil, pero siempre está ahí.

Sábado 30 de enero de 1943

Querida Kitty:

Me hierve la sangre de rabia y no debo demostrarlo. Quisiera patalear, gritar, dar una buena sacudida a mamá, llorar y no sé qué más, por todas las palabras desagradables, las miradas burlonas, las acusaciones que como flechas me lanzan todos los días con sus arcos tensados y son difíciles de sacar de mi cuerpo. Me gustaría gritarles, a mamá, Margot, Van Daan, Dussel y también a papá: "déjenme en paz, déjenme dormir al menos una noche sin que moje la almohada con lágrimas que queman mis ojos y para no sentir el dolor palpitante en mi cabeza. ¡Déjenme que me vaya lejos, lejos de todo, lejos del mundo si fuera posible!". Pero no puedo. No puedo mostrarles mi desesperación, no puedo hacerles ver las heridas que me infligen. No soportaría su piedad ni sus burlas bienhechoras. En ambos casos me daría por gritar.

Todo el mundo cree que hablo de manera afectada, que soy ridícula cuando callo, insolente cuando contesto, taimada cuando tengo una buena idea, holgazana cuando estoy cansada, egoísta cuando como un bocado de más, tonta, cobarde, calculadora, etcétera, etcétera. Durante todo el día me están diciendo que soy una tipa insufrible y aunque me río y hago como que no me importa, en verdad me afecta, y me gustaría pedirle a Dios que me diera otra personalidad, una que no haga que las personas siempre descarguen su arma contra mí.

Pero es imposible, mi carácter me ha sido dado tal cual es, y siento en mí que no soy una mala persona. Me esfuerzo en complacer a deseos de todos, más de lo que jamás imaginarían. Arriba trato de reír, pues no quiero mostrarles mi dolor.

Más de una vez, después de una serie de reproches absurdos, le he dicho a mamá:

—No me importa lo que digas. No te preocupes más por mí, que soy un caso perdido.

Por supuesto, en seguida me contestaba que era una insolente, me ignoraba más o menos durante dos días y luego, de repente, se olvidaba de todo y me trataba como a cualquier otro.

Me es imposible ser como un gato amistoso un día, y al siguiente dejar que me echen a la cara todo su odio. Prefiero el justo medio, que de justo no tiene nada, y no digo nada de lo que pienso, y alguna vez los trato de manera tan despreciativa como ellos a mí. ¡Ay, si tan sólo pudiera!

Tu Ana

Viernes 5 de febrero de 1943

Querida Kitty:
Aunque hace mucho que no te escribo nada sobre las peleas, todavía no hay cambio al respecto. El señor Dussel al principio se tomaba nuestras desavenencias, rápidamente olvidadas, muy en serio, pero se está acostumbrando ellas y ya no intenta hacer de mediador.

Margot y Peter no son en absoluto lo que se dice *jóvenes*; los dos son tan aburridos y tan callados... Yo desentono muchísimo con ellos, y siempre me andan diciendo "Margot y Peter tampoco hacen eso, mira a tu querida hermana." ¡Odio eso!

Te confesaré que no tengo absolutamente ningún deseo de ser como Margot. La encuentro demasiado débil e indiferente, puede ser persuadida por cualquier persona y cede en todo. ¡Yo quiero ser un espíritu más fuerte! Pero estas teorías me las guardo para mí, se reirían mucho de mí si fuera con estos argumentos para defenderme.

En la mesa, por lo general, reina una atmósfera de tensión. Por fortuna los *comedores de sopa* cada tanto evitan que se llegue a un estallido. Los *comedores de sopa* son todos los que suben de la oficina a tomar un plato de sopa.

Esta tarde el señor Van Daan habló otra vez de lo poco que come Margot: "Seguro que lo hace para guardar la línea", prosiguió burlonamente.

Mamá, que siempre sale a defenderla, dijo en voz bien alta:

—Ya no puedo escuchar las sandeces que dice.

La señora Van Daan se puso roja como un tomate; el señor miró al frente y no dijo nada.

Pero muchas veces también nos reímos de cualquier cosa. Hace poco la señora soltó un disparate muy cómico cuando estaba hablando del pasado, de lo bien que se llevaba con su padre y de sus muchos coqueteos:

—Y ustedes saben —continuó— que cuando a un caballero se le va un poco la mano, según mi padre, había que decirle: "Señor, soy una dama", y él sabría a qué atenerse.

Nos echamos reír como si se tratara de un buen chiste.

Incluso Peter, pese a que por lo general es muy callado, en ocasiones nos hace reír. Tiene la desgracia de que le encantan las palabras extranjeras, cuyo significado no siempre conoce. Una tarde en la que no podíamos ir al retrete porque había visitas en la oficina, Peter tuvo gran necesidad de ir, pero no pudo tirar de la cadena. Para advertirnos del desagradable olor, colgó un aviso en la puerta del baño, que ponía "svp gas". Por supuesto, había querido poner "Cuidado, gas", pero *svp* le pareció más fino. No tenía la más remota idea de que eso significa "por favor".

Tu Ana

Sábado 27 de febrero de 1943

Querida Kitty:
Pan espera que la invasión se produzca en cualquier momento. Churchill ha tenido una neumonía, pero está mejorando gradualmente. Gandhi, el luchador por la libertad de India, hace su enésima huelga de hambre. La señora Van Daan asegura que es fatalista. Pero, ¿a quién le da más miedo cuando disparan? Nada menos que a ella, Petronella. Jan Gies nos ha traído una copia de la carta episcopal dirigida a los feligreses católicos. Es preciosa e inspiradora. "¡Holandeses, no permanezcan pasivos! ¡Que cada uno luche con sus propias armas por la libertad del país, por su gente y por su religión! ¡Ayuden, den, no duden!" Esto proclama desde el púlpito. ¿Sí ayudará? Definitivamente es tarde para salvar a nuestros hermanos de fe.

Ni te imaginas lo que nos acaba de ocurrir, el propietario del edificio, sin consultar a Kugler ni a Kleiman, ha vendido su propiedad. Una mañana el nuevo dueño se presentó con un arquitecto para visitar la casa. Por suerte, estaba Kleiman, que les enseñó todo el edificio, salvo nuestra casita de atrás. Según él, había dejado la llave de la puerta en casa. El nuevo propietario no insistió. Esperemos que no vuelva para ver la Casa de atrás, porque entonces sí ¡estaremos en un gran problema!

Papá ha vaciado un fichero para que lo usemos Margot y yo, y lo ha llenado de fichas con un lado todavía sin escribir. Será nuestro fichero de libros, en el que las dos apuntaremos qué libros hemos leído, el nombre de los autores y la fecha. He aprendido dos nuevas palabras: *burdel* y *cocotte*. He comprado una libreta especial para apuntarlas.

Tenemos un nuevo sistema para la distribución de la mantequilla y la margarina. A cada uno se le da su ración en el plato, pero la distribución es bastante injusta. Los Van Daan, que son los encargados de hacer el desayuno, se dan casi el doble de lo que nos ponen a nosotros. Mis padres no dicen nada porque no quieren conflictos. Lástima, porque pienso que a estas personas hay que pagarles siempre con la misma moneda.

Tu Ana

Jueves 4 marzo de 1943

Querida Kitty:
La señora Van Daan tiene un nuevo nombre; la llamamos la Sra. Beaverbrook. Por supuesto, no comprenderás lo que significa. Te explico: en

la radio inglesa habla a menudo un tal míster Beaverbrook, sobre que se bombardea demasiado poco a Alemania. La señora Van Daan siempre contradice a cualquier persona, incluso a Churchill y al servicio de noticias, pero con míster Beaverbrook está completamente de acuerdo. Pensamos que era mejor que se casara con este Beaverbrook, y como se sintió halagada, a partir de ahora la llamaremos Sra. Beaverbrook.

Tendremos un nuevo empleado en el almacén. El viejo tiene que ir a Alemania. Lo lamentamos por él, pero a nosotros nos conviene porque el nuevo no conoce el edificio. Todavía tenemos miedo de los empleados del almacén. Gandhi ha vuelto a comer.

El mercado negro funciona extraordinariamente, podríamos comer todo lo que quisiéramos si tuviéramos el dinero para pagar los precios elevadísimos. El verdulero le compra las papas al ejército alemán y las trae en sacos a la oficina privada. Sabe que estamos escondidos, y por eso siempre se las arregla para venir a la hora del almuerzo, cuando los del almacén se han ido.

No podemos respirar sin toser o estornudar de tanta pimienta que estamos moliendo. Cualquiera que sube a visitarnos nos saluda con un *achú*. La señora afirma que no puede bajar porque se enfermaría si sigue oliendo tanta pimienta.

No me gusta mucho el negocio de papá; no vende más que gelatinizantes y pimienta. ¡Un comerciante en productos alimenticios debería vender por lo menos alguna golosina!

De nuevo cayeron sobre mí esta mañana una tormenta de palabras. Hubo rayos y centellas de tal calibre que todavía me zumban los oídos. Que esto y que aquello, que "Ana mala" y que "Van Daan bueno". ¡Por todos los cielos!

Tu Ana

Miércoles 10 de marzo de 1943

Querida Kitty:
Tuvimos un cortocircuito anoche, además, hubo disparos sin cesar. Todavía no he superado el miedo a aviones y ruidos de armas y casi todas las noches me refugio en la cama de papá para que me consuele. Sé que suena muy infantil, pero ¡si supieras lo horrible que es! De tanto que truenan los cañones, no escuchas ni tu propia voz. La Sra. Beaverbrook, la fatalista, casi se puso a llorar y dijo con tímida vocecita:

—¡Ay, por Dios, qué horrible! ¡Ay, qué disparos tan fuertes! Que fue otra manera de decir: ¡Tengo tanto miedo!

No parecía tan terrible a la luz de una vela como cuando todo estaba oscuro. Yo temblaba como si tuviera fiebre y le rogué a papá que volviera a encender la vela. Pero él fue inflexible y no la encendió. De repente oímos el estallido de fuego de las ametralladoras, que son diez veces peor que las pistolas. Mamá saltó de la cama y, con gran disgusto de Pan, encendió la vela. Cuando Pan protestó, mamá le contestó resueltamente:

—¡Ana no es un viejo soldado! Y punto final.

¿Te he contado sobre los demás temores de la señora? No lo creo. Para que estés al corriente de todas las aventuras y desventuras de la Casa de atrás, debo contarte lo siguiente. Una noche, la señora creyó oír pasos fuertes en el desván y pensó que eran ladrones, según ella, y estaba tan asustada que despertó a su marido.

En ese mismo instante, los ladrones desaparecieron y el único sonido que oyó el señor fue el latido del corazón temeroso de la fatalista.

—¡Ay, Putti (el apodo del señor Van Daan), sin duda, se han llevado las longanizas y todas nuestras legumbres! ¡Y Peter! ¡Oh!, ¿seguirá todavía en su cama?

—Estoy seguro de que a Peter difícilmente se lo habrán llevado. Déjame dormir. Pero fue imposible. La señora tenía tanto miedo que ya no se pudo dormir.

Algunas noches más tarde, toda la familia del piso de arriba se despertó a causa de un ruido espectral. Peter subió al desván con una linterna y *rrrrt*, ¿qué salió corriendo? Un ejército de ratas.

Cuando nos enteramos de quiénes eran los ladrones, dejamos que Mouschi durmiera en el desván, y los huéspedes inoportunos ya no regresaron. Al menos no por las noches.

Hace unos días, Peter subió a la buhardilla a buscar unos periódicos viejos. Eran las siete y media de la tarde y aún había luz. Para poder bajar por la escalera tenía que agarrarse de la trampilla. Sin mirar apoyó la mano y... ¡casi se cae de la escalera del susto y el dolor! Sin darse cuenta, había apoyado la mano en una enorme rata que le mordió fuertemente el brazo. Cuando llegó tambaleándose, más blanco que el papel y con la rodilla golpeada donde estábamos nosotros, la sangre empapaba su pijama. No es de extrañar que estuviera tan afectado, acariciar una rata no debe ser nada agradable y encima ser mordido, eso es terrible.

Tu Ana

Viernes 12 de marzo de 1943

Querida Kitty:
Permíteme que te presente: Mamá Frank, defensora de los niños, mantequilla extra para los jóvenes, los problemas de la juventud moderna. Ante todo, la mamá está comprometida con los problemas de la juventud y, tras una buena dosis de disputas, casi siempre se sale con la suya.

Una lata de lengua en conserva se ha echado a perder. Comida de gala para Mouschi y Moffi. Moffi aún es un desconocido para ti, pero él estaba aquí antes de que nos instaláramos. Es el gato del almacén y de la oficina, que ahuyenta a las ratas en los depósitos de mercancías. Su nombre político es fácil de explicar. Durante un tiempo, la compañía tenía dos gatos, uno para el almacén y otro para el desván. A veces los dos se encontraban, lo cual acababa en violentos combates. Generalmente, el gato del almacén era el que atacaba, aunque luego fuera el del desván el que ganara. Igual que en la política. Por eso, el gato del almacén pasó a ser el alemán o Moffi, y el del desván, el inglés o Tommie. Tommie ya no está, pero Moffi nos entretiene cuando vamos al piso de abajo.

Hemos comido tantas habas y frijoles que no los puedo ni ver. Sólo pensar en eso me enferma. La ración de pan en las noches se ha cancelado.

Papi acaba de anunciar que está de mal humor. De nuevo tiene los ojos tristes, pobrecillo.

Estoy completamente enganchada con el libro *El golpe en la puerta*, de Ina Boudier-Bakker. La parte que describe la historia de la familia está muy bien escrita, pero las partes sobre la guerra, los escritores y la emancipación de la mujer no son tan buenas, y francamente tampoco me interesan demasiado. Terribles bombardeos en Alemania. El señor Van Daan está de mal humor. El motivo: la escasez de tabaco.

La discusión sobre si debemos abrir o no las latas de conservas para comerlas la hemos ganado nosotros.

Ya no me entra ningún zapato, salvo los de esquiar, que son poco prácticos para andar dentro de la casa. Un par de sandalias de esparto de 6.50 florines sólo pude usarlas una semana, luego ya no me sirvieron. Tal vez Miep consiga algo en el mercado negro.

Todavía tengo que cortarle el pelo a papá. Pan dice que lo hago tan bien que después de la guerra nunca más irá a una peluquería. ¡Si sólo no le cortara tan a menudo la oreja!

Tu Ana

Jueves 18 de marzo de 1943

Querida Kitty:
Turquía está en guerra. Gran nerviosismo. Esperamos con gran impaciencia las noticias de la radio.

Viernes 19 de marzo de 1943

Querida Kitty:
En menos de una hora a la decepción ha seguido la alegría. Turquía no está en guerra todavía; el ministro de allí sólo mencionó la supresión inminente de la neutralidad. Un vendedor de periódicos en la plaza del Dam gritó: "¡Turquía del lado de Inglaterra!" De esa manera los ejemplares le fueron arrebatados de las manos. Así fue como el rumor llegó también a nuestra casa.

Los billetes de mil florines serán declarados sin valor, lo que supondrá un gran golpe para los contrabandistas y similares, pero aún más para los que tienen dinero negro y para los escondidos. Si quieren cambiar un billete de mil florines, tendrán que explicar y demostrar cómo lo consiguieron. Sin embargo, todavía se pueden utilizar para pagar los impuestos, pero sólo hasta la próxima semana. Al mismo tiempo, los billetes de quinientos florines habrán perdido su validez. Gies & Cía. aún tenía algunos billetes de mil en dinero negro, pero los han usado para pagar un montón de impuestos por adelantado, así que ahora ya es dinero legal.

A Dussel le han traído un pequeño taladro a pedal. Probablemente pronto me someteré a una revisión minuciosa. Dussel no obedece para nada las reglas del escondite. Él no sólo le escribe cartas a la mujer, sino que también mantiene una asidua correspondencia con otras personas, se las da a Margot, la profe de holandés de la Casa de atrás, para que se las corrija. Papá le ha prohibido terminantemente a Dussel mantener esta práctica, y Margot ha terminado la tarea de corregir, pero supongo que no pasará mucho tiempo antes de que Dussel vuelva a intentarlo.

El "Führer de todos los alemanes" ha hablado con los soldados heridos, fue patético oírlo. Las preguntas y respuestas eran algo como esto:

—Mi nombre es Heinrich Scheppel.

—¿Lugar donde fue herido?

—Cerca de Stalingrado.

—¿Tipo de heridas?

—Pérdida de los dos pies por congelamiento y rotura de la articulación del brazo izquierdo.

Exactamente así nos transmitía la radio esta horrible función de marionetas. Los heridos parecían estar orgullosos de sus heridas; cuantas más, mejor. Uno estaba tan emocionado de poder estrecharle la mano al Führer (si todavía la tenía), que casi se queda sin voz.

Se me ha caído el jabón de Dussel y como luego lo pisé, ahora le falta la mitad. Ya le he pedido a papá una indemnización por adelantado, sobre todo porque Dussel no recibe más que una barra de jabón al mes.

Tu Ana

Jueves 25 de marzo de 1943

Querida Kitty:
Anoche, mamá, papá, Margot y yo estábamos sentados juntos muy cómodamente, cuando de repente entró Peter y susurró algo al oído a papá. Oí algo así como "un barril volcado en el almacén" y "alguien forcejeando la puerta".

También Margot había entendido eso, pero trató de calmarme un poco, porque ya me había puesto más blanca que el papel y estaba muy nerviosa. Las tres nos quedamos esperando, mientras papá bajó con Peter. Un par de minutos después la señora Van Daan, que había estado escuchando la radio abajo, subió para decir que Pan le había pedido que apagara la radio y sin hacer ruido se fuera para arriba. Pero como suele pasar cuando uno no quiere hacer ruido: los escalones de una vieja escalera crujen el doble de fuerte. Cinco minutos después Peter y Pan aparecieron blancos hasta la punta de las narices, y nos contaron sus adversidades.

Se habían puesto a esperar debajo de la escalera, aunque sin resultado. Pero de repente escucharon un par de fuertes golpes, como si dentro de la casa dos puertas se hubieran cerrado con estruendo. Pan había subido de un salto, mientras Peter había ido antes a avisar a Dussel, que haciendo mucho alboroto y ruido llegó por fin arriba. Después todos subimos en calcetines al piso de los Van Daan. El señor tenía un fuerte resfriado y ya se había acostado, de modo que nos reunimos alrededor de su cama y le susurramos nuestras sospechas. Cada vez que se ponía a toser ruidosamente, a su mujer y a mí nos daba un susto tremendo. Esto continuó hasta que alguien tuvo la brillante idea de darle codeína. La tos se le calmo de inmediato.

Una vez más, esperamos y esperamos, pero nada más se oyó. Finalmente concluimos que los ladrones habían huido cuando escucharon pasos en la casa que estaba tan silenciosa por lo demás. Pero ahora el problema era que la radio de abajo aún estaba sintonizada en la emisora inglesa, con las sillas ordenadas cuidadosamente a su alrededor. Si alguien forzaba la puerta y los de la defensa antiaérea se enteraban y avisaban a la policía, las consecuencias podrían ser muy desagradables para nosotros. El señor Van Daan se levantó, se puso los pantalones y la chaqueta, se caló el sombrero y cautelosamente siguió a papá escaleras abajo, con Peter detrás, que iba armado con un gran martillo para mayor seguridad. Las mujeres (incluidas Margot y yo) lo esperamos con gran tensión, hasta que los hombres volvieron a los cinco minutos informando que toda la casa estaba en silencio. Acordamos que no dejaríamos correr el agua ni tiraríamos de la cadena, pero como la tensión nos había revuelto el estómago, te podrás imaginar el olor después de que uno tras otro habíamos ido a depositar nuestras necesidades.

Y como sucede en estos casos, siempre viene todo junto, como ahora, en primer lugar, las campanas de la iglesia no tocaban, lo que normalmente siempre me tranquiliza. En segundo lugar, la tarde anterior, el señor Voskuijl se había retirado antes de lo habitual, sin que supiéramos exactamente si Bep se había hecho con la llave a tiempo o si había olvidado cerrar la puerta.

Pero eso ahora no importaba, aún era de noche y no estábamos seguros de qué esperar, aunque ya estábamos algo más tranquilos, ya que desde las ocho menos cuarto, hora en que el ladrón había entrado en la casa, hasta las diez y media no oímos más ruidos. En un examen más detenido nos pareció bastante improbable que un ladrón hubiera forzado una puerta tan temprano, cuando todavía podía haber gente andando por la calle. Además, a uno de nosotros se le ocurrió que era posible que el jefe de almacén de nuestros vecinos, la compañía Keg, aún estuviera trabajando, porque con tanta agitación y dado que las paredes son tan delgadas uno podría confundirse fácilmente con los ruidos, y también la imaginación suele jugar un papel importante en momentos tan angustiantes.

Así que nos fuimos a acostar, pero ninguno podía conciliar el sueño. Tanto papá como mamá, y también el señor Dussel, despertaban a menudo, y (exagerando un poco) puedo asegurarte que tampoco yo pude pegar ojo. Esta mañana los hombres bajaron hasta la puerta de entrada, comprobaron si aún estaba cerrada... ¡todo estaba bien!

Los eventos por demás desagradables les fueron relatados, naturalmente, con pelos y señales a todos los de la oficina, porque es fácil reírse de esas cosas pasado el trance, y sólo Bep se lo tomó en serio.

Tu Ana

P. D. El retrete estaba bloqueado esta mañana, y papá ha tenido que sacar todas las recetas de fresas (nuestro actual papel higiénico) junto con unos cuantos kilos de caca de la taza con un palo lardo que luego quemamos.

Sábado 27 de marzo de 1943

Querida Kitty:
El curso de taquigrafía ha terminado. Ahora estamos trabajando en mejorar nuestra velocidad. ¡Seremos unas eminencias! Te voy a contar algo más sobre nuestras *asignaturas matatiempo* (yo las llamo así porque las estudiamos para que los días transcurran lo más rápido posible, y de ese modo hacer que el fin de nuestra vida de escondidos llegue pronto). Me encanta la mitología, sobre todo los dioses griegos y romanos. Todos creen que es una inclinación temporal, ya que nunca han sabido de ninguna jovencita que aprecie tanto a los dioses. ¡Bueno, entonces yo seré la primera! El señor Van Daan está resfriado, mejor dicho, le duele un poco la garganta. Pero hace un enorme alboroto de esto, hace gárgaras con manzanilla, se unta el paladar con tintura de mirra, se pone bálsamo mentolado en el pecho, la nariz, los dientes y la lengua y aun así está malhumorado.

Rauter, un pez gordo alemán, recientemente dio un discurso: "todos los judíos deberán haber abandonado los territorios germanos para el 1 de julio. Del 1 de abril al 1 de mayo se hará una purga en la provincia de Utrecht (como si fueran cucarachas), y del 1 de mayo al 1 de junio en las provincias del norte y sur de Holanda". Estas pobres personas están siendo enviadas a inmundos mataderos como si fueran ganado enfermo y abandonado. Pero no voy a decir nada más sobre el tema, mis propios pensamientos me dan pesadillas.

Una buena noticia es que la sección alemana de la bolsa de trabajo ha sido incendiada, en un acto de sabotaje. Unos días más tarde le tocó el turno al Registro Civil. Unos hombres en uniformes de la Policía alemana amordazaron a los guardias y lograron destruir un montón de documentos importantes.

Tu Ana

Jueves 1 de abril de 1943

Querida Kitty:
Realmente no estoy de humor para bromas (ve la fecha) por el contrario, hoy podría citar aquel refrán que dice: "Las desgracias nunca vienen solas."

En primer lugar, el señor Kleiman, que siempre nos anima los días, sufrió ayer una gran hemorragia estomacal y tendrá que permanecer en cama durante tres semanas al menos. Has de saber que estas hemorragias le vienen a menudo, y que al parecer no tienen remedio. En segundo lugar, Bep tiene gripe. En tercer lugar, al señor Voskuijl lo internan en el hospital la próxima semana. Es probable que tenga una úlcera y tendrá que someterse a una cirugía. En cuarto lugar, iban a venir los directores de la fábrica Pomosin, de Francfort, para negociar las nuevas entregas de mercancías de Opekta. Todos los puntos importantes de la reunión los había conversado papá con Kleiman, y no había tiempo suficiente para informar bien de todo a Kugler.

Los señores de Francfort llegaron y papá temblaba con antelación al pensar en los resultados de la reunión.

—¡Si tan sólo pudiera estar ahí, aunque fuera abajo! —decía.

—Pues acuéstate en el suelo con el oído pegado al suelo. Los señores se reunirán en tu antiguo despacho, de modo que podrás oírlo todo.

El rostro de papá se le iluminó y, ayer a las 10:30 de la mañana, Margot y Pan (dos pares de oídos escuchan más que unos) tomaron sus posiciones en el suelo. La reunión no había terminado al mediodía, pero papá no estaba en condiciones de continuar con su campaña de espionaje por la tarde. Estaba molido por la posición poco acostumbrada e incómoda y yo ocupé su lugar, a las dos y media de la tarde, cuando oímos voces en el pasillo. Margot me hizo compañía. La conversación era en parte tan tediosa y aburrida que de repente me quedé dormida en el suelo frío y duro de linóleo. Margot no se atrevía a tocarme por temor a que nos oyeran abajo, y menos aún podía llamarme. Dormí media hora, me desperté sobresaltada y había olvidado todo lo importante de la reunión. Por fortuna, Margot había prestado más atención.

Tu Ana

Viernes 2 de abril de 1943

Querida Kitty:

¡Oh, se ha ampliado mi lista de pecados! Ayer por la noche estaba acostada en la cama esperando a que papá viniera a orar conmigo y darme las buenas noches, cuando mamá entró en la habitación, se sentó en el borde de la cama humildemente y me preguntó:

—Ana, papá todavía no está listo, ¿quieres que recemos juntas?

—No, mamá —contesté.

Mamá se levantó, se quedó de pie junto a la cama y luego se dirigió lentamente a la puerta. De repente se volvió, y con un gesto de amargura en la cara me dijo:

—No quiero enfadarme contigo. El amor no se puede forzar —unas cuantas lágrimas corrieron por su cara mientras caminaba hacia la puerta.

Me quedé quieta en la cama, pensando en lo mala que era por haberla rechazado así de cruel; también sabía que era incapaz de contestarle de otro modo. No puedo ser hipócrita y rezar con ella en contra de mi voluntad. Simplemente no puedo. Lo sentí mucho por ella, porque por primera vez en mi vida me di cuenta de que no era indiferente a mi frialdad. Vi el dolor en su cara, cuando decía que el amor no se puede forzar. Es duro decir la verdad, pero es verdad cuando digo que es ella la que me ha rechazado, la que me ha hecho insensible a cualquier señal de amor de su parte, con sus comentarios y chistes tan faltos de tacto sobre cosas que yo difícilmente podía encontrar graciosas. Al igual que mi corazón se oprime al escuchar sus duras palabras, así se oprimió su corazón cuando se dio cuenta de que no había más amor entre nosotras.

Lloró la mitad de la noche y no pudo dormir bien. Papá ni me mira, y si lo hace sólo un momento, leo en sus ojos las palabras: "¡Cómo puedes ser tan cruel! ¡Cómo te atreves a causarle tanto dolor a tu madre!"

Todo mundo espera que me disculpe con ella, pero no puedo ofrecer disculpas porque lo que he dicho es cierto y es algo que mamá tenía que saber tarde o temprano. Parezco indiferente a las lágrimas de mamá y a las miradas de papá, y lo soy, porque es la primera vez que sienten algo que yo he sentido. Mamá sólo me inspira compasión. Ella misma tendrá que buscar cómo recomponerse. Yo, por mi parte, seguiré con mi actitud distante y silenciosa, y no tengo la intención de temer a la verdad en el futuro, puesto que cuanto más la pospone, más difícil será aceptarla.

Tu Ana

Martes 27 de abril de 1943

Querida Kitty:
Toda la casa retumba por los altercados. Mamá y yo, Van Daan, papá y la señora... todos están enojados con todos. Un ambiente agradable, ¿verdad? Como siempre, sacaron a relucir toda la lista de pecados de Ana.

El sábado pasado volvieron a pasar los señores extranjeros. Se quedaron hasta las seis de la tarde. Todos nos sentamos quietos arriba sin atrevernos a movernos una pulgada. Cuando no hay nadie trabajando en todo el edificio ni en el vecindario, se oye cualquier ruidito en el despacho. Otra vez me dio el hormigueo por estar sentada, no es nada fácil mantenerse así tanto tiempo, sin moverme y en el más absoluto silencio, como un ratón.

El señor Voskuijl ya está en el hospital, y el señor Kleiman ha vuelto a la oficina, ya que la hemorragia estomacal se le ha pasado más rápido de lo habitual. Nos ha contado que el Registro Civil ha sido dañado de forma adicional por los bomberos que inundaron todo el edificio, en vez de limitarse a apagar el incendio. ¡Me gusta!

El Hotel Carlton ha quedado destruido. Dos aviones ingleses que llevaban un gran cargamento de bombas incendiarias cayeron exactamente sobre el Centro de oficiales alemán. La esquina entera de Singel y Vijzelstraat se ha quemado. Los bombardeos aéreos a las ciudades alemanas son cada día más intensos. No tenemos ninguna noche de tranquilidad, tengo unas ojeras terribles por falta de sueño.

Nuestra comida es terrible. Para el desayuno pan duro con sustituto de café. El almuerzo ya hace quince días que consiste en espinacas o lechuga. Patatas de veinte centímetros de largo, con sabor dulzón y podrido. ¡Quien quiera adelgazar, que pase una temporada en la Casa de atrás! Los del piso de arriba se quejan amargamente, pero a nosotros no nos parece tan trágico.

Todos los hombres que pelearon en 1940 contra los alemanes o estuvieron movilizados han sido llamados a trabajar en los campos de prisioneros de guerra para el Führer. ¡Sin duda, es una medida preventiva en caso de invasión!

Tu Ana

Sábado 1º de mayo de 1943

Querida Kitty:
Fue el cumpleaños de Dussel. Antes de que llegara el día actuó con desinterés, pero cuando vino Miep con una gran bolsa de la compra rebosante de regalos, se puso como un niño de contento. Su Charlotte le ha enviado huevos, mantequilla, galletas, limonada, pan, coñac, pastel de especias, flores, naranjas, chocolate, libros y papel de cartas. Se construyó una mesa de cumpleaños, mostró sus regalos nada menos que tres días. ¡Viejo loco!

No vayas a pensar que pasa hambre; en su armario hemos encontrado pan, queso, mermelada y huevos. Es un verdadero escándalo que, tras acogerlo con tanto cariño para salvarlo de su ruina, a escondidas se llene el estómago sin compartirnos nada. ¿Acaso nosotros no hemos compartido todo con él? Lo peor, en nuestra opinión, es lo miserable que se porta con Kleiman, Voskuijl y Bep, a quienes tampoco ha dado nada. Las naranjas que Kleiman necesita tanto para su estómago enfermo, Dussel las encuentra más saludables para su propio estómago. Anoche empaqué cuatro veces todas mis pertenencias, a causa de los fuertes tiroteos. Hoy he hecho una pequeña maleta, en la que he metido objetos de primera necesidad en caso de huida. Pero mamá, con toda la razón, me ha preguntado:

—¿Adónde piensas huir?

Toda Holanda ha sido castigada por la huelga de tantos trabajadores. Han declarado el estado de sitio y a todos les van a dar un cupón de mantequilla menos. ¡Así se castiga a los niños traviesos!

Esta noche le lavé el cabello a mamá, nada fácil resulta en estos tiempos, debemos arreglarnos con un jabón verde todo pegajoso porque no tenemos champú, y tampoco mamá puede peinarse bien, porque al peine de la familia sólo le quedan diez dientes.

Tu Ana

Domingo 2 de mayo de 1943

Querida Kitty:
Cuando pienso en nuestras vidas aquí, por lo general llego a la conclusión de que, en comparación con otros judíos que no están escondidos, vivimos como en un paraíso. Pero después, cuando todo haya vuelto a la normalidad, me sorprenderé de cómo nosotros, que en casa éramos tan pulcros y ordenados, hayamos venido tan a menos, por así decirlo. Venido

a menos por lo que se refiere a nuestro modo de vida. Por ejemplo, desde que llegamos aquí, tenemos la mesa cubierta con el mismo hule que, como usamos tanto, por lo general no está demasiado aseado. Hago todo lo posible por mantenerlo limpio, pero con un trapo raído y que está aquí mucho antes de que nos instaláramos, por mucho que frote, no consigo quitarle toda la suciedad. Los Van Daan llevan todo el invierno durmiendo sobre una franela que aquí no podemos lavar por el racionamiento del jabón en polvo, además es de tan mala calidad que prácticamente es inútil. Papá lleva unos pantalones deshilachados y la corbata toda desgastada. El corsé de mamá hoy se ha roto de puro viejo, y ya no se puede arreglar, mientras que Margot anda con un sostén que es dos tallas más pequeño del que necesitaría. Mamá y Margot han compartido tres camisetas durante todo el invierno, y las mías son tan pequeñas que ya no me llegan ni al ombligo. Ya sé que todas estas cosas son de poca importancia, pero a veces me pregunto con temor: ¿cómo podremos nosotros, que usamos cosas gastadas, desde mis bragas hasta la brocha de afeitar de papá, recuperar la posición que teníamos antes de la guerra?

Tu Ana

Domingo 2 de mayo de 1943

Puntos de vista de los habitantes de la Casa de atrás sobre la guerra:

El señor Van Daan: este honorable caballero, en opinión de todos, entiende mucho de política. Sin embargo, nos predice que tendremos que permanecer aquí hasta finales del 43. Aunque me parece un tiempo muy largo, creo que soportaremos. Pero, ¿quién nos asegura que esta guerra, que no nos ha traído más que penas y dolores, habrá acabado para entonces? ¿Y quién nos puede prometer que a nosotros y a nuestros cómplices del escondite no nos habrá pasado nada? ¡Nadie! Y por eso todos los días estamos llenos de tensión. Angustiados tanto por la espera y la esperanza, como por el miedo cuando se oyen ruidos dentro o fuera de la casa, cuando suenan los terribles disparos o cuando publican en los periódicos *nuevos comunicados*, porque también es posible que en cualquier momento alguno de nuestros cómplices se vea obligado a esconderse aquí mismo. *Escondite* se ha convertido en una palabra muy corriente. ¡Cuántas personas no se habrán refugiada en un escondite! En proporción no serán tantos, por supuesto, pero seguro que más adelante nos sorprenderemos cuando sepamos cuánta gente buena en Holanda ha acogido en su casa a judíos y también a cristianos que debían huir, con o sin dinero. También hay un increíble número de personas de las que dicen tiene documentos de identificación falsos.

La señora Van Daan: cuando esta bella dama (en palabras de ella misma) se enteró de que ya no era tan difícil como antes conseguir un carnet de identificación falso, sugirió de inmediato que nos mandáramos a hacer uno cada uno. Como si fueran gratis, o como si a papá y al señor Van Daan el dinero les lloviera del cielo. Cuando la señora Van Daan profiere los disparates más increíbles, Putti se exaspera fácilmente. Pero es lógico, porque un día Kerli, anuncia: "Cuando todo esto acabe, haré que me bauticen", y al siguiente afirma: ¡Siempre he querido ir a Jerusalén, me siento como en casa sólo entre judíos!

Pan es un gran optimista, encuentra siempre una razón para serlo.

El señor Dussel no hace más que inventar todo lo que dice, y si alguien osa contradecir a su excelencia, luego las tiene que pagar. En casa del señor Alfred Dussel supongo que su palabra es la ley, pero a Ana Frank eso no le va para nada.

Lo que los demás integrantes de la Casa de atrás piensan sobre la guerra no es interesante. Cuando se trata de política sólo estos cuatro son los únicos que cuentan, en realidad sólo dos, pero doña Van Daan y Dussel se incluyen a sí mismos.

Tu Ana

Martes 18 de mayo de 1943

Querida Kitty:
He sido testigo de un feroz duelo aéreo entre aviadores ingleses y alemanes. Por desgracia, algunos aliados han tenido que saltar de sus aviones en llamas. El lechero, que vive en Halfweg, ha visto sentados a cuatro canadienses a la vera del camino, uno de los cuales hablaba holandés con fluidez. Éste le pidió fuego al lechero para encender un cigarrillo y le contó que la tripulación del avión estaba compuesta por seis personas. El piloto se había quemado y el quinto hombre estaba escondido en algún lugar. La "policía verde alemana" se llevó a los otros cuatro, que estaban vivitos y coleando. Después de un salto tan impresionante en paracaídas, ¡qué increíble que pudiera seguir en su sano juicio!

A pesar de que ya va haciendo calor, tenemos que encender los hornos cada dos días para quemar los desechos y la basura. No podemos tirarlos al contenedor, porque eso despertaría las sospechas del mozo de almacén. La menor imprudencia fácilmente nos delataría.

Todos los estudiantes tienen que firmar una lista del gobierno, declarando que "simpatizan con todos los alemanes y con el nuevo orden político". El ochenta por ciento se ha negado a traicionar su conciencia y a renegar de sus convicciones, pero las consecuencias no se hacen esperar. Cualquier estudiante que se niega a firmar es enviado a campos de trabajo alemanes. ¿Qué quedará de la juventud holandesa si todos tienen que hacer trabajo forzado en Alemania?

Debido a los fuertes estallidos, anoche mamá cerró la ventana. Yo estaba en la cama de Pan. De pronto, oímos cómo en el piso de arriba la señora saltó de la cama, como mordida por Mouschi, e inmediatamente siguió una fuerte explosión. Sonó como si una bomba incendiaria hubiera caído junto a mi cama. Grité:

—¡La luz, la luz!

Pan encendió la lámpara, yo esperaba que la habitación estaría en llamas en pocos minutos. No pasó nada. Corrimos hacia el piso de arriba para ver lo que pasaba. Los Van Daan habían visto por la ventana abierta un resplandor rojizo. El señor creía que ardía el vecindario, y la señora pensaba que la que se había prendido fuego era nuestra casa. Cuando se oyó el siguiente golpe, la señora estaba temblando de pie. Dussel se quedó arriba fumando un cigarrillo, mientras nosotros volvíamos a nuestras camas. El tiroteo comenzó de nuevo después de quince minutos. La señora se levantó enseguida y bajó la escalera a la habitación de Dussel, con el fin de encontrar protección que no le era dada junto a su cónyuge. Dussel la recibió con las palabras "Ven a la cama, hija mía", lo que hizo que rompiéramos a carcajadas. El tronar de los cañones ya no nos preocupaba: nuestro miedo había desaparecido.

Tu Ana

Domingo 13 de junio de 1943

Querida Kitty:

El poema de cumpleaños que me ha compuesto papá es demasiado hermoso que no quisiera dejar de enseñártelo. Como Pan escribe en alemán, Margot se ha ofrecido a traducirlo. Juzga por ti misma lo bien que ha cumplido su tarea. Inicia con el resumen habitual de los eventos del año, y luego continúa:

Aunque la más joven de todos eres, ya no una niña sois, no lo tienes fácil; todos quieren ser un poco tu maestro, y no te causa placer. "¡Tenemos experiencia!" "¡Te lo digo!" "Hemos hecho todo eso antes, ya ves, sabemos muy bien lo que hay que hacer." Sí, sí, desde tiempos inmemoriales es siempre la misma historia y todos tienen muy mala memoria. Nadie se fija en sus propios defectos, sólo miran los errores ajenos; a todos les resulta muy fácil regañar y lo hacen a menudo sin pestañear. A tus padres nos resulta difícil ser justos, tratando de que no haya mayores disgustos; regañar a tus mayores es algo que está mal por mucho que te moleste la gente de edad, como una píldora has de tragar sus regañinas para que haya paz. Los meses aquí no pasan en vano; aprovéchalos bien con tu estudio sano, que estudiando y leyendo libros por cientos se ahuyenta el tedio y el aburrimiento. La pregunta más difícil es sin duda: "¿Qué me pongo? No tengo ni una muda, todo me va chico, pantalones no tengo, mi camisa es un taparrabo, pero es lo de menos. Luego están los zapatos: no puedo ya decir los dolores inmensos que me hacen sufrir." Cuando creces 10 cm no hay nada que hacer: ya no tienes ni un trapo que te puedas poner.

Margot tuvo problemas para traducir con rima la parte referida al tema de la comida, así que no la he copiado. Pero aparte de eso, ¿no te parece que es un buen poema?

Por lo demás me han mimado mucho con los preciosos presentes que me han dado; entre otras cosas, un libro muy gordo sobre mi tema favorito: las mitologías griega y romana. Tampoco puedo quejarme de las golosinas, ya que todos me han dado algo de sus últimas reservas. Como benjamina de la familia de escondidos he sido bendecida con más de lo que merezco.

Tu Ana

Martes 15 de junio de 1943

Querida Kitty:
Han sucedido un montón de cosas, pero a menudo pienso que te estoy aburriendo con todas mis charlas tristes y poco interesantes, te alegrarás de no recibir tantas cartas. Por lo tanto, seré breve al resumir las noticias.

El señor Voskuijl no fue operado del estómago. Cuando lo tenían en la mesa de operaciones con el estómago abierto, los médicos vieron que tenía un cáncer mortal en un estado tan avanzado, que una operación era inútil. De modo que cerraron nuevamente su estómago, le hicieron guardar cama durante tres semanas y comer bien, y luego lo mandaron a su casa. Pero cometieron un error imperdonable, le dijeron al pobre hombre exactamente en qué estado se encuentra. Ya no está en condiciones de trabajar, está en casa rodeado de sus ocho hijos y cavila sobre la muerte que se avecina. Me siento muy mal por él y también me da mucha rabia no poder salir a la calle, de lo contrario, iría muchas veces a visitarlo para distraerlo. Para nosotros es una desgracia que el bueno de Voskuijl ya no esté en el almacén para informarnos sobre todo lo que pasa ahí o todo lo que oye. Era nuestra mayor fuente de ayuda y apoyo en materia de seguridad, y lo extrañaremos mucho.

El próximo mes nos toca a nosotros entregar nuestra radio. Kleiman tiene en su casa una radio miniatura clandestina, que nos dará para reemplazar nuestra Philips grande. Es una verdadera lástima que haya que entregar ese aparato tan hermoso, pero una casa en la que hay escondidos no debe, bajo ningún concepto, despertar las sospechas de las autoridades. La radio pequeñita nos la llevaremos arriba, naturalmente. Entre judíos clandestinos y dinero negro, qué más da una radio clandestina.

Todo el mundo trata de conseguir una radio vieja que pueda entregar en lugar de su "fuente de ánimo". Es cierto, a medida que las noticias de fuera van empeorando, la radio con su voz maravillosa nos ayuda a que no perdamos las esperanzas y digamos cada vez: "¡Ánimo, mantente en pie, ya vendrán mejores tiempos!".

Tu Ana

Domingo 11 de julio de 1943

Querida Kitty:
Volviendo, por enésima vez, al tema de la educación, déjame decirte que hago mi mejor esfuerzo para ser servicial, agradable y buena, y para hacer todo de tal manera que la lluvia de reproches se reduzca a una ligera llovizna. Es condenadamente difícil tener un comportamiento de niña modelo ante personas que no soportas, sobre todo al ser tan fingido. Pero realmente veo que se llega más lejos con un poco de hipocresía que manteniendo mi vieja costumbre de decirle a cada uno sin rodeos mi opinión

(a pesar de que nunca nadie me pida mi opinión ni le dé importancia). Por supuesto, a menudo me salgo de mi papel y no puedo contener la ira ante una injusticia, y durante cuatro semanas no hacen más que hablar de la chica más insolente del mundo. ¿No te parece que a veces deberías compadecerme? Menos mal que no soy tan refunfuñona, de lo contrario terminaría agriándome y perdería mi buen humor. Por lo general, me tomo los sermones con humor, pero me sale mejor si es el pellejo de otra persona y no cuando esa persona soy yo misma.

Además, he decidido (después de mucho pensarlo) abandonar un poco la taquigrafía. En primer lugar, para dedicarle más tiempo a mis otras asignaturas y, en segundo lugar, debido a mi vista, una triste situación. Me he vuelto bastante miope y hace tiempo que necesito gafas. (¡Huy, me voy a ver como lechuza!) Pero, como sabes, los escondidos no pueden...

Ayer de lo único que hablaron en casa fue de "los ojos de Ana", porque mamá sugirió que la señora Kleiman me llevara al oculista. Sólo escuchar esto me hizo estremecer, porque no era poca cosa. ¡Ir afuera! ¡Caminar en la calle, imagínate! No puedo ni creerlo. Al principio me dio muchísimo miedo, pero luego me puse contenta. Sin embargo, la cosa no era tan fácil, porque todos los que tienen que tomar la decisión no se ponían de acuerdo tan fácilmente. Todos los riesgos y dificultades debían ser considerados, aunque Miep quería llevarme de inmediato. Incluso tomé mi abrigo gris del armario, que me quedaba tan pequeño que parecía el abrigo de mi hermana menor. Se le salía el dobladillo y, además, ya no podía abotonármelo. Realmente tengo gran curiosidad por saber lo que pasará, pero no creo que el plan se lleve a cabo, porque ahora los ingleses han desembarcado en Sicilia y papá tiene la mira puesta en un "pronto final".

Bep nos ha estado dando a Margot y a mí una gran cantidad de trabajo de oficina. Nos da la sensación de estar haciendo algo muy importante y es una gran ayuda para ella. Cualquiera puede archivar la correspondencia y hacer las entradas en el libro de ventas, pero nosotras lo hacemos con precisión notable.

Miep siempre anda llevando y trayendo cosas, parece un burro de carga. Casi todos los días encuentra verdura en alguna parte y la trae en grandes bolsas colgadas al manubrio de su bicicleta. También nos trae cinco libros de la biblioteca todos los sábados, siempre esperamos ansiosos que llegue el sábado, porque entonces nos traen los libros. Somos como niños cuando les traen regalos. La gente común no sabe lo mucho que significa un libro para un escondido. Nuestras únicas distracciones son la lectura, el estudio y escuchar la radio.

Tu Ana

Martes 13 de julio de 1943

La mejor mesilla

Ayer por la tarde, con permiso de papá, le pregunté a Dussel (bastante educadamente), si estaría de acuerdo en que yo hiciera uso de la pequeña mesa de nuestra habitación dos veces por semana, de 4:00 a 5:30 de la tarde. Ya escribo ahí todos los días de 2:30 a 4:30, mientras Dussel duerme la siesta; a otras horas la habitación y la mesilla son territorio prohibido para mí. En la sala común hay demasiado alboroto por las tardes; ahí uno no se puede concentrar, además también a papá le gusta sentarse a escribir en el escritorio grande por las tardes. Por lo tanto, el motivo era bastante razonable y mi pregunta pura cortesía. Pero, ¡a que no sabes lo que contestó el distinguido señor Dussel!

—No —dijo rotundamente—, no.

Me indigné y no lo dejé ahí, así que le pregunté cuáles eran sus motivos para decirme que no, y su respuesta fue:

—Yo también necesito la mesilla. Si no puedo disponer de ella por la tarde, no me queda nada de tiempo. Tengo que poder terminar mis tareas establecidas, si no, todo mi trabajo habrá sido en balde. De todos modos, tus tareas no son serias. La mitología, qué clase de tarea es ésa, tejer y leer tampoco son tareas serias. De modo que la mesilla me la quedo yo.

Mi respuesta fue:

—Señor Dussel, mis tareas sí que son serias. No puedo trabajar por las tardes en la sala, así que le ruego nuevamente considere mi petición. Tras pronunciar estas palabras, me volteé, ofendida, y fingí que el distinguido doctor no existía. Estaba fuera de mí, llena de rabia. Dussel me pareció un gran maleducado (y lo era) y yo misma había estado muy amable.

Por la noche, cuando vi a Pan, le conté cómo había terminado el asunto y le pregunté qué debía hacer en adelante, porque no quería darme por vencida y prefería arreglar todo yo sola. Pan me dijo más o menos cómo debía abordar el asunto, pero me recomendó esperar al día siguiente porque seguía muy alterada. A este último consejo se lo llevó el viento, y después de fregar los platos me senté a esperar a Dussel. Pan se sentó en la habitación de al lado, lo que me dio una gran calma.

—Señor Dussel —empecé—, creo que a usted no le ha parecido que valiera la pena hablar con más detenimiento sobre el asunto; de todos modos, le pido que lo haga.

Entonces, con su mejor sonrisa, Dussel comentó:

—Siempre y en todo momento estaré dispuesto a conversar sobre este asunto ya completado.

Seguí con la conversación, siendo constantemente interrumpida por Dussel:

—Al principio, cuando usted vino aquí, acordamos que esta habitación sería de los dos. Si el reparto fuera equitativo, a usted le corresponderían las mañanas y a mí todas las tardes. Pero no le pido eso ni siquiera, y me parece, por lo tanto, que dos tardes a la semana son, sin duda alguna, razonables.

Ante estas palabras, Dussel se levantó de un salto como pinchado por un alfiler:

—¿De qué reparto me estás hablando?, ¿adónde he de irme entonces? Le preguntaré al señor Van Daan si puede construirme un cobertizo en el desván para que pueda sentarme allí. ¡Será posible que uno no pueda trabajar tranquilo en ninguna parte, y que tenga que estar siempre peleándose contigo! Si fuera tu hermana Margot la que me lo pidiera, que tendría más razones que tú para solicitarlo, ni se me ocurriría negárselo, pero tú...

Y luego otra vez, siguió con la misma historia sobre la mitología y el tejido, y Ana volvió a ofenderse. Pero no lo demostró y dejó que Dussel acabara:

—Contigo no se puede hablar. Eres una egoísta tremenda. Con tal de cumplir tu voluntad todos los demás deben ver cómo le hacen. Nunca he visto una niña igual. Pero al final me veré obligado a darte el gusto; si no, en algún momento me dirán que a Ana Frank le fue mal en los exámenes porque el señor Dussel no le quería ceder la mesilla.

De tal suerte que él seguía y seguía. Era tal la avalancha de palabras que al final me perdí. Por un momento pensé: "¡Le voy a dar una bofetada que va a ir a dar con todas sus mentiras contra la pared!", y luego me dije a mí misma: "Mantén la calma. Ese tipo no vale la pena como para que te molestes tanto por esto".

Por fin Dussel terminó de desahogarse y se marchó de la habitación con su abrigo lleno de alimentos, con un semblante en el que se leía la ira y el triunfo al mismo tiempo.

Corrí con papá y le conté toda la historia, en la medida en que no la había oído ya. Pan decidió hablar con Dussel esa misma noche, y así fue. Hablaron durante más de media hora. Primero hablaron sobre si Ana debía disponer de la mesilla o no. Papá le recordó que ya habían hablado sobre el tema, pero que en aquella ocasión le había dado la razón a Dussel para no poner en mal a un adulto frente a una niña, pero que tampoco en ese momento a papá le había parecido razonable. Dussel respondió que yo no debía hablar como si él fuera un intruso que tratara de apoderarse de todo, pero aquí papá le contradijo con firmeza, porque en ningún momento me había oído decir una palabra al respecto. Así, la conversación estuvo de ida y vuelta: papá defendiendo mi supuesto egoísmo y mis "chapucerías", y Dussel quejándose todo el tiempo.

Dussel tuvo que ceder finalmente, y se me concedieron dos tardes por semana para dedicarme a mis tareas sin interrupción. Dussel puso cara de mártir, no habló durante dos días y, como un niño, fue a ocupar el escritorio de 5:00 a 5:30, antes de la hora de cenar.

Alguien de 54 años que tiene hábitos tan pedantes y mezquinos, ha nacido con esa naturaleza, y nunca va a cambiar.

Viernes 16 de julio de 1943

Querida Kitty:
Una vez más han entrado ladrones, pero esta vez ladrones de verdad. Esta mañana Peter bajó al almacén a las 7:00 como de costumbre, y de inmediato vio que tanto la puerta del almacén como la de la calle estaban abiertas. Informó enseguida a Pan, que en la oficina privada sintonizó la radio alemana y cerró la puerta con llave. Luego subieron los dos juntos. La consigna habitual para estos casos ("no lavarse, guardar silencio, quedarnos quietos a las 8:00 y no usar el retrete") fue acatada como de costumbre al pie de la letra. Todos nos alegrábamos de haber dormido muy bien y de no haber oído nada durante la noche.

Pero también estábamos un poco indignados de que en toda la mañana nadie de la oficina se apareciera, y de que el señor Kleiman nos dejara hasta las 11:30 en ascuas. Nos contó que los ladrones habían abierto la puerta de la calle con una palanca de hierro y luego habían forzado la del almacén. Pero como en el almacén no encontraron mucho que robar, habían probado suerte un piso más arriba. Robaron dos cajas con 40 florines, talonarios en blanco del banco, y lo peor de todo: nuestros cupones de racionamiento del azúcar, por un total de 150 kilos. No será fácil conseguir nuevos cupones.

El señor Kugler cree que el ladrón pertenece a la misma banda que estuvo aquí hace seis semanas y que intentó entrar por las tres puertas (la del almacén y las dos puertas de la calle), pero que en aquel momento no tuvo éxito.

El asunto nos ha causado de nuevo un poco de excitación a todos, y casi se diría que la Casa de atrás no puede estar sin estos sobresaltos. Por supuesto, nos alegramos de que las máquinas de escribir y la caja fuerte estuvieran seguras en nuestro armario.

Tu Ana

P. D. Desembarco en Sicilia. Otro paso más cerca de...

Lunes 19 de julio de 1943

Querida Kitty:
El domingo, el norte de Amsterdam fue terriblemente bombardeado. La devastación parece ser enorme. Calles enteras son escombros, y tardarán mucho en rescatar a toda la gente sepultada. Hasta ahora se han contado 200 muertos e innumerables heridos. Los hospitales están llenos hasta los topes. Se dice que hay niños que, perdidos entre las ruinas humeantes, van buscando a sus padres muertos. Me dan escalofríos cuando pienso en los estruendos que se oían a lo lejos, que eran una señal de la destrucción inminente para nosotros.

Tu Ana

Viernes 23 de julio de 1943

Querida Kitty:
Bep, por ahora, ha vuelto a conseguir cuadernos, sobre todo diarios y libros, útiles para Margot. Otros cuadernos también se consiguen, pero no me preguntes de qué tipo y por cuánto tiempo. Los cuadernos llevan actualmente la siguiente inscripción: "De venta sin cupones". Como todo lo que se puede comprar sin cupones, son un verdadero desastre. Un cuaderno de éstos consiste en 12 páginas de papel grisáceo de líneas torcidas y estrechas. Margot tiene pensado seguir un curso de caligrafía.

Yo se lo he aconsejado. Mamá me prohíbe que yo también participe, por no arruinarme la vista, pero me parece una tontería. Hacer esto u otra cosa da igual.

Dado que nunca has vivido una guerra, Kitty, y como a pesar de mis cartas tampoco sabes lo que es vivir escondido, te diré cuál es el primer deseo de cada uno de nosotros para cuando salgamos de aquí:

Margot y el señor Van Daan lo que más anhelan es un baño de agua caliente lleno hasta el borde, durante por lo menos media hora. La señora Van Daan quisiera ir a comer pasteles enseguida, Dussel en lo único que piensa es en su Charlotte, y mamá en ir a algún sitio a tomar café. Papá iría a visitar al señor Voskuijl, Peter iría al centro y al cine, y yo de pura felicidad no sabría por dónde empezar.

Mi mayor anhelo es una casa propia, poder moverme libremente y que alguien me ayude en las tareas, o sea, ¡volver al colegio!

Bep nos ha ofrecido fruta, pero cuesta una fortuna, uvas a 5 florines el kilo, grosellas a 1.40 el medio kilo, un melocotón a 40 centavos, melón a 1.50 florines. Y luego ponen con letras gigantes en el periódico: "¡El aumento de los precios es la usura!".

Lunes 26 de julio de 1943

Querida Kitty:

Ayer fue un día tempestuoso, y todavía estamos exaltados. A decir verdad, entendería si preguntaras si pasamos algún día sin agitación.

Por la mañana, en el desayuno, sonó la prealarma por primera vez, pero no le hacemos mucho caso, porque significa que hay aviones sobrevolando la costa. Después del desayuno fui a acostarme un rato en la cama porque me dolía mucho la cabeza. Luego bajé a la oficina, alrededor de las 2:00 de la tarde. A las 2:30 Margot había terminado su trabajo de oficina. Aún no recogía sus cosas cuando empezaron a chillar las sirenas, así que fuimos arriba. Justo a tiempo, porque cinco minutos más tarde comenzaron los disparos, tan fuertes, que tuvimos que refugiarnos en el pasillo.

La casa retumbó y las bombas cayeron. Apreté mi bolsa para la huida, más para tener algo a qué aferrarme que para huir realmente, porque de cualquier modo no podemos irnos. En caso extremo la calle es tan peligrosa como un bombardeo para nosotros. Después de media hora se oyeron menos aviones, pero el ajetreo dentro de casa aumentó. Peter volvió de su puesto de observación en el desván de la Casa de delante. Dussel estaba en la oficina principal, la señora Van Daan se sentía más segura en la oficina privada, el señor Van Daan había observado la acción por la ventana de la buhardilla, y también los que habíamos esperado en el pasillo nos dispersamos para ver las columnas de humo que se elevaban por encima de la Bahía del IJ. Pronto se olía por todas partes el fuego y afuera parecía como si una espesa niebla cubriera la ciudad.

A pesar de que un incendio tan grande no es un espectáculo agradable, para nosotros el peligro felizmente había quedado atrás y volvimos a nuestras respectivas actividades. Al final de la tarde, a la hora de la comida: alarma aérea. La comida era deliciosa, pero el apetito se me quitó al oír la primera sirena. Sin embargo, no pasó nada y tres cuartos de hora más tarde, el peligro había pasado. Cuando habíamos lavado los platos: alarma aérea, tiros, muchísimos aviones. "Dos veces en un mismo día es mucho", pensamos todos, pero no sirvió, una vez más llovieron bombas, esta vez al otro lado de la ciudad, en el aeropuerto Schiphol, según un informe inglés. Los aviones caían en picado, volvían a subir, había zumbidos en el aire y era aterrador. A cada momento pensaba: "¡Ahora cae, este es el fin!".

Te aseguro que no podía tenerme en pie cuando me fui a la cama a las 9:00 de la noche. A medianoche me desperté: ¡más aviones! Dussel se estaba desvistiendo, pero no me importó. Al primer tiro salté de la cama totalmente despabilada. Hasta la 1:00 estuve metida en la cama de papá, a la 1:30 de vuelta a mi cama, a las 2:00 otra vez en la de papá, y los aviones volaban y seguían volando. Por fin terminaron los disparos y fui capaz de volver la cama, a las 2:30 me dormí.

Siete en punto. Un sobresalto me despertó y me quedé sentada en la cama. Van Daan estaba con papá. "Ladrones" fue lo primero que pensé. "Todo", escuché decir a Van Daan y pensé que habían robado todo. Pero no, era una noticia maravillosa, la más grata que hayamos tenido en meses, la mejor desde que comenzó la guerra. Mussolini ha cesado, el rey-emperador de Italia se ha hecho cargo del gobierno.

Vitoreamos. Después de todo lo terrible de ayer, por fin algo bueno y... ¡la esperanza! La esperanza de que todo termine, la esperanza de que haya paz.

Kugler ha pasado un momento y nos ha contado que la fábrica de aviones Fokker ha sido devastada. Mientras tanto, esta mañana tuvimos una nueva alarma aérea con aviones sobrevolándonos y otra vez prealarma. Estoy hasta la coronilla de alarmas, he dormido mal y no deseo trabajar.

Pero la tensión de lo que pasa en Italia ahora nos mantiene despiertos y la esperanza por lo que pueda ocurrir de aquí a fin de año...

Tu Ana

Jueves 29 de julio de 1943

Querida Kitty:

La señora Van Daan, Dussel y yo estábamos lavando los platos y yo estaba muy callada, lo cual era raro en mí y que seguramente tenían que notar. Antes de que alguien hiciera preguntas, busqué un tema neutral de conversación, y pensé que el libro *Enrique* de Marianne Philips, era apropiado. Pero me equivoqué en el cálculo. Si no recibo de la señora Van Daan un regaño, el señor Dussel lo hace. El asunto era el siguiente: Dussel nos había recomendado este libro muy especialmente por ser una obra excelente. Pero Margot y yo pensamos que era cualquier cosa menos eso. El niño estaba bien caracterizado, pero el resto... mejor no decir nada. Al fregar los platos hice un comentario en este tenor, y eso me sirvió para que me lanzaran toda la artillería.

—¿Cómo puedes tú entender la psique de un hombre? La de un niño no es tan difícil. Eres demasiado pequeña para un libro así. Aun para un hombre de 20 años sería complicado. (Entonces me pregunto por qué nos habrá recomendado el libro tan especialmente a Margot y a mí.)

Ahora Dussel y la señora arremetieron juntos:

—Sabes demasiado de cosas que no son adecuadas para ti. Te han educado de manera completamente errónea. Más tarde, cuando seas mayor, ya no sabrás disfrutar de nada. Dirás: "hace 20 años que ya he leído todo en los libros". Date prisa en conseguir marido o en enamorarte, porque seguro que nada te satisfará. En teoría ya lo sabes todo, sólo te falta la práctica. ¿Puedes imaginarte cómo me sentí en aquel momento? Me sorprendí de que yo pudiera responder con calma:

—Quizá ustedes opinen que estoy mal educada, pero no todo el mundo opina así.

Eso sí, es de buena educación sembrar cizaña entre mis padres y yo (eso es lo que hacen a menudo) y hablarle de esas cosas a una chica de mi edad. Los resultados de este tipo de educación se pueden ver con toda claridad. Tenía ganas de darles un bofetón a los dos, por burlarse de mí. Estaba fuera de mí por la rabia y realmente me hubiera gustado contar los días que faltaban para librarme de esa gente, de haber sabido dónde terminarían.

¡La señora Van Daan es todo un caso! Es un ejemplo de conducta... ¡pero un mal ejemplo! A la señora Van Daan se la conoce por su falta de modestia, su egoísmo, su astucia, su actitud calculadora y porque nada le satisface. Su vanidad y su coquetería son un plus. No hay más vueltas que darle, es una persona desagradable como ninguna. Podría escribir libros enteros de ella, y quién sabe, tal vez lo haga. Que tenga un bonito barniz exterior puede dar una idea errónea. La señora es muy amable con los extraños, sobre todo con hombres, y eso hace que uno se equivoque cuando no la conoce bien.

Mamá la considera demasiado tonta para gastar saliva en ella, Margot la considera demasiado insignificante y Pan, demasiado fea (tanto por dentro como por fuera) y yo, tras una larga observación —porque nunca me dejo llevar por los prejuicios— he llegado a la conclusión de que es todo esto y muchísimo más. Tiene tantas malas cualidades, que no sabría con cuál quedarme.

Tu Ana

[P. D. El lector puede notar que cuando fue escrito este relato, la ira de la autora todavía no se había enfriado.]

Martes 3 de agosto de 1943

Querida Kitty:
La política marcha requetebién. En Italia, el partido fascista ha sido prohibido. En muchos lugares la gente lucha contra los fascistas, y algunos soldados participan en la lucha. ¿Cómo un país así puede seguir haciéndole la guerra a Inglaterra?

Nuestra hermosa radio fue entregada la semana pasada. Dussel estaba muy enojado con Kugler porque no la entregó en la fecha específica. Dussel reduce cada día más mi respeto; ya debe de andar por debajo de cero. Lo que dice en materia de política, historia, geografía o cualquier otro tema son disparates que casi no me atrevo a repetir: "Hitler desaparece en la historia. El puerto de Rotterdam es más grande que el de Hamburgo. Los ingleses son idiotas porque no bombardean Italia de arriba abajo, etcétera, etcétera".

Un tercer bombardeo tuvo lugar. He apretado los dientes, tratando de armarme de valor. La señora Van Daan, que siempre ha dicho "Que vengan" y "Mejor un final terrible que ningún final", es ahora la más cobarde de todos nosotros. Esta mañana se puso a temblar como una hoja e incluso se echó a llorar. Su marido, con quien acababa de hacer las paces después de estar enojados durante una semana, la consoló. De sólo verlo casi me pongo sentimental.

Tener gatos en la casa no sólo trae ventajas, Mouschi lo ha demostrado claramente: todo el edificio está infestado de pulgas, y la plaga se extiende día a día. El señor Kleiman ha esparcido polvo amarillo en todos los rincones, pero a las pulgas no les hace nada. Ya estamos muy nerviosos, todo el tiempo sentimos algo arrastrándose alrededor de un brazo, una pierna u otra parte del cuerpo. De ahí que siempre alguien esté haciendo ejercicios para mirarse la parte trasera de la pierna o la nuca. Ahora pagamos la falta de actividad física, tenemos el cuerpo demasiado entumecido como para poder torcer bien el cuello. La gimnasia real no la practicamos hace mucho tiempo.

Tu Ana

Miércoles 4 de agosto de 1943

Querida Kitty:
Ahora que llevamos en la Casa de atrás escondidos poco más de un año, sabes mucho acerca de cómo es nuestra vida, aunque no puedo informarte de todo realmente. ¡Es todo tan diferente de los tiempos normales y de la gente común! Pero para darte una idea más clara de la vida que llevamos aquí, de vez en cuando voy a describir una parte de un día ordinario. Empiezo hoy por la noche.

A las 9:00 de la noche siempre comienza la hora de acostarse con ajetreo y un verdadero alboroto en la Casa de atrás. Las sillas se desplazan, se arman las camas, se extienden las mantas, y nada queda en el mismo estado que durante el día. Yo duermo en el pequeño diván, que no llega a medir 1.5 m de largo, por lo que hay que añadirle algunas sillas para que sea más largo. Edredones, sábanas, almohadas y mantas son extraídos de la cama de Dussel, donde están guardados.

En la habitación de al lado se oye un terrible crujido, es el catre plegable de Margot. De nuevo hay que sacar mantas y almohadas, todo sea por hacer más confortables las tablitas de madera. Arriba parece que se hubiera desatado una tormenta, pero sólo es la cama de la señora Van Daan, hay que arrimarla junto a la ventana, para que Su Alteza, vestida con camisón rosa, pueda respirar el aire fresco por sus delicados orificios nasales.

A las 9:00 en punto: después de que Peter sale del baño, entro y me someto a un tratamiento de limpieza a fondo. No pocas veces (sólo en los meses, semanas o días de gran calor) ocurre que una pequeña pulga se queda flotando en el agua del baño. Luego toca cepillarme los dientes, rizarme el pelo, tratarme las uñas, preparar los algodones con agua oxigenada (para teñir los pelillos negros del bigote) y todo esto en media hora.

A las 9:30: me pongo a prisa la bata de baño. Con el jabón en una mano y el orinal, las horquillas, las bragas, los rulos y el algodón en la otra, me apresuran a salir, pero después me llaman para que vuelva y quite la colección de pelos elegantemente depositados en el lavabo, que no son del agrado del siguiente usuario.

A las 10:00 de la noche: ponemos los paneles de oscurecimiento y ¡buenas noches! Durante un cuarto de hora aún se oyen los crujidos de las camas en la casa y el rechinar de los muelles rotos, después reina el silencio; al menos que los de arriba tengan una disputa conyugal en la cama.

A las 11:30: el chirrido de la puerta. En la habitación entra un delgado haz de luz. Unos zapatos que crujen, un gran abrigo, incluso más grande que la persona que lo lleva puesto... Dussel regresa de su trabajo nocturno en el despacho de Kugler. Durante 10 minutos se le oye arrastrar los pies, hacer ruido de papeles (son los alimentos que oculta) y hace su cama. Luego, la figura vuelve a desaparecer y sólo se oye venir a cada rato un ruidito sospechoso del tocador.

Alrededor de las tres de la madrugada: tengo que levantarme para arreglar un pequeño negocio con la lata que guardo debajo de la cama y que por precaución está colocada encima de una alfombra de goma contra las posibles pérdidas, pues es necesario, siempre contengo la respiración, porque en la latita se oye como el salpicar de un arroyuelo en la montaña. Luego devuelvo la lata a su lugar y la figura del camisón blanco, que a Margot cada noche le arranca la exclamación: "¡Oh, ese camisón impúdico!", sube de nuevo a la cama. Entonces, cierta persona permanece unos 15 minutos atenta a los sonidos de la noche. En primer lugar, a los que puedan venir del piso de abajo, podría ser un ladrón; luego, los sonidos procedentes de las distintas camas de la habitación de arriba, la de al lado y la propia, de los que por lo general se puede deducir cómo está durmiendo cada uno de los vecinos, o si están pasando la noche medio desvelados. Esto último no es nada agradable, en especial si se trata de un miembro de la familia llamado doctor Dussel. Primero, oigo un ruidito como de un pescado que se ahoga, éste se repite unas 10 veces, y luego se humedece los labios, alternando con otros ruiditos como si estuviera masticando, a lo que siguen innumerables vueltas en la cama y reacomodamientos de las almohadas. Hay cinco minutos de tranquilidad absoluta, y toda la secuencia se repite al menos tres veces, hasta que el doctor se ha adormilado por un rato.

También puede suceder durante la noche que, entre la 1:00 y las 4:00, se oigan disparos. Soy apenas consciente hasta que, por costumbre, me veo de pie junto a la cama. A veces estoy tan perdida en algún sueño, que pienso en los verbos franceses irregulares o en las pequeñas disputas de arriba. Y sólo entonces, me doy cuenta de que ha habido disparos y de que me he quedado en calma en mi habitación. Pero la mayoría de las veces pasa como te he descrito anteriormente. Cojo rápidamente un pañuelo y una almohada, me pongo el camisón, las zapatillas y voy corriendo donde papá, tal como Margot lo describió en este poema con motivo de mi cumpleaños:

> Por las noches, justo después del primer disparo, de pie junto a nuestro cuarto, una niñita dulce y agradable aparece con mirada implorante frente la cama del padre...

Una vez que he llegado a la cama grande, el peor susto ya ha pasado, a menos que los disparos sean muy fuertes.

A las 6:45: ¡ring...! Suena el despertador, que puede elevar su vocecita a cualquier hora del día, sea necesario o no. ¡Crac...! ¡Paf...! La señora lo ha hecho callar. ¡Cric...! Se ha levantado el señor. Pone agua a hervir y luego a toda prisa va al cuarto de baño.

A las 7:15: la puerta cruje de nuevo. Ahora Dussel puede ir al baño. Una vez que estoy sola, quito los paneles de oscurecimiento, y en la casa de atrás comienza un nuevo día.

Tu Ana

Jueves 5 de agosto de 1943

Querida Kitty:

Hoy hablaremos de la hora del almuerzo.

A las 12:30: toda la compañía respira aliviada. Van Maaren, el hombre del pasado turbio, y el señor Kok se han ido a sus casas. Arriba se oye el traqueteo de la aspiradora que la señora le pasa a su hermosa y única alfombra. Margot coge un par de libros bajo el brazo y los lleva a la clase "alumnos con dificultades de aprendizaje", porque así se podría calificar a

Dussel. Pan se sienta en un rincón tranquilo con su inseparable Dickens. Mamá se precipita hacia el piso de arriba para ayudar a la hacendosa ama de casa y yo me encierro en el baño para hermosearlo un poco, al mismo tiempo que a mí misma.

A las 12:45: poco a poco caen como gotas uno a uno. Primero llega el señor Gies; luego Kleiman o Kugler, Bep y a veces incluso Miep un rato.

A la 1:00: todos nos sentamos en torno a la radio miniatura y escuchamos atentos las noticias de la BBC. Estos son los únicos momentos del día en que los miembros de la Casa de atrás no se interrumpen el uno al otro, porque está hablando alguien con quien ni siquiera el señor Van Daan puede estar en desacuerdo.

A la 1:15: comienza la distribución de la comida. A todos los de abajo se les da un tazón de sopa, y también algún postre cuando hay. El señor Gies se sienta satisfecho en el diván o se reclina en el escritorio con el periódico, el tazón y, la mayoría de veces, el gato al lado. Si le falta alguno, no dejará de protestar. Kleiman cuenta las últimas novedades de la ciudad, es realmente una fuente de información excelente. Kugler sube la escalera con gran estrépito, da un golpe seco y firme en la puerta y entra ya sea frotándose las manos, de buen humor y haciendo aspavientos, o de mal humor y callado, según los ánimos.

A la 1:45: todo el mundo se levanta y cada uno vuelve a sus actividades. Margot y mamá lavan los platos, el señor y la señora Van Daan se tumban en el diván, Peter, en el desván, papá, en el otro diván, Dussel también, y Ana a sus tareas.

Ahora comienza el horario más tranquilo. Cuando todos duermen, no hay perturbaciones. A juzgar por su cara, Dussel sueña con una buena comida, pero no me detengo a observarlo porque el tiempo corre y a las 4:00 ya tengo al doctor pedante con el reloj en la mano a mi lado, porque he ocupado un minuto de más la mesilla.

Tu Ana

Sábado 7 de agosto de 1943

Querida Kitty:
Empecé hace unas semanas a escribir un relato, algo que me inventé por completo, y me ha dado tanto gusto hacerlo que ya va formando una verdadera pila de papel mi producción literaria.

Tu Ana

Lunes 9 de agosto de 1943

Querida Kitty:
Continuaré con la descripción de la rutina diaria que tenemos en la Casa de atrás. Tras el almuerzo, ahora le toca a la comida.

El señor Van Daan: empecemos el baile con él. Es el primero y toma una porción generosa cuando la comida es de su gusto. Por lo general participa en la conversación, dando siempre su opinión, y cuando así sucede, no hay quien le haga cambiar de parecer, porque si alguien lo contradice, se pone bastante violento. Es capaz de soltarte un resoplar como un gato, y es mejor evitarlo. Si te pasa una vez, te proteges para que no pase una segunda. Tiene opinión correcta, es el que más sabe de todo. De acuerdo, sabe mucho, pero también su presunción ha alcanzado un nivel muy alto.

La Señora: en realidad sería mejor no decir nada. Ciertos días, especialmente cuando está de mal humor, más vale no mirarla a la cara. De hecho, es ella la culpable de todas las discusiones, ¡pero no el tema! Todos prefieren no hablar de ello, pero pudiera decirse que ella es la iniciadora. Irritar es su actividad favorita. Irritar a la señora Frank y a Ana. Contra Margot y al señor Frank irritar no es tan fácil.

Pero volvamos a la mesa. La señora siempre recibe lo que le corresponde, aunque a veces piensa que no es así. Escoge para ella las patatas más pequeñas, el bocado más sabroso, lo más tierno de todo, esa es su consigna: "A los otros les tocará lo suyo, lo mejor para mí". (Exactamente de lo que acusa a Ana.). Lo segundo es hablar, siempre que haya alguien escuchando, le interese o no, eso al parecer le da igual. Seguramente, la señora Van Daan piensa que a todo el mundo le interesa lo que ella dice. Las sonrisas coquetas, el pretender saber de cualquier tema, el aconsejar y sentirse la madre de todos, se supone que dejan una buena impresión. Sin embargo, si uno mira más de cerca la pintura, lo horrible se nota en seguida. Primero, hacendosa, luego alegre, luego coqueta y a veces una cara bonita. Esa es Petronella van Daan.

El tercer comensal: no habla mucho. Por lo general, el joven Van Daan es muy callado y discreto. Por lo que respecta a su apetito: un pozo sin fondo; no se llena nunca. Aun después de la comida más sustanciosa, afirma sin inmutarse que podría comerse el doble.

En cuarto lugar está Margot: come como un ratoncito, no dice ni una palabra. Lo único que toma son frutas y verduras. "Consentida", en opinión de la señora. "Falta de aire y deporte", en nuestra opinión.

Luego está mamá: un buen apetito, una buena lengua. No da la impresión de ser ama de casa, como es el caso de la señora. ¿La diferencia? Bueno, la señora cocina y mamá limpia y lava.

En sexto y séptimo lugar: no diré mucho de papá y yo. El primero es el más modesto de toda la mesa. Siempre se fija si todos los demás ya tienen. No necesita nada, lo mejor es para los jóvenes. Es la bondad personificada, y a su lado se sienta el terremoto de la Casa de atrás.

Dussel: se sirve, no mira; come, no habla. Y cuando hay que hablar, que sea sobre la comida, así no hay controversia, sólo presunción. Devora raciones enormes y nunca dice que no: ni a las buenas ni a las poco frecuentes malas.

Los pantalones le llegan hasta el pecho, chaqueta roja, zapatillas negras de charol y gafas de concha: así se le puede ver frente a la mesilla, eternamente atareado, no avanzando nunca, interrumpiendo su labor sólo para dormirse su siestecita, comer y (su favorito) ir al retrete. Tres, cuatro, cinco veces al día hay alguien impaciente delante de la puerta, conteniéndose, balanceándose de una pierna a otra, casi sin aguantar más. ¿Se da por enterado? En absoluto. De las 7:15 a las 7:30, de las 12:00 a las 13:00, de las 14:00 a las 14:15, de las 16:00 a las 16:15, de las 18:00 a las 18:15 y de las 23:30 a las 24:00. Es como para apuntárselo, porque son sus "horas fijas de sesión", de las que no se aparta, ni se perturba por la voz implorante al otro lado de la puerta, que presagia una inminente calamidad.

La novena: no es miembro de la familia de la Casa de atrás, pero sí es una vecina y comensal. Bep tiene un buen apetito. No deja nada, no es quisquillosa. Todo lo come con gusto, y eso justamente nos da gusto a nosotros. Siempre alegre, entusiasta, bien dispuesta y bondadosa, esos son sus rasgos característicos.

Martes 10 de agosto de 1943

Querida Kitty:
¡Una nueva idea! En la mesa hablo más conmigo misma que con los demás, lo cual tiene dos ventajas. En primer lugar, todos son felices de que no esté charlando continuamente, y en segundo lugar, no necesito estar irritándome a causa de las opiniones de los otros. Mi propia opinión no me parece estúpida, y a otros sí, de modo que mejor me la guardo para mí. Aplico lo mismo con la comida que no me gusta: pongo el plato delante de mí, me imagino que es una comida deliciosa, la miro lo menos posible

y me la como sin darme cuenta. Por las mañanas, al levantarme —otra de esas cosas nada agradables—, salto de la cama y pienso: "Puedes volver a meterte en tu camita", camino hasta la ventana, quito los paneles de oscurecimiento, me quedo aspirando el aire fresco que entra por la rendija y me despierto por completo. Deshago la cama lo más rápido posible, para no poder caer en la tentación. ¿Sabes cómo lo llama mamá? "El arte de vivir". ¿No te parece una expresión divertida?

Desde hace una semana todos estamos un poco desorientados en cuanto a la hora, porque, al parecer, se han llevado nuestra querida y entrañable campana de la iglesia para fundirla, por lo que ya no sabemos ni de día ni de noche exactamente qué hora es. Espero que inventen algo que la reemplace y nos haga recordar a los del barrio un poco nuestra campana, como por ejemplo, un artefacto de estaño, de cobre o de lo que sea.

Adonde quiera que vaya, al piso de arriba o al de abajo, todo el mundo me admira los pies, que llevan un par de zapatos verdaderamente hermosos para los tiempos que corren. Miep los ha encontrado en una tienda por 27.50 florines. Color vino, de piel de ante y cuero y con un tacón bastante alto. Me siento como si anduviera con zancos y parezco mucho más alta de lo que soy.

Ayer tuve un día de mala suerte. Me pinché el pulgar derecho de la mano con la punta gruesa de una aguja. En consecuencia, Margot tuvo que pelar las patatas por mí (su lado bueno debía tener) y sólo pude escribir garabatos. Luego, con la cabeza me llevé por delante la puerta del armario y por poco me caigo, recibí una regañiza por hacer tanto ruido y no podía hacer correr el agua para mojarme la frente, por lo que ahora tengo un chichón gigantesco encima del ojo derecho. Para empeorarlo todo, me enganché el dedo pequeño del pie derecho en el extremo de la aspiradora. Me sangraba y me dolía, pero no tenía ni punto de comparación con mis otros males. Ahora lamento que haya sido así, porque ahora ando por ahí con el dedo del pie infectado, y tengo que ponerme basilicón, gasas, vendaje y no puedo ponerme mis preciosos zapatos.

Dussel nos ha puesto en peligro de muerte por enésima vez. Créase o no, Miep le trajo un libro prohibido, una diatriba contra Mussolini. En el camino la rozó una moto de la SS. Ella perdió los estribos, les gritó "¡desgraciados esclavistas!" y siguió pedaleando. No quiero ni pensar en lo que hubiera ocurrido si se la llevaban a la comisaría.

Tu Ana

La tarea del día en la comunidad: ¡pelar patatas!

Uno trae las hojas de periódico, otro los pelapapas (y se queda con lo mejor), el tercero las patatas y el cuarto el agua.

Dussel empieza. No siempre pela bien, pero lo hace sin parar, mirando de derecha a izquierda para ver si todos lo hacen como él. ¡No!

—Ana, ¡mira! Tomo el cuchillo en mi mano de esta manera y quito la cáscara de arriba abajo. ¡No! Así no... ¡así!

—A mí me parece más fácil así, señor Dussel —le digo tímidamente.

—Pero la mejor manera es ésta. Haz lo que te digo. Por supuesto, tú sabrás lo que haces, a mí no me importa.

Seguimos pelando. Miro con disimulo lo que está haciendo mi vecino. Sumido en sus pensamientos, menea la cabeza (por mi culpa, seguramente), pero permanece en silencio.

Después sigo pelando. Ahora miro brevemente hacia el otro lado, donde está sentado papá. Para papá, pelar patatas no es una tarea cualquiera, sino un trabajo minucioso. Cuando lee, frunce el ceño con gesto de gravedad, pero cuando ayuda a preparar patatas, judías u otras verduras, parece absorto en su tarea. Pone cara de pelar patatas y cuando tiene esta cara significa que entregará patatas peladas perfectamente.

Continúo con el trabajo y levanto un momento la mirada. Con eso me basta: la señora prueba si puede llamar la atención de Dussel. Primero lo mira un momento, Dussel se hace el desentendido. Luego le guiña el ojo, pero Dussel sigue trabajando. Después sonríe, pero Dussel no levanta la mirada. Entonces también mamá ríe, pero Dussel no hace caso. La señora no ha logrado nada, ahora tendrá que utilizar otros métodos. Se produce un silencio, y luego:

—Putti, pero, ¿por qué no te has puesto un delantal? Mañana tendré que quitarle las manchas al traje otra vez.

—No me estoy ensuciando.

Una vez más un silencio, y luego:

—Putti, ¿por qué no te sientas?

—Estoy bien así, prefiero estar de pie —pausa.

—¡Putti, fíjate cómo estás salpicando!

—Sí, mamita, tendré cuidado.

La señora saca otro tema de conversación:

—Dime, Putti, ¿por qué los ingleses no tiran bombas ahora?

—Porque hace muy mal tiempo, Kerli.

—Pero ayer hacía buen tiempo y tampoco salieron a volar.

—No hablemos más de ello.

—¿Por qué no? Además, una puede hablar del tema y expresar su opinión.

—No.

—¿Por qué no?

—Cállate, *mamichen*.

—El señor Frank responde siempre lo que le pregunta su esposa.

El señor lucha, este es su punto débil, no lo soporta, y la señora comienza de nuevo:

—¡La invasión nunca llegará!

El señor Van Daan se pone blanco; cuando lo nota, la señora se pone colorada, pero igual sigue:

—¡Esos ingleses no hacen nada!

La bomba explota.

—¡Cierra el pico un minuto, maldita sea!

Mamá casi no puede contener la risa, yo trato de no mirar.

La escena se repite casi a diario, salvo cuando los señores acaban de tener alguna disputa, porque entonces tanto él como ella no dicen palabra. Me mandan a buscar más patatas. Subo al desván, donde está Peter ocupado espulgando al gato. Levanta la mirada, el gato se da cuenta y zas... se escapa por la ventana, desapareciendo por la cuneta.

Peter dice una palabrota, yo me río y me marcho.

La libertad en la Casa de atrás

A las 5:30: Bep sube a concedernos la libertad vespertina. Enseguida comienza la marcha. Primero, suelo subir con Bep al piso donde le suelen dar por adelantado el postre que nosotros comeremos más tarde. En cuanto Bep se instala, la señora empieza a enumerar todos sus deseos:

—Ay, Bep, quisiera pedirte una cosita...

Bep me guiña el ojo; la señora no pierde oportunidad para comunicar sus deseos y ruegos a cualquier persona que suba a verla. Esta es, sin duda, una de las razones por las que a nadie le gusta demasiado subir a ese piso.

A las 5:45: se va Bep. Bajo dos pisos para ir a echar un vistazo. Primero la cocina, luego el despacho, y de ahí a la carbonera para ingeniar cómo abrirle a Mouschi.

Después de inspeccionar por todos lados, voy a parar al territorio de Kugler. Van Daan está revisando todos los cajones y archivadores, buscando la correspondencia del día. Peter va a buscar la llave del almacén y a Moffi. Pan carga con máquinas de escribir para llevarlas arriba. Margot se busca un lugar tranquilo para hacer su trabajo de oficina. La señora pone a calentar agua. Mamá baja las escaleras con una cacerola llena de patatas. Todo mundo sabe lo que tiene que hacer.

Al poco tiempo vuelve Peter del almacén. La primera pregunta es dónde está el pan: lo ha olvidado. Se encoge lo más posible delante de la puerta de la oficina principal y se arrastra a gatas hasta llegar al armario de acero, coge el pan y se va; al menos, eso es lo que quiere hacer, pero antes de percatarse de lo que ocurre, Mouschi le salta por encima y se mete debajo del escritorio.

Peter registra todas partes y por fin descubre al gato. Entra otra vez a gatas en la oficina y saca al animal de la cola. Mouschi suelta un gruñido, Peter suspira. ¿Qué es lo que ha conseguido? Ahora Mouschi se encuentra junto a la ventana y se lame, satisfecho de haber escapado de Peter. Ahora, Peter, como último recurso para atraer al animal, le tiende un trozo de pan. Sí, Mouschi lo sigue y se cierra la puerta.

He observado todo por la rendija de la puerta.

El señor Van Daan está enfadado, azota la puerta. Margot y yo nos miramos, pensamos lo mismo: seguro que se ha alterado por alguna estupidez de Kugler, y no considera a nuestra vecina, la compañía Keg.

Se oyen pasos en el pasillo. Dussel entra. Se dirige a la ventana con aire de propietario, husmea... tose, estornuda y vuelve a toser. Ha tenido mala suerte, es pimienta. Prosigue su camino hacia la oficina principal. Las cortinas están abiertas, lo que implica que no habrá papel de cartas. Desaparece con cara hosca.

Margot y yo volvemos a mirarnos.

—Tendrá que escribirle una hoja menos a su novia mañana —dice ella. Asiento con la cabeza.

De la escalera nos llega el ruido de un paso de elefante, es Dussel, que va a buscar consuelo en su lugar más entrañable. Seguimos trabajando. ¡Tic, tic, tic...! Tres golpes: ¡la hora de comer!

Lunes 23 de agosto de 1943

Cuando el reloj marca las 8:30...

Margot y mamá están nerviosas. "¡Shh, papá! ¡Silencio, Otto! ¡Shh, Pan! ¡Que ya son las 8:30! ¡Ven aquí, que no puedes dejar correr el agua! ¡Camina sin hacer ruido!". Una muestra de las exclamaciones dirigidas a papá en el cuarto de baño. A las 8:30 en punto tiene que estar de vuelta en la habitación. Ni una gota de agua, no usar el retrete, no andar, silencio absoluto. Mientras no está el personal de oficina en el almacén, los ruidos se oyen mucho más.

La puerta se abre a las 8:20 arriba, y al poco tiempo se oyen tres golpecitos en el suelo: la papilla para Ana. Trepo por las escaleras y recojo mi plato para perros.

De vuelta abajo, efectúo todo rápido, rápido: cepillarme el pelo, guardar el orinal, volver a colocar la cama en su sitio. ¡Callada! El reloj da la hora. La señora cambia de calzado, comienza a arrastrar los pies por la habitación en pantuflas; también el señor Charlie Chaplin se calza sus zapatillas; tranquilidad absoluta.

La escena ideal de familia llega a su punto más alto. Yo me pongo a leer o a estudiar, Margot también, al igual que papá y mamá. Papá está sentado (por supuesto, con Dickens y el diccionario) en el borde de la cama hundida y chirriante, que ni siquiera cuenta con colchones decentes. Dos colchonetas apiladas también sirven. "No me hacen falta, puedo prescindir de ellas", piensa.

Una vez sumido en la lectura se olvida de todo, sonríe de tanto en tanto, y a veces trata hacer leer algún cuento a mamá, que le contesta.

—¡Ahora no tengo tiempo!

Por un momento pone cara de decepción, pero luego sigue leyendo. Poco después, cuando otra vez encuentra algo divertido, trata otra vez:

—¡No puedes dejar de leer esto, mami!

Mamá está sentada en el catre, leyendo, cosiendo, tejiendo o estudiando, según lo que toque en ese momento. De repente se le ocurre algo, y no tarda en decir:

—Ana, ¿te acuerdas...? —o—: Margot, apunta esto...

Al rato vuelve la tranquilidad. Margot cierra su libro de un golpe, papá frunce el ceño y se le forma un arco muy gracioso, reaparece la arruga de la lectura y otra vez profundiza en el libro, mamá empieza a charlar con Margot, la curiosidad me hace escucharlas. Envolvemos a Pan en la conversación... ¡Las 9:00! ¡El desayuno!

Viernes 10 de septiembre de 1943

Querida Kitty:
Cada vez que te escribo ha pasado algo especial, pero la mayoría de las veces se trata de más cosas desagradables que agradables. Ahora, sin embargo, ha pasado algo hermoso.

La noche del miércoles 8 de septiembre nos sentamos a las 19:00 a escuchar la radio, y lo primero que oímos fue lo siguiente: "He aquí la mejor noticia de la guerra: ¡Italia se ha rendido incondicionalmente!". A las 20:15 empezó a transmitir Radio Orange: "Estimados oyentes: hace una hora y quince minutos, cuando estaba escrita la crónica del día, llegó a la redacción la maravillosa noticia de la rendición de Italia. ¡Les puedo asegurar que nunca antes he tirado mis papeles con tanto gusto a la basura!".

Fueron tocados "Dios salve al Rey", el himno inglés, el himno de Estados Unidos y "La internacional" rusa. Como siempre, Radio Orange levantaba los ánimos, sin ser demasiado optimista.

Los ingleses han desembarcado en Nápoles. El norte de Italia ha sido ocupado por los alemanes. El viernes 3 de septiembre se había firmado el armisticio, justo el día en que se produjo el desembarco de los ingleses en Italia. Los alemanes maldicen y despotrican en todos los periódicos contra Badoglio y el emperador italiano por traidores.

Sin embargo, también tenemos nuestras preocupaciones. Se trata del señor Kleiman. Como sabes, todos lo queremos mucho, anda siempre de buen humor, aunque siempre está enfermo, tiene muchos dolores y no puede comer ni andar mucho, él tiene una valentía admirable. "Si el señor Kleiman viene, sale el sol", ha dicho mamá hace poco, y tiene razón.

Deben internarlo en el hospital para una cirugía muy delicada de estómago y tendrá que permanecer allí por lo menos cuatro semanas. Tendrías que haber visto cómo se despidió de nosotros: como si fuera a ir de compras, tan normal.

Tu Ana

Jueves 16 de septiembre de 1943

Querida Kitty:
Aquí, la relación entre los habitantes de la Casa de atrás empeora cada día. En la mesa nadie se atreve a abrir la boca (salvo para introducir un bocado), por miedo a que lo que diga resulte hiriente o se malinterprete.

El señor Voskuijl nos visita de vez en cuando. Es una pena que esté tan malo. A su familia tampoco se la pone fácil, ya que anda siempre con la idea de: "¿Qué puedo hacer? Me moriré pronto de todos modos". Resulta fácil imaginar la atmósfera que debe reinar en el hogar de los Voskuijl, basta pensar en lo susceptibles que ya están aquí todos.

Todos los días tomo pastillas de valeriana contra la ansiedad y la depresión, pero esto no impide que al día siguiente me sienta más miserable. Poder reír alguna vez con gusto, eso me ayudaría más que 10 valerianas, pero la risa es algo de lo que casi nos hemos olvidado. A veces temo que de tanta seriedad, el rostro me quede rígido y que alrededor de la boca me salgan arrugas de severidad. Para los otros no va mejor; todos tienen malos presentimientos de la mole que se nos viene encima, el invierno.

Otro hecho nada alentador es que el mozo de almacén, Van Maaren, sospecha algo del edificio de atrás. A una persona con poco de cerebro le tiene que llamar la atención la cantidad de veces que Miep dice que va al laboratorio, Bep al archivo y Kleiman al almacén de Opekta, y que Kugler sostenga que la casa de atrás no pertenece a este edificio, sino al de lado.

No nos importaría lo que Van Maaren pudiera pensar del asunto, si no fuera porque tiene fama de ser poco fiable y porque es tremendamente curioso, y que las vagas explicaciones no lo dejan contento.

Un día, Kugler quiso ser en extremo cuidadoso: diez minutos antes del descanso del mediodía se puso el abrigo y se fue a la farmacia de la esquina. Cinco minutos más tarde estaba de vuelta, se deslizó como un ladrón por las escaleras y entró en nuestra casa. A la 1:15 quiso marcharse, pero en el descansillo se encontró con Bep, que le previno que Van Maaren estaba en la oficina. Kugler dio media vuelta y se quedó con nosotros hasta la 1:30. Luego, se quitó los zapatos, los sujetó con las manos y así, a pesar de su catarro, en calcetines fue hasta la puerta del desván de la casa de delante, bajó la escalera lenta y equilibradamente durante quince minutos para evitar cualquier crujido, y llegó a la oficina como si viniera de la calle.

Bep, se había librado un momento de Van Maaren, vino a buscar a Kugler a casa, pero él ya se había marchado hacía rato, y todavía andaba descalzo por las escaleras. ¿Qué habrá pensado la gente en la calle al ver al señor director calzándose a fuera? ¡Oh, el director en calcetines!

Tu Ana

Viernes 17 de septiembre de 1943

Querida Kitty:
¡Kleiman volvió! ¡Qué suerte! Todavía se ve un poco pálido, pero sale a vender con alegría la ropa para Van Daan.

Es muy desagradable que el dinero de los Van Daan se les haya acabado completamente. Los últimos 100 florines se han perdido en el almacén, lo que nos ha traído problemas. ¿Cómo es posible que un lunes por la mañana vayan a parar 100 florines al almacén? Las sospechas abundan. Entretanto, los 100 florines han volado. ¿Quién es el ladrón?

Pero te estaba hablando de la escasez de dinero. La señora no quiere desprenderse de ninguno de sus abrigos, vestidos ni zapatos; el traje del señor es difícil de vender, y la bicicleta de Peter ha vuelto de la subasta, ya que nadie la quiso comprar. No se sabe cómo acabará todo esto. Quiera o no, la señora tendrá que renunciar a su abrigo de piel. En su opinión, la empresa debería mantenernos a todos, eso es ridículo. En el piso de arriba, de nuevo, han armado una trifulca por este motivo, aunque ahora ya han entrado en la fase de reconciliación, con los respectivos "¡Ay, querido Putti!" y "¡Dulce Kerli!".

Me siento mareada por todos los insultos que han volado en esta honorable casa durante el último mes. Papá anda con los labios apretados, y cuando alguien lo llama se sobresalta, como si tuviera miedo de resolver un asunto difícil otra vez. Mamá tiene manchas rojas en las mejillas a causa de los nervios, Margot se queja del dolor de cabeza, Dussel no puede dormir, la señora se queja todo el día y yo misma no sé dónde tengo la cabeza. Con franqueza, a veces olvido con quién estamos reñidos o con quién ya hemos vuelto a hacer las paces.

Lo único que me distrae es estudiar, así que lo hago mucho.

Tu Ana

Miércoles 29 de septiembre de 1943

Querida Kitty:
La señora Van Daan hoy cumple años. Sólo le hemos regalado un frasco de mermelada y un cupón de racionamiento para comprar queso, carne y pan. También el marido, Dussel y el personal de la oficina le han regalado flores y alimentos exclusivamente. Después de todo, ¡los tiempos no dan para más!

A Bep le dio un ataque de nervios la semana pasada, debido a la cantidad de recados que le mandaban hacer. Diez veces al día le encargaban cosas, insistiendo en que lo hiciera rápido, en que volviera a salir o en que había traído alguna cosa equivocada. Cuando piensas en que ella tiene su trabajo de oficina, que Kleiman está enfermo, que Miep está resfriada en su casa, que ella misma se ha torcido el tobillo, que tiene mal de amores y en el hogar a un padre que se queja continuamente, te puedes imaginar cuál es su estado. La hemos consolado y le hemos dicho que, si nos dijera resuelta que no tiene tiempo, la lista de los recados se reduciría sola.

El sábado tuvimos un drama cuya intensidad ha superado todo. Empezó con los Van Daan y terminó en una disputa general y sollozos. Dussel se quejó ante mamá de que lo tratamos como a un paria, de que ninguno de nosotros es amable con él, de que él no nos ha hecho nada, y le dedicó una serie de dulces miradas; por fortuna, mamá no cayó. Le contestó que él nos había decepcionado mucho a todos y que más de una vez nos había causado disgustos. Dussel le prometió el cielo y las estrellas, pero como siempre, hasta ahora, sigue en las mismas.

Con los Van Daan el asunto va a acabar mal, lo veo venir. Papá está furioso porque nos engañan, esconden carne y productos similares. ¡Ay, qué desgracia se cuelga sobre nuestras cabezas! ¡Cuánto daría por no verme involucrada en todas estas escaramuzas! ¡Ojalá pudiera irme lejos! ¡Nos van a volver locos!

Tu Ana

Viernes 29 de octubre de 1943

Querida Kitty:
El señor Kleiman se ha tenido que retirar del trabajo nuevamente. Su estómago no lo deja tranquilo. Él mismo no sabe si la hemorragia ha parado. Nos vino a decir que se sentía mal y que se marchaba para su casa.

Aquí ha vuelto a haber fuertes disputas entre Van Daan y la señora. Esto sucedió: se les ha acabado el dinero. Quisieron vender un abrigo de invierno y un traje del señor, pero nadie quería comprarlos. El precio que pedían era demasiado alto.

Un día, hace ya un tiempo, Kleiman comentó algo sobre un peletero amigo. De ahí surgió la idea del señor de vender el abrigo de piel de su mujer. Es un abrigo de pieles de conejo que ya tiene 17 años. Le dieron 325 florines por él, una cantidad enorme. La señora quería quedarse con el dinero para poder comprarse ropa nueva después de la guerra, y no fue nada fácil convencerla de que ese dinero era más que necesario para los gastos de la casa.

Gritos, chillidos, golpes y palabrotas, no podrías ni imaginarlo. Daban miedo. Los de mi familia estábamos conteniendo la respiración, aguardando al pie de la escalera, listos para separar a los contrincantes en caso de ser necesario. Todas las peleas continuas, el llanto y nerviosismo provocan tantas tensiones y esfuerzos, que por las noches caigo en la cama llorando, dando gracias al cielo de que por fin tengo media hora para mí sola.

A mí me va bien, excepto porque no tengo ningún apetito. Una y otra vez escucho: "¡Qué mal aspecto tienes!". Debo admitir que hacen lo posible por mantenerme un poco fuerte, recurriendo a la dextrosa, el aceite de hígado de bacalao, a las tabletas de levadura y de calcio. Mis nervios no siempre consigo dominarlos, sobre todo los domingos que me siento tan infeliz. Los domingos reina en el ambiente de la casa un aire deprimente, aletargado y pesado; afuera no se oye ni el canto de un pájaro, un silencio mortal y sofocante envuelve todo, y esa pesadez se aferra a mí como si quisiera arrastrarme hasta los infiernos. A menudo, papá, mamá y Margot me son indiferentes y yo deambulo por las habitaciones, bajando y subiendo las escaleras, y me da la sensación de ser un pájaro al que le han arrancado las alas violentamente, y que en la más absoluta penumbra choca contra los barrotes de su estrecha jaula al querer volar. "¡Sal fuera, al aire, a reír!". Lo grito dentro de mí. Ni siquiera contesto. Me tumbo en uno de los divanes y duermo para acortar el tiempo, el silencio, y también el terrible miedo, porque es imposible matarlos.

Tu Ana

Miércoles 3 de noviembre de 1943

Querida Kitty:
Para proporcionarnos un poco de variedad y conocimientos, papá ha pedido un folleto informativo de los cursos por correspondencia de la institución Leiden. Margot ojeó el voluminoso librito como tres veces, sin encontrar algo a su gusto o presupuesto. Papá fue más rápido en decidirse, y quiso solicitar una clase de prueba de "Latín elemental". Dicho y hecho. La clase llegó, Margot se puso a estudiar con mucho entusiasmo y el cursillo, aunque caro, se encargó. Para mí es demasiado difícil, aunque me encantaría aprender latín.

Para que yo también empezara con algo nuevo, papá le pidió a Kleiman una Biblia para jóvenes, para que por fin me entere de algunas cosas del Nuevo Testamento.

—¿Le vas a regalar a Ana una biblia para Janucá? —preguntó Margot algo desconcertada.

—Sí... mmm, aunque creo que para San Nicolás será una ocasión más apropiada —contestó papá. Y es que Jesús y Janucá no tienen nada que ver.

Como se ha roto la aspiradora, todas las noches me toca cepillar la alfombra con un viejo cepillo. Cierro la ventana, enciendo la luz, también la estufa, y paso el escobón. "Esto no puede acabar bien —pensé ya la primera vez—. Seguro que habrá quejas". Y así fue: a mamá le dio dolor de cabeza a causa de las espesas nubes de polvo que quedaban flotando en la habitación, el nuevo diccionario de latín de Margot se cubrió de suciedad, y Pan se quejó de que el suelo no había cambiado en absoluto. Como dicen: "buen servicio y mal pagado".

La última consigna de la casa de atrás es que los domingos la estufa se encienda a las 7:30, y no a las 5:30 de la mañana, como antes. Creo que es arriesgado. ¿Qué van a pensar los vecinos de la fumarada de nuestra chimenea?

Lo mismo pasa con las cortinas. Desde que nos instalamos aquí, siempre han estado herméticamente cerradas. Pero a veces, alguno de los señores o alguna de las señoras no resiste mirar hacia fuera un momento. El efecto: una tormenta de reproches. La respuesta: "¡Pero si no lo ve nadie!". Así comienza y termina cada acto de descuido. Puede que nadie lo vea, lo escuche, le preste atención, es muy fácil decirlo, ¿pero será la verdad?

Las peleas han disminuido un poco últimamente, sólo Dussel está reñido con Van Daan. Cuando habla de la señora, no hace más que repetir las palabras "vaca idiota" o "morsa"; a su vez, la señora califica al estudioso infalible de "vieja solterona", "damisela susceptible", y así la lleva. El sartén le dice a la olla.

Tu Ana

Noche del lunes 8 de noviembre de 1943

Querida Kitty:
Si pudieras leer de forma consecutiva mi pila de cartas, seguramente notarías los distintos estados de ánimo en que fueron escritas. Yo misma lamen-

to que aquí, en la Casa de atrás, dependa tanto de los estados de ánimo. En verdad, no sólo a mí me pasa, nos pasa a todos. Cuando leo un libro que me ha impresionado, tengo que volver a ordenar bien toda mi cabeza antes de juntarme con los demás, de lo contrario podrían pensar que me ocurre algo extraño. Ahora mismo, estoy en un periodo depresivo como habrás notado. De verdad no sabría explicarte el porqué, pero creo que es mi cobardía, con la que tropiezo una y otra vez.

Esta noche, cuando Bep aún estaba con nosotros, se oyó un timbre fuerte, largo y penetrante. En ese momento me puse blanca, me vino dolor de estómago y taquicardia, y todo por la mieditis.

Por las noches, en sueños, me veo en un calabozo, sin papá y mamá. A veces deambulo por la calle, o nuestra Casa de atrás se quema, o nos vienen a recoger de noche y me escondo debajo de la cama, desesperada. Veo todo como si lo estuviera viviendo en carne propia. ¡Y encima tengo la sensación de que todo esto puede suceder en cualquier momento!

Miep dice a menudo que nos envidia porque tenemos paz, por la tranquilidad que tenemos. Puede ser, pero se olvida de nuestro enorme miedo.

No puede imaginarse que para nosotros el mundo nunca volverá a ser como era antes. Es cierto que a veces hablo de "después de la guerra", pero es como si hablara de un castillo en el aire, algo que nunca podrá ser realidad.

Nos veo a los ocho y a la Casa de atrás, como si fuéramos un trozo de cielo azul, rodeado de nubes de lluvia negras, muy negras. La isla redonda en la que nos encontramos aún es segura, pero las nubes se van acercando, y el anillo que nos separa del peligro inminente se estrecha cada vez más. Ya estamos tan rodeados de peligros y de oscuridad, que la desesperación por buscar una escapatoria nos hace tropezar unos con otros. Miramos hacia abajo, donde la gente está peleándose entre sí, miramos hacia arriba, donde todo está en calma y es hermoso, y entretanto estamos aislados por esa masa oscura, que nos impide ir hacia abajo o hacia arriba, que se cierne frente a nosotros como un muro infranqueable, que quiere aplastarnos, pero que aún no lo logra. No puedo hacer nada más que gritar e implorar: "¡Oh, anillo, anillo, ensánchate y ábrete, para que podamos salir!".

Tu Ana

Jueves 11 de noviembre de 1943

Querida Kitty:
Se me acaba de ocurrir un título adecuado para este capítulo:

Oda a el estilógrafo

In memoriam
El estilógrafo siempre había sido un bien muy preciado para mí; lo valoraba mucho, sobre todo por la punta gruesa que tenía, porque sólo con la punta gruesa de un estilógrafo sé hacer una letra realmente bonita. Él ha tenido una larga e interesante vida de estilógrafo, que pasaré a relatar brevemente.

Cuando tenía 9 años, mi estilógrafo me llegó en un paquete, envuelto en algodón, con la etiqueta "muestra sin valor", procedente de Aquisgrán, lugar donde reside mi abuela, la amable remitente. Yo estaba en cama con gripe, mientras el viento frío de febrero rugía alrededor de la casa. Este espléndido estilógrafo venía en un estuche de cuero rojo y fue mostrado a todas mis amigas el mismísimo día del obsequio. ¡Yo, Ana Frank, orgullosa propietaria de un estilógrafo!

Cuando tenía 10 años, me permitieron llevarlo al colegio, y para mi sorpresa, la profesora consintió que lo usara para escribir. A los 11 años, sin embargo, tuve que guardarlo, ya que la señorita del sexto curso sólo permitía que se usaran plumas y tinteros del colegio. Cuando cumplí los 12 y pasé al liceo judío, mi estilógrafo, para mayor gloria, fue a dar a un nuevo estuche, en el que también cabía un lápiz y que, además, parecía mucho más impresionante, ya que cerraba con cierre. A los 13 lo traje conmigo a la Casa de atrás, y juntos hemos recorrido innumerables diarios y otros escritos. El año en que cumplí los 14, fue el último que mi estilógrafo estuvo conmigo...

Fue un viernes por la tarde después de las 5:00; salí de mi habitación y quise sentarme a la mesa a escribir, pero me obligaron bruscamente Margot y papá a cederles el lugar para poder dedicarse a su clase de latín.

El estilógrafo quedó sobre la mesa, sin utilizar, su propietaria suspirando tuvo que contentarse con un pequeñísimo rincón de la mesa y se puso a pulir unos frijoles. "Pulir frijoles" significa aquí dentro limpiar los frijoles pintos enmohecidos. A las 5:45 me puse a barrer el suelo, y recogí la basura que, junto con los frijoles malos, tiré en la estufa, envuelta en un periódico. Se produjo una tremenda llamarada, y me puse contenta, porque el fuego estaba aletargado y se avivó.

Había vuelto la tranquilidad, los latinistas habían desaparecido y yo me senté a la mesa para volver a la escritura, pero por más que miré por todos lados, el estilógrafo no estaba por ningún lado. Busqué de nuevo, Margot también buscó, y mamá, y papá, y también Dussel, pero éste había desaparecido sin dejar huella.

—A lo mejor se cayó en la estufa, junto con los frijoles —pensó Margot.

—¡Oh, no! —le contesté.

Sin embargo, cuando mi estilógrafo aún no había aparecido por la noche, todos supusimos que se había quemado, sobre todo porque el celuloide arde muy bien. Mi triste presentimiento se confirmó cuando papá, a la mañana siguiente, al vaciar la estufa, encontró el clip con el que se sujeta un estilógrafo en medio de un montón de cenizas. De la plumilla de oro no encontramos el menor rastro.

—Debe de haberse adherido a alguna piedra al arder —opinó papá. El consuelo que me queda, aunque sea pequeño: mi estilógrafo ha sido incinerado, tal como quiero que hagan conmigo llegado el momento.

Tu Ana

Miércoles, 17 de noviembre de 1943

Querida Kitty:
Están ocurriendo hechos estremecedores. En casa de Bep hay difteria, por lo que debe evitar el contacto con nosotros durante seis semanas. Resulta muy molesto, tanto para la comida como para los recados, sin mencionar la falta que nos hace su compañía. Kleiman sigue postrado y lleva tres semanas ingiriendo sólo leche y finas papillas. Kugler está atareadísimo.

Los ejercicios de latín enviados por Margot vuelven corregidos por un profesor. Margot los envía usando el nombre de Bep. El profesor es muy agradable y además divertido. Debe estar contento de que le haya caído una alumna tan inteligente.

Dussel está totalmente confuso, y ninguno de nosotros sabe por qué. Comenzó todo con el hecho de que no abría la boca ni intercambiaba ni una sola palabra cuando estábamos arriba ni con el señor Van Daan ni con la señora. Todos nos dimos cuenta de esto. La situación continuó por días, y mamá aprovechó la ocasión para advertirle que, de seguir así, con seguridad, la señora podía llegar a hacerle la vida imposible. Dussel dijo que Van Daan había empezado con este silencio, y por lo tanto no tenía intención de romper el suyo. Debes saber que ayer fue 16 de noviembre, día en que cumplió un año de habitar la Casa de atrás. Mamá recibió un jarrón de flores en honor a la ocasión, pero la señora Van Daan, que había aludido a la fecha durante semanas en varias ocasiones, sin ocultar en lo más mínimo su opinión de que Dussel tendría que convidarnos algo, no le regaló nada. En vez de expresar de una buena vez su agradecimiento por la desinteresada acogida, no dijo ni una palabra. Y cuando la mañana del 16 le pregunté si debía darle la enhorabuena o el pésame, contestó que podía decirle cualquier cosa. Mamá, que quería hacer el noble papel de paloma de la paz, no avanzó ni un milímetro y al final la situación se mantuvo igual.

No exagero si te digo que al cerebro de Dussel se le va el avión. A menudo nos mofamos en silencio de su falta de memoria, opinión y juicio, y más de una vez nos reímos cuando transmite los mensajes que acaba de recibir, de forma totalmente tergiversada y mezclándolo todo. Por otra parte, ante cada reproche o acusación esgrime una bella promesa, que nunca logra cumplir. "¡... El espíritu del hombre es grande, pero es pequeño en sus obras!" (dice una conocida expresión).

Tu Ana

Sábado 27 de noviembre de 1943

Querida Kitty:
Anoche, antes de dormirme, se apareció ante mis ojos Hanneli de repente. La vi delante de mí, vestida con harapos, con el rostro hundido y demacrado. Tenía los ojos muy grandes y me miraba con tan triste y tanto reproche, que pude leer en sus ojos: "Oh, Ana, ¿por qué me has abandonado? ¡Ayúdame, oh, ayúdame, sálvame de este infierno!".

Y no puedo ayudarla, sólo puedo mirar cómo otras personas sufren y mueren, y qudarme de brazos cruzados, y sólo puedo pedirle a Dios que nos las devuelva. Qué ironía ver a Hanneli, nada menos que a Hanneli...

y comprendí. La juzgué mal, era yo demasiado niña para comprender sus problemas. Ella estaba muy encariñada con su amiga y era como si yo quisiera quitársela. ¡Cómo se habrá sentido la pobre! Hoy lo sé, ya conozco muy bien ese sentimiento. A veces, como un relámpago, veía cosas de su vida, para luego, de manera muy egoísta, volver a dedicarme a mis propios placeres y problemas.

Fui tan grosera, ¿cómo pude tratarla así? Y ahora me miraba con su cara pálida y sus ojos suplicantes, tan desamparada. ¡Ojalá pudiera ayudarla! ¡Oh, Dios mío! Yo tengo aquí todo lo que deseo, y por qué a ella la trata tan mal el cruel destino. Era tan piadosa como yo, o más, y quería hacer el bien, igual que yo; entonces, ¿por qué fui yo elegida para vivir y ella tal vez haya tenido que morir? ¿Qué diferencia había entre nosotras? ¿Por qué ahora estamos tan lejos una de otra?

A decir verdad, hacía meses, o casi un año, que la había olvidado. No del todo, pero tampoco la tenía presente con todas sus desgracias.

Ay, Hanneli, espero que vivas hasta el final de la guerra y vuelvas a reunirte con nosotros, entonces, pueda acogerte para compensarte por todas las injusticias que te he hecho.

Pero aunque vuelva y tenga las condiciones de ayudarla, no precisará mi ayuda tanto como ahora. ¿Pensará alguna vez en mí? ¿Qué sentirá?

Dios bendito, socórrela para que al menos no esté sola. ¡Si pudieras decirle que pienso en ella con amor y compasión, quizá eso le dé fuerzas para resistir!

Tengo que dejar de pensar en esto, no me llevará a ninguna parte. Siempre vuelvo a ver sus grandes ojos y ellos me persiguen. ¿Cuál es la fe de Hanneli en su interior? ¿Acaso es una que le han impuesto? No lo sé, nunca me he tomado la molestia de preguntárselo.

Hanneli, Hanneli, ojalá pudiera sacarte de donde estás, ojalá pudiera compartir contigo todas las cosas que disfruto. Es demasiado tarde. Ya no puedo ayudar ni remediar todo lo que he hecho mal. ¡Pero nunca la olvidaré y siempre rezaré por ella!

Tu Ana

Lunes 6 de diciembre de 1943

Querida Kitty:

Cuando el día de San Nicolás se acerca, sin quererlo, todos pensamos en la cesta, tan hermosamente decorada, del año pasado. Sobre todo, a mí me pareció horrible tener que omitirlo este año. Pensé por un largo tiempo hasta que encontré algo que nos hiciera reír mucho. Lo consulté con Pan, y la semana pasada pusimos manos a la obra para escribir un poema para cada uno de la familia.

El domingo por la noche a las 8:15 aparecimos en el piso de arriba llevando el gran canasto de la colada entre los dos, adornado con pequeñas figuras y cintas de papel cebolla de color rosa y celeste. El canasto estaba cubierto por un gran pedazo de papel color marrón, que llevaba una nota adherida. Todos estaban bastante sorprendidos. Cogí la nota y me puse a leer:

Prólogo:

> Nicolás también ha llegado este año y a la Casa dé atrás regalos ha traído. Lo sentimos, la celebración de este año no puede ser tan divertida como antaño, cuando todos creíamos que conservando el optimismo triunfaríamos, que la guerra acabaría y que sería posible festejar San Nicolás estando ya libres. Aun así, hoy lo queremos celebrar y aunque ya no queda nada para regalar podemos echar mano de un último recurso, mira, pues, en el zapato.

Cuando todos sacaron sus zapatos del canasto, hubo carcajada general. En cada uno de ellos había un paquetito envuelto en papel de estraza, con el nombre del propietario y un verso.

Tu Ana

Miércoles 22 de diciembre de 1943

Querida Kitty:
Una gripe resistente ha impedido que te escribiera antes. Es un suplicio caer enfermo aquí; si tosía me metía debajo de las sábanas y mantas lo más rápido posible y trataba de acallar mi garganta lo más que podía, lo que por lo general causaba que la picazón no se pasara y había que recurrir a la leche con miel, al azúcar o a las pastillas. Me da vértigo pensar en todas las curas por las que me hicieron pasar: sudar, compresas, paños húmedos y secos en el pecho, bebidas calientes, gargarismos, pinceladas de yodo,

reposo, almohada térmica, bolsas de agua caliente, limón exprimido y el termómetro cada dos horas. ¿Puede uno curarse con esta clase de métodos realmente?

Lo peor de todo me pareció cuando el señor Dussel comenzó a jugar al médico y apoyó su cabeza repleta de gomina en mi pecho desnudo para escuchar los sonidos interiores. No sólo me hacía muchísimas cosquillas su pelo, sino que me daba vergüenza, a pesar de que hace 30 años estudió para médico y tiene el título. ¿Por qué este tipo tenía que posar su cabeza sobre mi corazón? ¿Acaso se cree mi amante? Además, lo que pueda haber dentro, saludable o no, de todos modos, no lo escucharía. Debería lavarse las orejas, porque es bastante duro de oído. Pero basta ya de hablar de enfermedades. Ahora me siento como nueva, he crecido un centímetro, he aumentado un kilo de peso, estoy pálida y deseosa de ponerme a estudiar.

Ausnahmsweise[4] (la palabra es adecuada para expresar esto), nadie ha peleado con nadie, pero no creo que dure mucho, hace como seis meses que no disfrutábamos de esta paz hogareña.

Bep sigue separada de nosotros, pero nuestra hermanita no tardará en librarse de todos sus bacilos.

Por Navidad nos darán una ración extra de aceite, de dulces y de melaza. Para Janucá, Dussel les ha regalado a la señora Van Daan y a mamá un hermoso pastel, hecho por Miep a petición suya. Con todo el trabajo que tiene, encima ha tenido que hacer eso. A Margot y a mí nos ha regalado un broche, fabricado con una moneda de un céntimo lustrada y brillante. No te lo puedo describir, es sencillamente precioso.

Para Miep y Bep también tengo un detalle de Navidad. He guardado durante un mes el azúcar que era para echar en la papilla. Kleiman la ha usado para mandar hacer unos dulces para la Navidad.

El clima es lluvioso y nublado, la estufa apesta y la comida nos cae muy pesada a todos, lo que produce unos "truenos" tremendos por todos los rincones. Tregua en la guerra, humor de perros.

Tu Ana

4 Apartándose de la regla de no escribir en alemán usa la palabra. Se traduce como "excepcionalmente".

Viernes 24 de diciembre de 1943

Querida Kitty:
Ya te he escrito muchas veces con anterioridad, que los estados de ánimo tienden a afectarnos bastante aquí, y creo que este mal está aumentando mucho últimamente, sobre todo en mí.

Aquello de *Himmelhoch jauchzend, zu Tode betrübt*[5], es muy apropiado en mi caso. Me siento en júbilo cuando pienso en lo bien que estamos aquí, comparado con la suerte que corren otros chicos judíos, y el "morir de tristeza" se apodera de mí, por ejemplo, como cuando la señora Kleiman vino de visita y nos habló del club de *hockey* de Jopie, de sus paseos en canoa, del teatro y las tardes de té con sus amigas.

No creo que envidie lo de Jopie, pero lo que sí me da un deseo enorme es poder salir a divertirme otra vez y reírme hasta que me duela la panza. Sobre todo ahora, en invierno, con las fiestas de Navidad y Año Nuevo, estamos aquí encerrados como parias, aunque ya sé que no debo escribir estas palabras, porque parecería que soy una ingrata, pero no puedo guardármelo todo, y prefiero citar mis palabras iniciales: "El papel es paciente".

Cada vez que alguien viene de fuera, con el viento entre la ropa y el frío en el rostro, preferiría esconder la cabeza debajo de las sábanas para no pensar: ¿en qué momento se nos concederá volver a oler el aire puro? Pero como no me está permitido esconder la cabeza debajo de las sábanas, sino que, debo mantenerla firme y erguida, mis pensamientos vuelven a mí una y otra vez, innumerables veces.

Créeme, cuando llevas encerrada un año y medio, puede que algunos días no aguantes más; los sentimientos no se dejan ahuyentar sin importar si son justos o ingratos.

Andar en bicicleta, bailar, silbar, mirar el mundo, sentirme joven, saber que soy libre, eso es lo que anhelo, y sin embargo no debo demostrarlo, porque imagínate que todos empezáramos a lamentarnos o pusiéramos caras largas... ¿Adónde iríamos a parar? A veces me pregunto: ¿acaso alguien podría entenderme, ver más allá de esa ingratitud, más allá del ser o no ser judío, y ver en mí tan sólo a esa chica de 14 años, que tiene una inmensa necesidad de divertirse? No lo sé, y es algo de lo que no podría hablar con nadie, porque sé que me pondría a llorar. El llanto es capaz de proporcionar alivio, siempre y cuando haya alguien con quien llorar.

5 Cita de Goethe, "Del altísimo júbilo a morir de tristeza".

A pesar de todo, a pesar de las teorías y los esfuerzos, cada momento de cada día echo de menos tener una madre que me comprenda. Por eso, en todo lo que hago y escribo, me imagino el tipo de madre que me gustaría ser más adelante para mis hijos. La mamá que no se toma tan en serio las cosas que se dicen por ahí, pero que sí se toma en serio las cosas que digo yo. Me doy cuenta de que me resulta difícil describir lo que quiero decir, pero la palabra "mamá" ya lo dice todo. ¿Sabes que he encontrado una manera para llamar a mi madre usando una palabra parecida a "mamá"? A menudo la llamo Mansa, y de ahí se deriva Mans. Es como si dijésemos una mamá imperfecta, a la que me gustaría honrar cambiándole un poco más eliminando la "n". Por suerte, Mans no sabe nada de esto, porque no le haría ninguna gracia si lo supiera.

Por ahora, ya es suficiente. Mi "más profunda aflicción" se me ha pasado un poco al escribirte.

Tu Ana

Sábado 25 de diciembre de 1943

En estos días que pasó la Navidad, estoy siempre pensando en Pan y en lo que me dijo el año pasado. El año pasado, cuando no comprendí el significado de sus palabras tal como las comprendo ahora. ¡Si sólo hablara otra vez de ello, entonces yo sería capaz de mostrarle que entiendo!

Creo que Pan me ha hablado de ello porque, de tantos secretos íntimos de otros que guarda, también tenía que desahogarse alguna vez; porque Pan normalmente no dice nada de sí mismo, y no creo que Margot sospeche las cosas por las que ha pasado. Pobre Pan, yo no me creo que la haya olvidado. Nunca olvidará lo ocurrido. Se ha vuelto indulgente, porque también él ve los defectos de mamá. ¡Espero llegar a parecerme un poco a él, sin tener que pasar por lo que ha pasado!

Ana

Lunes 27 de diciembre de 1943

El viernes por la noche, por primera vez en mi vida, me regalaron algo por Navidad. Kleiman, Kugler y las chicas prepararon una espléndida sorpresa. Miep hizo un delicioso pastel de Navidad, llevaba escrito encima "Paz 1944". Bep nos trajo medio kilo de galletas de mantequilla de una calidad que ya no se ve desde que empezó la guerra.

Para Peter, para Margot y para mí hubo un tarro de yogur, y a los mayores les dieron una botellita de cerveza a cada uno. Todo venía envuelto en un papel muy bonito, con estampas pegadas en los distintos paquetes. Por lo demás, los días de Navidad han pasado rápido.

Ana

Miércoles 29 de diciembre de 1943

Querida Kitty:
Ayer por la noche me sentí muy triste de nuevo. La abuela y Hanneli volvieron a mi mente. Abuela, mi querida abuela, ¡qué poco nos dimos cuenta de lo que sufrió, qué buena fue siempre con nosotros, cuánto interés ponía en todo lo que a nosotros respecta! Y pensar que siempre guardó cuidadosamente el terrible secreto de su grave enfermedad.

¡Qué buena y leal fue siempre la abuela! Nunca habría dejado a ninguno de nosotros en la estaca. Hiciera lo que hiciera, cual traviesa fuera, la abuela siempre me perdonaba. Abuela, ¿me quisiste o acaso tampoco me comprendiste? No sé. ¡Qué sola se debe haber sentido la abuela, pese a que nos tenía a nosotros! Una persona puede sentirse sola a pesar del amor de muchos, porque para nadie es la "más querida".

¿Y Hanneli? ¿Sigue viva? ¿Qué estará haciendo? ¡Oh, querido Dios, protégela y haz que vuelva a estar con nosotros! Hanneli, en ti veo siempre el destino que podría haber sido mío, siempre me veo en tu lugar. ¿Por qué entonces estoy tan triste a menudo por lo que pasa aquí? ¿No debería estar siempre alegre, feliz y contenta, salvo cuando pienso en ella y en sus compañeros de infortunio? ¡Qué egoísta y cobarde soy! ¿Por qué sueño y pienso siempre en las peores cosas y quisiera gritar del terror que tengo? Porque a pesar de todo no confío lo suficientemente en Dios. Él me ha dado tantas cosas que yo todavía no merecía, y pese a ello, sigo haciendo tantas cosas mal.

Cuando uno piensa en sus semejantes, podría llorar; en realidad se podría llorar todo el día. Sólo le queda a uno rezar para que Dios quiera que ocurra un milagro y salve a algunos de ellos. ¡Espero estar haciendo lo suficiente!

Ana

Jueves 30 de diciembre de 1943

Querida Kitty:
Desde las últimas fuertes peleas, todo ha seguido bien, tanto entre nosotros, Dussel y los del piso de arriba, como entre el señor y la señora Van Daan. No obstante, nuevos y negros nubarrones se acercan, todo debido a... ¡la comida! A la señora se le ocurrió la desafortunada idea de freír menos patatas por la mañana y mejor guardarlas. Mamá y Dussel y hasta nosotros no estuvimos de acuerdo, por lo que ahora también hemos dividido las patatas. Pero ahora se está repartiendo de manera injusta la manteca, y mamá ha tenido que intervenir para poner orden. Si el desenlace resulta ser más o menos interesante, te lo relataré. En el transcurso de los últimos tiempos hemos dividido: la carne (ellos con grasa, nosotros sin grasa); ellos sopa, nosotros no; las papas (ellos peladas, nosotros no). Ello supone tener que comprar dos clases de papas, a lo que ahora se añaden las papas para freír.

¡Si tan sólo pudiéramos dividirlo todo por completo!

Tu Ana

P. D. Bep ha mandado hacer una postal de toda la familia real por encargo mío, en la que Juliana aparece muy joven, al igual que la reina. Las tres niñas son preciosas. Creo que Bep ha sido muy buena conmigo, ¿verdad?

Domingo 2 de enero de 1944

Querida Kitty:
Como no tenía nada que hacer esta mañana, me puse a hojear en mi diario y me topé varias veces con cartas que tratan el tema de "Mamá" con palabras tan vehementes, que me asusté y me pregunté: "Ana, ¿eres tú la que hablabas de odio? Oh, Ana, ¿cómo fuiste capaz de eso?".

Me quedé sentada con el diario abierto en la mano, y me puse a pensar en cómo había sido posible que estuviera tan furiosa y tan verdaderamente llena de odio, que tenía que confiártelo todo. He tratado de entender a la Ana de hace un año y de perdonarla, porque no tendré la conciencia tranquila mientras deje que sigas cargando con estas acusaciones, y sin que te haya explicado cómo fue que me puse así. He padecido y padezco estados de ánimo que (metafóricamente) me mantenían con la cabeza bajo el agua y que sólo me dejaban ver las cosas de manera subjetiva.

No me detuve a analizar tranquilamente las palabras de los demás, ni a reflexionar en mis acciones que hayan podido ofenderlos o lastimar por mi temperamento efervescente.

Me escondí en mí misma, sólo me he mirado a mí misma, y todas mis alegrías, burlas y aflicciones las he escrito en mi diario de modo imperturbable. Este diario tiene valor para mí, ya que a menudo se ha convertido en el libro de mis memorias, pero en muchas páginas ahora podría poner: "Pertenece al pasado".

Estaba furiosa con mamá, y a menudo lo sigo estando. Ella no me entendía, es cierto, pero yo tampoco la entendía a ella. Puesto que me quería, era cariñosa conmigo, pero también se vio envuelta en muchas situaciones desagradables por mi culpa, estaba nerviosa o irascible, por esto y muchas otras circunstancias tristes, es de entender que me reprendiera de esa manera.

Me lo tomaba demasiado en serio, me ofendía, me insolentaba y fui ingrata con ella, lo que a su vez la hacía sufrir. Era entonces, en realidad, un ir y venir de cosas desagradables y tristes. De ningún modo fue placentero, para ninguna de las dos, pero todo pasa. El que yo no quisiera verlo y tuviera mucha compasión por mí misma, es comprensible también.

Estas expresiones tan violentas son manifestaciones de una gran rabia, que en la vida normal dando un par de patadas en el suelo hubiera podido exteriorizar, encerrada en una habitación o despotricando contra mamá a sus espaldas.

La etapa en que condené a mamá entre lágrimas ha terminado; me he vuelto más prudente, y los nervios de mamá se han calmado. Por lo general me quedo con la boca cerrada cuando algo me irrita, y ella hace lo mismo, por lo que todo parece marchar mejor. Pero sentir un verdadero amor por mamá, el amor que siente un hijo es algo que no puedo.

Tranquilizo mi conciencia con la idea de que los insultos están mejor en el papel, y no que mamá tenga que llevarlos consigo en el corazón.

Tu Ana

Jueves 6 de enero de 1944

Querida Kitty:
Hoy debo confesarte dos cosas que llevarán bastante tiempo, pero tengo que contarle a alguien, y por supuesto lo mejor será que te lo cuente a ti, porque estoy segura que callarás siempre y bajo cualquier circunstancia.

La primera se refiere a mamá. Bien sabes que muchas veces me he quejado de ella, pero siempre me he esforzado por ser amable con ella. De repente me di cuenta por fin de cuál era la falla. Ella misma nos ha contado que nos ve más como amigas que como hijas. Eso es muy bonito, naturalmente, sin embargo, una amiga no puede ocupar el lugar de una madre. Quiero tomar a mi madre como modelo a seguir y respetarla; para mí, en la mayoría de los casos, mi madre es un ejemplo, pero a no seguir. Me da la impresión de que Margot piensa muy distinto a mí y que nunca entendería todas estas cosas. Y papá evita toda conversación que pueda tratar sobre mamá.

A una madre me la imagino como una mujer que sobre todo posee mucho tacto, en especial con hijos de nuestra edad, y no como Mansa, que se burla de mí cuando lloro, no a causa de algún dolor, sino por otras cosas.

Una cosa que puede parecerte insignificante, pero que nunca le he perdonado, fue un día en que tenía que ir al dentista. Mamá y Margot me acompañaron y coincidieron en que llevara la bicicleta. Cuando habíamos acabado del dentista y salimos a la calle, Margot y mamá muy felices me dijeron que iban a la cuidad a mirar o a comprar algo, no recuerdo exactamente qué. Por supuesto, yo quería ir con ellas, pero no me dejaron porque llevaba conmigo la bicicleta. Me dio tanta rabia, que los ojos se me llenaron de lágrimas, y Margot y mamá se echaron a reír. Me enfurecí, y en plena calle les saqué la lengua. Una viejecita que pasaba casualmente nos miró muy sorprendida. Monté mi bicicleta y me fui a casa, donde lloré un rato largo. Es extraño que de las innumerables heridas que mamá me ha causado, justo ésta vuelva a quemarme cuando pienso en lo enfadada que estaba.

La segunda es muy difícil de contar, porque se trata de mí misma. No soy mojigata, Kitty, pero cuando aquí a menudo se ponen a hablar con todo detalle sobre lo que hacen en el retrete, siento una sensación de repulsión en todo mi cuerpo.

Ayer leí un artículo de Sis Heyster sobre el sonrojo. Ella lo escribe como si se dirigiera a mí personalmente. Aunque yo no me sonrojo tan fácilmente, las otras cosas sí son precisas. Escribe más o menos que una chica, cuando entra en la pubertad, se vuelve muy callada y empieza a reflexionar acerca de las cosas milagrosas que ocurren en su cuerpo. También a mí me está ocurriendo eso, y por eso últimamente siento vergüenza frente a Margot, mamá y papá. Sin embargo, Margot, que es mucho más tímida que yo, no siente ninguna vergüenza.

Me parece muy milagroso lo que está ocurriendo en mí, y no sólo lo que es visible desde el exterior de mi cuerpo, sino también lo que se desarrolla en su interior. El hecho de que no hable con otros sobre mí y lo que me ocurre hace que lo haga conmigo misma. Cada vez que me viene la regla —lo que hasta ahora sólo ha ocurrido tres veces— me da la sensación de que, a pesar de todo el dolor, el malestar y la suciedad, guardo un dulce secreto y por eso, a pesar de las molestias y del fastidio, en cierto modo me alegro de sentir en mí ese secreto una vez más.

Sis Heyster escribe también que a esa edad las adolescentes son muy inseguras y empiezan a descubrir que son personas con ideas, pensamientos y costumbres propias. Como yo vine aquí cuando acababa de cumplir los 13 años, empecé a reflexionar sobre mí misma y a descubrir que era una persona independiente mucho antes. A veces, por las noches al meterme a la cama, siento un terrible impulso de palparme los pechos y de oír lo tranquilo y seguro que late mi corazón.

Inconscientemente, ya había tenido sensaciones similares antes de venir aquí, una vez en que me quedé a dormir en casa de Jacque y que no podía contener la curiosidad de conocer su cuerpo, que siempre me había ocultado, y que no había visto nunca. Le pregunté que si podíamos tocarnos mutuamente los pechos como prueba de nuestra amistad. Jacque se negó. También sentí una terrible necesidad de besarla, y lo hice. Cada vez que veo una figura femenina desnuda, por ejemplo, la Venus en el libro de historia de arte, me quedo extasiada contemplándola. A veces me parece de una belleza tan maravillosa y hermosa, que tengo que contenerme para que no se me salten las lágrimas. ¡Si tan sólo tuviera una amiga!

Jueves 6 de enero de 1944

Querida Kitty:
Mi deseo de hablar con alguien se ha vuelto tan grande, que de alguna manera muy extraña, a mi cabeza se le ocurrió escoger a Peter para ello. En las pocas ocasiones en las que entraba de día en la pequeña habitación de Peter, me parecía siempre un sitio muy acogedor, pero como Peter es tan modesto y nunca echaría a una persona de su habitación, aunque lo estuviera molestando, nunca me atreví a quedarme mucho tiempo, temiendo que mi visita le resultara aburrida. Yo estaba buscando la oportunidad de quedarme en su habitación sin que se diera cuenta, charlando, y esa ocasión se presentó ayer. Y es que a Peter le ha entrado de repente la manía

de resolver crucigramas, y ya no hace otra cosa durante el día. Me puse a ayudarle, y al poco tiempo estábamos sentados uno frente al otro en su escritorio, él en la silla y yo en el diván.

Tuve sentimientos muy extraños al mirar sus ojos azul oscuro, y ver lo cohibido que estaba por la inusual visita. Podía leer todo su interior, en su rostro vi aún ese desamparo y esa actitud de inseguridad, y al mismo tiempo un asomo de conciencia de su masculinidad. Vi su timidez y sentí que me derretía por dentro. Me hubiera gustado decirle: cuéntame de ti, mira más allá de mi exterior, parlanchín. Sin embargo, me di cuenta de que ese tipo de peticiones son más fáciles de pensar que de llevar a la práctica.

El tiempo transcurría y no pasaba nada, salvo que le conté lo que leí sobre el sonrojarse. Por supuesto que no le dije lo mismo que he escrito aquí, pero sí que con los años ganaría más seguridad.

Lloré en la cama esa noche. Lloré, y sin embargo nadie debía oírme. La idea de que debía suplicar los favores de Peter la encontré repulsiva. Una hace mucho para satisfacer sus deseos, como podrás apreciar, porque me propuse ir a sentarme más a menudo con él para hacer que, de alguna manera, se decidiera a hablar.

No vayas a creer que estoy enamorada de Peter, ¡nada de eso! Si los Van Daan hubieran tenido una niña en vez de un hijo varón, también habría intentado trabar amistad con ella. Esta mañana me desperté a eso de las 6:55 e inmediatamente recordé con exactitud lo que había soñado. Estaba sentada en una silla, y frente a mí estaba sentado Peter... Schiff. Estábamos hojeando un libro ilustrado por Mary Bos. Mi sueño era tan vívido que aún recuerdo en parte las ilustraciones. Pero eso no es todo, el sueño seguía. De repente, los ojos de Peter se cruzaron con los míos, y por un tiempo me detuve a mirar esos hermosos ojos de terciopelo marrón. Entonces, Peter me dijo susurrando:

—De haberlo sabido, habría ido a tu encuentro mucho antes.

Me volví bruscamente, porque sentía una emoción demasiado grande. Después sentí una mejilla suave, oh, frescura, rozando la mía, y todo era tan, tan bueno...

En ese momento me desperté, mientras aún sentía su mejilla contra la mía y sus ojos marrones mirándome en lo más profundo de mi corazón, tan profundo que él había podido leer allí dentro lo mucho que lo había amado y cuánto seguía amándolo. Una vez más, los ojos se me llenaron de lágrimas, y me sentí tan triste porque lo había perdido, pero al mismo tiempo feliz, porque sabía que Peter seguía siendo mi elegido.

Es curioso que a veces tenga estos sueños tan vívidos. La primera vez, una noche, vi a mi abuela paterna, Omi, de forma tan clara, que pude distinguir perfectamente su piel gruesa y suave, como de terciopelo. Luego se me apareció mi abuela materna, Oma, como si fuera mi ángel de la guarda, y luego Hanneli, que para mí simboliza la miseria que pasan todos mis amigos y todos los judíos; cuando rezo por ella, rezo por todos los judíos y por toda esa pobre gente.

Y ahora, Peter, mi querido Peter, que nunca antes se me ha aparecido tan claramente; no necesito una foto de él, así lo veo bien, muy bien.

Viernes 7 de enero de 1944

Querida Kitty:

¡Tonta de mí, que no me di cuenta en absoluto de que nunca te había contado la historia de mi gran amor!

Cuando era muy pequeña, pero ya iba al jardín de niños, mi simpatía recayó en Sally Kimmel. Su padre había muerto y vivía con su madre en casa de una tía. Un primo de Sally, Appy, era un chico esbelto, moreno y guapo que poco después parecía una estrella de cine y que cada vez despertaba más admiración que el bajito, rechoncho y gracioso de Sally. Algún tiempo anduvimos mucho juntos, aunque mi amor nunca fue correspondido, hasta que se cruzó en mi camino Peter Schiff y se apoderó de mí un amor infantil e impetuoso. Yo también le gustaba, y durante todo un verano fuimos inseparables. Todavía nos veo cogidos de la mano, en mis pensamientos, caminando por la calle, él con su traje de algodón blanco y yo con un vestido corto de verano. Al finalizar las vacaciones de verano, él pasó a primero de la secundaria y yo a sexto de primaria. Me pasaba a recoger al colegio o, al revés, yo a él.

Peter era una escultura de muchacho, alto, guapo, delgado, de aspecto serio, sereno e inteligente. Tenía el pelo oscuro y hermosos ojos cafés, mejillas bronceadas y la nariz respingada. Especialmente, me encantaba su sonrisa, que le daba un aire pícaro y travieso.

En las vacaciones de verano me fui afuera y cuando volví no encontré a Peter en su antigua dirección; se había mudado de casa y vivía con un muchacho mucho mayor que él. Al parecer, éste le hizo ver que yo no era más que una chiquilla tonta, y Peter me dejó. Yo lo amaba tanto que no quería ver la realidad hasta que llegó el día en que me di cuenta de que, si seguía detrás de él, me haría la mala fama de "busca hombres". Pasaron los años.

Peter salía con chicas de su edad y ya ni me saludaba. Empecé a ir al liceo judío, muchos chicos de mi grupo se enamoraron de mí, a mí eso me gustó, me sentí halagada, pero por lo demás no me hizo nada. Más adelante, Hello estuvo loco por mí, pero como ya te he dicho, nunca más me enamoré.

Hay un dicho: "El tiempo lo cura todo". Así me pasó a mí. Me imaginaba que había olvidado a Peter y que ya no me gustaba nada. Sin embargo, el recuerdo seguía tan latente en mí, que a veces me confesaba a mí misma que estaba celosa de las otras chicas, y que por eso él ya no me gustaba. Esta mañana me di cuenta que nada en mí ha cambiado; al contrario, mientras iba creciendo y madurando, mi amor creció en mí. Ahora puedo entender muy bien que Peter me viera como una chiquilla, pero de cualquier manera me hizo mucho daño que se olvidara de mí tan pronto. He visto su cara tan claramente delante de mí y ahora sé que nunca llevaré la imagen de otro chico grabada en mi mente de esa manera.

Además, hoy estoy del todo confundida. Esta mañana, cuando papá me besó, casi exclamé:

"¡Oh, sí sólo fueras Peter!". Todo me recuerda a él, y todo el día no hago más que repetir la frase: "¡Oh, Peter, querido, mi querido Peter...!".

¿Hay algo que pueda ayudarme? Sólo tengo que seguir viviendo y pedirle a Dios que, cuando salga de aquí, ponga a Peter en mi camino y que, mirándome a los ojos y leyendo mis sentimientos, me diga: "¡Ana, si lo hubiera sabido, me habría ido a tu lado hace tiempo!".

Papá me dijo una vez, cuando hablábamos de la sexualidad, que en ese momento yo no podía comprender lo que era el deseo, pero yo siempre supe que lo comprendía, y ahora lo comprendo del todo. ¡Nada es tan querido para mí como él, mi Peter!

Me vi en el espejo la cara, y ha cambiado tanto. Tengo una mirada bien despierta y profunda; mis mejillas, que durante semanas fueron una ruina, están teñidas de color de rosa; tengo la boca mucho menos tirante, tengo aspecto de ser feliz, y sin embargo tengo una expresión triste, y la sonrisa desaparece de mis labios de inmediato. No soy feliz, porque puedo imaginar que no estoy en los pensamientos de Peter, y, sin embargo, siento una y otra vez sus hermosos ojos clavados en mí, y su mejilla fresca y suave contra la mía...

¡Oh, Peter, Peter! ¿Cómo haré para desprenderme de tu imagen? ¿Habrá alguien que a tu lado no sea más que un reemplazo patético? Te amo tanto, que este amor ya no podía seguir creciendo en mi corazón, y debía salir a la luz y de repente se revela cuán grande es.

Hace una semana, hace un día, si me hubieras preguntado: ¿A cuál de tus amigos elegirías para casarte? Te habría contestado que a Sally, porque a su lado todo es paz, seguridad y armonía. Pero ahora me gustaría gritar: a Peter, porque a él lo amo con toda mi alma y a él me entrego con todo mi corazón. Pero sólo hay una cosa: quiero que me toque sólo la cara, no más.

En mis pensamientos estaba sentada con Peter en el desván de delante esta mañana, encima de unos maderos frente a la ventana, y después de una breve conversación, los dos empezamos a llorar. Y luego sentí su boca y su deliciosa mejilla. ¡Oh, Peter, ven a mí, piensa en mí, mi querido Peter!

Miércoles 12 de enero de 1944

Querida Kitty:
Desde hace 15 días Bep ha vuelto a la oficina, aunque a su hermana no la dejan ir al colegio hasta dentro de una semana. Ahora Bep ha estado dos días en cama con un resfriado muy fuerte. Miep y Jan no han venido dos días a causa de un malestar estomacal.

De momento me ha dado el impulso por el *ballet* y la danza y practico asiduamente todas las noches. Con una falda de color violeta claro de Mansa me he fabricado un traje de baile súper moderno. Tiene una cinta arriba que cierra a la altura del pecho y una cinta de seda rosa ondulada completa el conjunto. En vano he intentado transformar mis zapatos de deporte en verdaderas zapatillas de *ballet*.

Mis miembros rígidos van camino de recuperar su antigua flexibilidad. Un ejercicio que me encanta hacer es sentarme en el suelo y levantar las piernas en el aire cogiéndolas con las manos por los talones. Sólo que debo usar un cojín como soporte, de lo contrario mi pobre coxis se maltrata mucho.

Aquí están leyendo un libro titulado *Mañana sin nubes*. A mamá le pareció muy bueno porque describe muchos problemas de los jóvenes. Con cierta ironía pensé para mí: "sería bueno que primero se ocupara de sus propias jóvenes".

Creo que mamá piensa que Margot y yo tenemos la mejor relación con nuestros padres, y que nadie se preocupa más por la vida de sus hijos que ellos. Con seguridad entonces sólo se fija en Margot, porque creo que ella nunca tiene los mismos problemas o pensamientos que yo. De ningún modo quiero que mamá piense que para uno de sus retoños las cosas son totalmente distintas de lo que ella se imagina, porque se quedaría estupefacta y de todas formas no sabría de qué otra manera encarar el asunto; quisiera evitarle el dolor que ello le supondría, sobre todo porque sé que para mí todo seguiría igual. Mamá se da perfecta cuenta de que Margot la quiere mucho más que yo, pero cree que esto es temporal.

Margot se ha vuelto mucho más agradable, me parece muy distinta a como era antes. Ya no es tan arrogante y se está convirtiendo en una verdadera amiga. Ya no me considera una niñita a la que no es necesario tener en cuenta.

Me parece un fenómeno peculiar que a veces yo misma me vea como a través de los ojos de otra persona. Observo lo que le pasa a una tal Ana Frank con toda tranquilidad y me pongo a hojear en el libro de mi vida como si fuera ajeno.

Otrora, en mi casa, cuando no pensaba tanto, a veces me daba la sensación de no pertenecer a la misma familia que Mansa, Pan y Margot, y que siempre sería una extraña. Entonces, jugaba el papel de la huérfana como medio año, hasta que me reprochaba a mí misma, ya que era culpa mía el que me hiciera la víctima, pese a encontrarme tan bien en realidad. Luego, seguía un período en el que me obligaba a ser amable.

Todas las mañanas, cuando oía pasos en la escalera, esperaba que fuera mamá que venía a darme los buenos días, y yo la saludaba con gusto, porque de verdad me alegraba que me mirara con cariño. Entonces ella, a raíz de algún comentario, me soltaba un bufido y yo me iba al colegio bastante desanimada. En el camino de vuelta a casa la perdonaba, pensaba que tenía sus preocupaciones, llegaba a casa alegre, hablando hasta por los codos, hasta que se repetía lo ocurrido por la mañana y yo salía de casa con la cara apesadumbrada. A veces me proponía seguir enfadada, pero al volver del colegio tenía tantas cosas que contar, que se me olvidaba lo que me había propuesto y mamá no tenía más remedio que prestar atención a los relatos de mis andanzas. Hasta que de nuevo por la mañana no me ponía a escuchar los pasos en la escalera, me sentía sola y por las noches bañaba de lágrimas la almohada.

Aquí todo se ha vuelto mucho peor; ya lo sabes. Pero ahora Dios me ha enviado una ayuda: Peter. Agarro mi colgante, lo palpo, le estampo un beso y pienso en que nada han de importarme las cosas, porque Peter está conmigo y sólo yo lo sé. Así podré soportar cualquier grito. ¿Sospechará alguien aquí todo lo que le puede pasar por la mente de una adolescente?

Sábado 15 de enero de 1944

Mi querida Kitty:
No tiene objeto que te describa una y otra vez hasta el último detalle nuestras peleas y conflictos. Es suficiente si te cuento que hay muchas cosas hemos dividido, como la manteca y la carne, y que comemos nuestras propias patatas fritas. Desde hace algún tiempo que comemos un poco de pan de centeno extra, porque a eso de las 4:00 ya estábamos impacientes que llegara la hora de la comida y casi no podíamos controlar los gruñidos de nuestros estómagos.

Se acerca el cumpleaños de mamá. Kugler le regaló azúcar adicional, motivo de celos para los Van Daan, porque la señora no recibió ningún regalo en su cumpleaños. Para qué aburrirte con palabras duras, llantos y conversaciones acres; basta con que sepas que a nosotros nos aburren aún más.

Mamá ha manifestado el deseo, por ahora irrealizable, de no tener que verle la cara durante 15 días al señor Van Daan. Me pregunto si uno siempre acaba en querella con todas las personas con las que convive durante tanto tiempo. ¿O es que hemos tenido mala suerte? Si Dussel, mientras estamos a la mesa, se sirve la cuarta parte de la salsa que hay en la salsera, dejándonos a todos los demás sin salsa, así como así, a mí se me quita el apetito, y luego me gustaría de un salto abalanzarme sobre él y echarlo fuera a empujones.

¿Acaso la mayoría de la gente es tan tremendamente egoísta y mezquina? Creo es bueno que aquí haya adquirido algo de conocimiento de la naturaleza humana, pero me parece que ya fue suficiente. Peter dice lo mismo.

A la guerra no le importan nuestras rencillas o nuestros deseos de aire y libertad, y por eso tenemos que tratar que sea lo más placentera posible nuestra estancia aquí.

Estoy sermoneando, pero creo que, si sigo mucho más tiempo aquí encerrada, me convertiré en una vieja avinagrada. ¡Me gustaría seguir comportándome como una chica de verdad!

Tu Ana

Noche del miércoles 19 de enero de 1944

Querida Kitty:
Yo (de nuevo este fallo) no sé lo que ha pasado, cuando despierto después de un sueño, me doy cuenta de que estoy cambiada. Por cierto,

anoche soñé nuevamente con Peter y volví a ver su mirada penetrante, pero este sueño no era tan vívido ni tan hermoso como los anteriores.

Tú sabes que yo siempre he estado celosa de Margot en lo que respecta a papá. Pues bien, de eso ya no queda ni rastro. Eso sí, me sigue doliendo cuando papá se pone nervioso y me regaña injustamente, pero igualmente pienso: "Realmente no los puedo culpar. Hablan mucho de lo que piensan los niños y los jóvenes, pero no tienen ni idea".

Añoro más besos de papá o más pruebas de cariño. ¡Qué terrible soy, siempre ocupándome de mí misma! Yo que aspiro a ser buena y bondadosa, ¿no debería perdonarlos en primer lugar? Sí perdono a mamá, pero no puedo contenerme cuando se pone tan sarcástica y se ríe de mí una y otra vez.

Sé que estoy lejos de ser lo que debería. ¿Acaso llegaré a serlo?

Ana Frank

P. D. Papá me preguntó si te había contado acerca de la tarta. Es que a mamá para su cumpleaños los de la oficina le han regalado una verdadera tarta como las de antes de la guerra, de moca. Era realmente deliciosa. Pero tengo de momento tan poco espacio en mi mente para este tipo de cosas.

Sábado 22 de enero de 1944

Querida Kitty:
¿Podrías decirme por qué todo el mundo esconde con tanto recelo lo que tiene dentro de su corazón? ¿Por qué será que cuando estoy en compañía me comporto de manera muy diferente de lo que debería hacer? ¿Por qué se tienen tan poca confianza entre sí? Sí, ya sé, habrá alguna razón en ello, pero a veces me parece muy feo que, en ninguna parte, ni siquiera con los seres más queridos, una encuentre algo de confianza.

Me parece como si, desde aquella noche del sueño, me sintiera mayor, como si fuera una persona independiente. Te sorprenderá mucho que te diga que hasta los Van Daan han pasado a ocupar un lugar distinto para mí. De repente, todas esas discusiones y demás, no las miro con la misma predisposición que antes. ¿Por qué será que estoy tan cambiada? Bueno, ya ves, de repente pensé que, si mamá fuera distinta, una verdadera madre, nuestra relación también habría sido muy, pero muy distinta. Es cierto que la señora Van Daan no es una mujer demasiado agradable, aun así, pienso que la mitad de las peleas podrían haberse evitado si mamá no fuera una persona tan difícil de tratar cada vez que sale algún tema espinoso. Y es que la señora Van Daan tiene un lado bueno: con ella siempre se puede hablar. Pese a todo su egoísmo, su codicia y su hipocresía, es fácil convencerla de que ceda, mientras no se le irrite ni se le lleve la contraria. Esto no dura hasta la siguiente vez, pero si se es paciente, se puede volver a intentar y ver hasta dónde se consigue con ella.

Todos los conflictos relacionados con nuestra educación, con los mimos que recibimos, con la comida: todo, absolutamente todo habría dado un giro distinto si se hubieran encarado las cosas de manera abierta y amistosa, en lugar de ver siempre la peor cara.

Sé exactamente lo que dirías ahora, Kitty: "Pero Ana, ¿esas palabras son realmente tuyas? ¿De ti que has tenido que tragarte tantos reproches provenientes del piso de arriba? ¿De ti que has sido testigo de tantas injusticias?".

En efecto, sí vienen de mí. Quiero volver a examinarlo todo a fondo, y formar mi propia opinión, como dice el proverbio: "El fruto no cae lejos del árbol". Quiero analizar a los Van Daan y ver qué es lo verdadero y qué lo exagerado. Si yo también acabo decepcionada, podré seguirles los pasos a papá y mamá; de lo contrario, voy a tratar de disuadirlos de la idea equivocada que tienen, y si no resulta, mantendré de todos modos mi propia opinión y mi propio juicio. Aprovecharé todas las oportunidades para hablar abiertamente con la señora sobre muchos puntos controvertidos, y no tendré miedo de decir mi opinión neutral a pesar de mi fama de sabihonda. Tendré que callarme lo que vaya en contra de los míos, pero a partir de ahora, el chismorreo por mi parte pertenece al pasado, aunque eso no significa que dejaré de defenderlos contra quien sea. Hasta el momento, creía firmemente que toda la culpa de las peleas la tenían ellos, pero una parte de la culpa también la teníamos nosotros. Nosotros teníamos razón en lo que respecta a los temas, pero las personas razonables (¡y creemos que lo somos!) deberían tener un mejor criterio en cuanto a cómo tratar a los demás.

Espero haber adquirido una pizca de ese criterio y encontrar la oportunidad de aplicarlo bien.

Tu Ana

Lunes 24 de enero de 1944

Querida Kitty:
Me ha sucedido algo (aunque en realidad no debería hablar de *suceder*) que me parece muy disparatado.

Antes, en el colegio y en casa, se hablaba de los temas sexuales de manera misteriosa o repulsiva. Las palabras que hacían referencia al sexo se decían en voz baja, y si alguien no estaba enterado de algún asunto, a menudo se reían de él. Esto siempre me ha parecido extraño, y a menudo pensaba: ¿por qué estas cosas se comentan de manera misteriosa o desagradable? Pero como de todas formas no se podía cambiar nada al respecto, yo trataba de mantenerme alejada con la boca cerrada o les pedía información a mis amigas.

Cuando ya estaba enterada de bastantes cosas, mamá me dijo una vez:

—Ana, te voy a dar un buen consejo. Nunca hables del tema con los chicos y no contestes cuando ellos te hablen de él.

Todavía recuerdo mi respuesta exacta:

—¡No, por supuesto que no, cómo crees! Y no se dijo más.

Al principio de nuestra estancia en el escondite, papá a menudo me hablaba de cosas que prefería haber oído de boca de mamá, y supe el resto por los libros o por las conversaciones que oía.

En este sentido, Peter Van Daan nunca fue tan fastidioso como los chicos del colegio; al principio quizás alguna vez, pero nunca me cuestionó. Una vez la señora nos contó que nunca había hablado con Peter sobre esas cosas, y su marido tampoco. Al parecer no sabía de qué ni sobre qué se había informado Peter.

Ayer, cuando Margot, Peter y yo estábamos pelando papas, la conversación se encaminó hacia Moffi, el gato.

—Todavía no sabemos de qué sexo es Moffi, ¿verdad? —pregunté.

—Sí lo sabemos —contestó Peter—. Es macho.

Me eché a reír.

—Un hermoso macho que va a tener crías.

Peter y Margot también se rieron. Hace unos dos meses que Peter había comprobado que Moffi no tardaría en tener cría, porque el vientre se le estaba hinchando notablemente. Pero la hinchazón resultó ser fruto del gran número de huesecillos que robaba, y las crías no crecieron, y mucho menos nacieron.

Peter se vio obligado a sostener lo dicho:

—Si vienes conmigo lo verás por ti misma. Una vez, cuando estaba jugando con él, vi muy bien que era macho.

No pude contener mi curiosidad y fui con él al almacén. Pero no era la hora de recibir visitas de Moffi, y no se le veía por ninguna parte. Esperamos un rato, nos empezamos a congelar y volvimos a subir todas las escaleras.

Esa misma tarde, oí que Peter bajaba de nuevo. Reuní todo mi valor y recorrí sola el silencioso edificio y fui a parar al almacén. Peter jugaba con Moffi sobre la mesa de embalaje y justo lo estaba poniendo en la báscula para comprobar su peso.

—¿Hola! ¿Quieres echar un vistazo?

Sin preámbulos, levantó al animal, cogiéndolo por las patas y por la cabeza con destreza y manteniéndolo boca arriba comenzó la lección:

Este es el órgano sexual masculino, estos son unos pelitos sueltos y este su trasero.

El gato volvió a darse la vuelta y se quedó apoyado en sus cuatro patas blancas.

A cualquier otro chico que me hubiera señalado el "órgano sexual masculino", nunca le habría vuelto siquiera a mirar. Pero Peter siguió hablando con tanta naturalidad sobre este tema siempre tan embarazoso, sin ninguna mala intención, y al final me tranquilicé, y también me terminó pareciendo un tema normal. Jugamos con Moffi, nos divertimos, charlamos y finalmente nos encaminamos hacia la puerta del amplio almacén.

—¿Tú viste cómo castraron a Mouschi? —pregunté.

—Sí. Fue muy rápido. Por supuesto, anestesiaron al animal.

— ¿Le quitaron algo?

—No, el veterinario sólo corta el conducto deferente. Por fuera no se ve nada.

Me armé de valor, porque tan "normal" ya no me resultaba la conversación.

—Peter, los "genitales", tanto para el macho y para la hembra, también tienen un nombre más específico.

—Ya lo sé.

—El de las hembras se llama vagina, según sé, y el de los machos ya no lo recuerdo.

—Sí.

—Por cierto —añadí—, cómo puede uno saber estas palabras. Por lo general uno las descubre por casualidad.

—¿Por qué esperar? Se lo preguntaré a mis padres. Ellos saben más que yo y tienen más experiencia.

Ya nos encontrábamos en la escalera y me callé.

Ciertamente, nunca hubiera hablado de un modo tan normal con una chica del tema. También estoy segura de que mamá no se refería a esto cuando me prevenía de los chicos.

Aun así, anduve todo el día un poco desorientada; cada vez que recordaba nuestra conversación, me parecía algo curiosa. Pero he aprendido al menos algo: también hay jóvenes, y nada menos del sexo opuesto, que son capaces de conversar de forma natural y sin hacer bromas al respecto.

¿Peter realmente les preguntará a sus padres sobre esto? ¿Será en verdad como se mostró ayer? ¡Oh, qué sé yo!

Tu Ana

Viernes 28 de enero de 1944

Querida Kitty:
Últimamente he desarrollado una fuerte afición por los árboles genealógicos y las genealogías de las casas reales, una vez comenzada la investigación, siempre hay seguir escarbando en el pasado y así descubrir cada vez más las cosas interesantes.

Aunque soy muy diligente cuando se trata del estudio de mis asignaturas del colegio y ya puedo seguir bastante bien las audiciones de la radio inglesa, todavía me paso muchos domingos seleccionando y ordenando mi gran colección de estrellas de cine, que ya está adquiriendo proporciones bastante respetables. El señor Kugler me da una gran alegría todos los lunes, cuando me trae la revista *Cinema & Theater*. Los miembros menos mundanos de mis vecinos opinan que estos obsequios son un despilfarro; sin embargo, no dejan de sorprenderse por la exactitud con que recuerdo todos y cada uno de los nombres de los actores de una determinada película después de un año. Bep, que a menudo va con su novio al cine sus días libres, los sábados me dice el título de la película que piensa ir a ver, y yo le nombro de un tirón tanto la lista completa de los actores principales, como las críticas publicadas. No hace mucho, mamá dijo que más adelante no necesitaré ir al cine, porque los argumentos, los actores y las críticas ya los tendré en la cabeza.

Cada vez que aparezco con un nuevo peinado, todos me miran con cara de desaprobación, y puedo estar segura de que alguien me preguntará a qué estrella de cine estoy tratando de imitar. Si contesto que se trata de una creación personal, sólo me creen a medias. En cuanto al peinado, no dura más de media hora, porque después me canso tanto de oír los juicios de rechazo, que corro al cuarto de baño a restaurar mi habitual peinado de rizos.

Tu Ana

Viernes, 28 de enero de 1944

Querida Kitty:
Esta mañana me preguntaba si no te sientes como una vaca que siempre debe rumiar las mismas viejas noticias y que, harta de tan poca variedad de alimento, con el tiempo se pone a bostezar y anhela en secreto que Ana le presente algo nuevo.

Por desgracia, sé que las viejas historias ya deben fastidiarte, pero imagínate lo aburrida que estoy yo de tantas historias repetidas una y otra vez. Si la conversación durante la comida no trata de política o algún delicioso banquete, mamá o la señora no tardan en sacar a relucir sus largas historias sobre su juventud, o Dussel se pone a disertar sobre el amplio vestuario de su mujer, o sobre hermosos caballos de carrera, botes de remo que hacen agua, niños que saben nadar a los 4 años, dolores musculares o pacientes miedosos. Cuando alguno de los ocho abre la boca para contar algo, los otros siete ya saben cómo terminará la historia. Sabemos cómo terminan todos los chistes y quien los cuenta es el único que se ríe. Los comentarios de las antiguas amas de casa sobre los distintos lecheros, tenderos y carniceros ya nos parecen del año de la canica; en la mesa han sido alabados o criticados millones de veces. Es imposible que algo conserve su frescura o lozanía cuando se convierte en tema de conversación de la Casa de atrás.

Todo esto sería soportable si los adultos no tuvieran el hábito de repetir las historias contadas por Kleiman, Jan y Miep, adornándolas cada vez con sus propias fantasías, de modo que a menudo debo darme un pellizco a mí misma bajo la mesa, para contenerme y no indicarle al entusiasmado narrador el rumbo correcto.

Los niños pequeños, como Ana, bajo ninguna circunstancia, deben corregir a los mayores, sin importar los errores, falsedades o invenciones que surjan de su imaginación.

Un tema sobre el que a menudo hablan Kleiman y Jan es el escondimiento. Saben muy bien que padecemos si otra gente escondida o refugiada es encontrada y deportada por los alemanes, de la misma manera que nos alegramos cuando liberan a los prisioneros.

Escondidos y *ocultos* ahora son términos tan comunes, como era antes poner las zapatillas de papá delante de la estufa. En Holanda hay muchas organizaciones clandestinas, tales como "Holanda libre", que falsifican documentos de identidad, proporcionan ayuda económica a personas escondidas, preparan lugares para usar como escondite o dan trabajo a los jóvenes cristianos, y es admirable la labor noble y abnegada que realizan estas personas que, a riesgo de sus propias vidas, ayudan y salvan a otros.

El mejor ejemplo de ello, sin duda, son nuestros propios protectores, que nos han ayudado hasta ahora a sobrellevar nuestra situación y, según espero, nos conducirán a buen puerto; de lo contrario, compartirán el destino de aquellos que tratan de proteger. Nunca les hemos oído hablar, ni una palabra, de la carga que somos. Ninguno de ellos se ha quejado jamás del problema que representamos. Todos suben diariamente a visitarnos y hablan de negocios y política con los hombres, de comida y de los pesares de la guerra con las mujeres, y de libros y periódicos con los niños. En lo posible ponen buena cara, nos traen flores y regalos cuando celebramos algún cumpleaños o en los días de fiesta, y están siempre para nosotros. Esto es algo que nunca debemos olvidar: mientras otros muestran su heroísmo en la guerra o frente a los alemanes, nuestros protectores lo hacen con su buen ánimo y el afecto.

Las historias más absurdas circulan y, sin embargo, la mayoría son ciertas. Kleiman, por ejemplo, la semana pasada nos informó que en la provincia de Güeldres se ha jugado un partido de futbol entre un equipo formado exclusivamente por escondidos y otro por 11 policías nacionales. El ayuntamiento de Hilversum va a entregar a la población nuevas tarjetas de identificación para el racionamiento de alimentos, para que al gran número de escondidos también les toque su parte (las tarjetas con los cupones sólo podrán adquirirse mostrando la tarjeta de identificación o al precio de 60 florines cada una), las autoridades han citado a todos los escondidos de los alrededores a la misma hora para que puedan retirar sus tarjetas en una mesa aparte.

Pero hay que andarse con muchísimo cuidado para que semejantes osadías no lleguen a oídos alemanes.

Tu Ana

Domingo 30 de enero de 1944

Mi querida Kitty:
Hemos llegado al domingo de nuevo. Aunque ya no me parece un día tan horrible como antes, me sigue pareciendo bastante aburrido.

Todavía no he ido al almacén; quizá aún pueda ir más tarde. Anoche bajé yo sola en plena oscuridad después de haber estado allí con papá hace algunas noches. Estaba en el umbral de la escalera, con un montón de aviones alemanes sobrevolando la casa; sabía que era una persona por mí misma, y que no debía contar con la ayuda de los demás. Mi miedo desapareció, miré al cielo y confié en Dios.

Tengo una terrible necesidad de estar sola. Papá se da cuenta de que actúo diferente, pero no puedo contarle nada. Quisiera gritar todo el tiempo: "¡Déjame en paz, déjame sola!".

Quién sabe, tal vez algún día me dejarán más sola de lo que yo quiero...

Tu Ana

Jueves 3 de febrero de 1944

Querida Kitty:
El ambiente de invasión aumenta en todo el país cada día que pasa. Si estuvieras aquí, te impresionarían los preparativos igual que a mí, pero también te reirías de nosotros por tanto alboroto, y tal vez para nada.

Todos los periódicos no hacen más que escribir sobre la invasión y vuelven loca a la gente, publicando: "Si los ingleses llegan a desembarcar en Holanda, las autoridades alemanas utilizarán todos los medios para defender el país, incluso inundarlo si fuera necesario". Junto a esta noticia aparecen mapas en los que vienen marcadas las zonas potenciales de inundación, dado que gran parte de Amsterdam forma parte de éstas, la primera pregunta fue qué hacer si las calles de la ciudad se llenan con un metro de agua. Esta difícil pregunta originó las más variadas respuestas:

—Dado que caminar o montar en bicicleta será imposible, tendremos que vadear por el agua estancada.

—Desde luego que no, hay que tratar de nadar. Nos ponemos todos un gorro de baño y un bañador, y nadamos en lo posible bajo el agua, así nadie se dará cuenta de que somos judíos.

—¡Qué disparate! Ya quisiera yo ver nadando a las mujeres, con las ratas mordiéndoles los pies.

(Esto, por supuesto, lo dijo un hombre. ¡Ya veremos quién grita más fuerte cuando lo muerdan!)

—No podremos ni abandonar la casa. El almacén es tan inestable que con una inundación así, sin duda se desplomará.

—Bueno, basta de bromas. Tenemos que hacernos de un barquito.

—¿Para qué? Tengo una idea mucho mejor. Cada uno coge del ático una caja de las de lactosa y un cucharón para remar.

—Pues yo iré en zancos. Yo solía ser un campeón en mi juventud.

—Jan Gies no los necesita. Se sube a su mujer a la espalda y así Miep tendrá zancos propios.

Así que te habrás hecho una idea, ¿verdad Kitty? Toda esta conversación es muy divertida, pero la realidad será muy distinta. Y la segunda pregunta con respecto a la invasión era inevitable: ¿Qué hacer si los alemanes evacúan Amsterdam?

—Irnos con ellos, disfrazándonos lo mejor que podamos.

—¡No hay manera de poder salir a la calle! Lo único que nos resta es quedarnos aquí. Los alemanes son capaces de llevarse a toda la población a Alemania y dejar que se mueran.

—Por supuesto, nos quedaremos aquí. Es lo más seguro. Trataremos de convencer a Kleiman para que se instale aquí con su familia. Conseguiremos una bolsa de virutas de madera y así podremos dormir en el suelo. Que Miep y Kleiman vayan trayendo mantas. Encargaremos más cereal, aparte de los 30 kilos que tenemos. Que Jan trate de conseguir más legumbres; nos quedan unos 30 kilos de frijoles y 5 kilos de guisantes. Y no hay que olvidar las 50 latas de verdura.

—Mamá, ¿podrías contar el resto de los alimentos?

—10 latas de pescado, 40 de leche, 10 kilos de leche en polvo, 3 botellas de aceite, 4 tarros de mantequilla, 4 tarros de carne, 2 damajuanas de fresas, 2 de frambuesas y 2 de grosellas, 20 frascos de tomates, 5 kilos de avena en copos y 4 kilos de arroz. Eso es todo.

Nuestras reservas parecen suficientes, pero si tienes en cuenta que con ellas también tenemos que alimentar a las visitas y consumimos una parte cada semana, no son tantas como parecen. Carbón y leña queda bastante y también velas.

—Cosámonos unos bolsillos en nuestra ropa, para que en caso de necesidad podamos llevarnos el dinero.

—Haremos listas de lo que haya que llevar primero si debemos huir y, por lo pronto, a llenar las mochilas.

—Cuando llegue el momento pondremos dos guardias, uno en la buhardilla de delante y otro en la de atrás.

— Hey, ¿qué hacemos con tantos alimentos, si luego no conseguimos agua, gas ni electricidad?

—Entonces, tendemos que usar la estufa para guisar. Habrá que filtrar y hervir el agua. Limpiaremos unas damajuanas grandes para conservar agua en ellas. Además, para usar como depósito de agua nos quedan tres peroles para hacer conservas y una pileta.

—También tenemos medio quintal de papas de invierno en el almacén de las especias.

Durante todo el día escucho estos comentarios; que si habrá invasión, que si no habrá invasión. Discusiones sobre pasar hambre, morir, bombas, mangueras de incendio, sacos de dormir, identificaciones para judíos, gases tóxicos y así sucesivamente. Nada resulta demasiado alentador.

Un buen ejemplo de las claras advertencias de los señores de la casa es la siguiente conversación con Jan:

Casa de atrás: Tenemos miedo de que los alemanes, cuando emprendan la retirada, se lleven consigo a toda la población.

Jan: Imposible. No tienen suficientes trenes.

Casa de atrás: ¿Trenes? ¿Se piensa usted que van a meter a los civiles en un tren? ¡Por supuesto que no! A pie es lo único que les quedará. (El *pedes apostolorum*, como Dussel siempre dice.)

Jan: No creo. Lo ve usted todo demasiado negro. ¿Qué interés podrían tener los alemanes en llevarse a todos los civiles?

Casa de atrás: ¿Acaso no sabe lo que ha dicho Goebbels?: "Si tenemos que dimitir, a nuestras espaldas cerraremos las puertas de todos los territorios ocupados".

Jan: Se han dicho muchas cosas.

Casa de atrás: ¿Usted cree que los alemanes son demasiado nobles o humanitarios como para hacer algo así? Lo que piensan los alemanes es: "Si nos hundimos, todos los que estén al alcance de nuestro poder se hundirán también".

Jan: Usted dirá lo que quiera, yo eso no me lo creo.

Casa de atrás: Siempre la misma cantaleta. Nadie quiere ver el peligro hasta que no lo siente en su propio pellejo.

Jan: No sabe usted nada a ciencia cierta. Todo son absolutas y meras suposiciones.

Casa de atrás: Pero si ya lo hemos vivido todo en nuestra propia carne, primero en Alemania y ahora aquí. ¿Y en Rusia qué sucede?

Jan: Si dejamos fuera a los judíos, no creo que nadie sepa lo que está pasando en Rusia. Los ingleses como los rusos exagerarán con fines de propaganda, al igual que los alemanes.

Casa de atrás: No existe ninguna duda. La radio inglesa siempre ha dicho la verdad. Y suponiendo que las noticias sean exageradas en 10 por ciento, los hechos siguen siendo horribles, porque no puede negar que es un hecho que en Polonia y en Rusia están asesinando a millones de personas pacíficas o enviándolas a la cámara de gas, sin más ni más.

El resto de nuestras conversaciones me las reservaré. Me mantengo tranquila y no me importan estas cuestiones. He llegado al punto en que morir o vivir me da igual. La Tierra continuará girando sin mí, y de cualquier forma no puedo oponer ninguna resistencia a los acontecimientos. Que sea lo que haya de ser, y por lo demás seguiré estudiando y esperando que todo acabe bien.

Tu Ana

Martes 8 de febrero de 1944

Querida Kitty:

¿Cómo me siento? No sabría decirte. Hay momentos en que anhelo la tranquilidad, y otros un poco de alegría. Reír es algo que aquí ya no pasa, quiero decir a reírnos de verdad, hasta no poder más. Lo que sí me dio esta mañana fue la risa tonta, ya sabes, como la que a veces te da en el colegio. Margot y yo nos estuvimos riendo como dos verdaderas bobas. Anoche nos volvió a pasar algo con mamá. Margot se había enrollado en su manta de lana, y de repente saltó de la cama y se puso a mirar la manta minuciosamente: ¡en la manta había un alfiler! La había remendado mamá. Papá meneó la cabeza de manera elocuente y dijo algo sobre lo descuidada que era. Al poco tiempo volvió mamá del cuarto de baño y yo le dije medio en broma:

—¡Mira que eres una madre desnaturalizada!

Naturalmente, me preguntó por qué y le contamos lo del alfiler. De inmediato puso una cara de lo más altiva y me dijo:

—¡Y precisamente tú hablando de descuidos! ¡Cuando coses tú, dejas el suelo cubierto de alfileres! Mira. ¡Dejas el estuche de la manicura tirado por ahí, como ahora!

Le dije que yo no había usado el estuche de la manicura, y entonces intervino Margot, que era la culpable.

Mamá siguió hablándome de descuidos y desórdenes, hasta que me harté y le dije, de manera bastante brusca:

—¡Si ni siquiera he sido yo la que ha dicho que eras descuidada! ¡Siempre me echas la culpa a mí de lo que hacen otros!

Mamá no dijo nada, y menos de un minuto después me vi obligada a darle el beso de las buenas noches. El incidente quizá no tenga importancia, pero a mí me irrita todo.

Ana Mary Frank.

Sábado 12 de febrero de 1944

Querida Kitty:
El sol brilla, el cielo está de un azul profundo, sopla una brisa gloriosa y yo tengo unos enormes deseos de todo... Deseos de hablar, de ser libre, de ver a mis amigos, de estar sola. Añoro... llorar. Siento como si estuviera a punto de explotar, y sé que llorar me aliviaría. Pero no puedo. Estoy intranquila, voy de una habitación a la otra, respiro por la rendija de una ventana cerrada, siento que mi corazón palpita como si me dijera: ¡Cuándo cumplirás por fin mis deseos!".

Creo que siento en mí la primavera, siento el despertar de la primavera, lo siento en el cuerpo y en el alma. Tengo que reponerme y comportarme de manera normal, estoy totalmente confusa, no sé qué leer, qué escribir, qué hacer, sólo sé que ardo en deseos...

Tu Ana

Lunes 14 de febrero de 1944

Querida Kitty:
Para mí muchas cosas han cambiado. Lo que pasa es que sentía en mí un gran deseo (y lo sigo sintiendo), pero... una pequeña, muy pequeña parte ha sido resuelta.

El domingo por la mañana me di cuenta (y dicho con sinceridad, para mi gran alegría) de que Peter me miraba de una manera un tanto peculiar, muy distinta de la habitual, no sé, no puedo explicártelo, pero de repente me dio la sensación de que no estaba tan enamorado de Margot como yo pensaba. Durante todo el día me esforcé en no mirarlo mucho, porque si lo hacía él también me miraba siempre, y entonces... bueno, entonces eso me producía una sensación muy agradable dentro de mí, que era preferible no sentir demasiado a menudo.

Por la noche estaban todos sentados alrededor de la radio, menos Pan y yo, escuchando "Música inmortal de compositores alemanes". Dussel no dejaba de tocar los botones del aparato, lo que exasperaba a Peter y también a los demás. Después de media hora de nervios reprimidos, Peter le preguntó, un tanto irritado, si sintonizaría la radio. Dussel le contestó de lo más arrogante:

—Lo haré, ya pronto.

Peter se enfadó, se insolentó, el señor Van Daan le dio la razón y Dussel tuvo que ceder. Eso fue todo.

El evento en sí no tuvo demasiada trascendencia, pero Peter se lo tomó muy a pecho por lo visto; lo cierto es que esta mañana, cuando estaba yo en el desván, buscando algo en el baúl de los libros, se me acercó y me contó toda la historia. Yo no sabía nada; Peter se dio cuenta de que había encontrado a una interlocutora interesada y atenta, y tomó vuelo.

—Sí, mira —me dijo—, yo nunca digo gran cosa, porque sé de antemano que se me va a trabar la lengua. Tartamudeo, me pongo colorado y lo que quiero decir me sale al revés, hasta que en un momento dado tengo que callarme porque ya no encuentro las palabras. Ayer me sentí de esa manera; quería decir algo completamente distinto, pero cuando empecé, me hice un lío y eso es terrible. Solía tener un mal hábito, que preferiría aplicar aún: cuando me enfadaba con alguien, prefería darle unos buenos puñetazos antes que ponerme a discutir con él. Ya sé que no lleva a ninguna parte este método, y por eso te admiro. Tú al menos no te lías al hablar, le dices a la gente lo que le tienes que decir y no eres tímida en lo más mínimo.

—Te equivocas en demasía —le contesté—. Digo en la mayoría de los casos algo completamente diferente de lo que había planeado, y entonces hablo demasiado y durante mucho tiempo, y eso es un error igual de terrible.

—Tal vez, pero tienes la gran ventaja de que nunca se te nota que eres tímida. No cambias de color ni te inmutas.

Esta última frase me hizo reír para mis adentros, sin embargo, quería que siguiera hablando sobre sí mismo con tranquilidad; no hice notar la gracia que me causaba, me senté en el suelo sobre un cojín, abrazando mis rodillas levantadas, y lo miré con atención.

Estoy muy contenta de que a alguien en esta casa le den los mismos ataques de furia que a mí. Se notaba que a Peter le hacía bien poder criticar a Dussel duramente, sin temor a que me avergonzara. Y a mí también me hacía sentirme muy bien, porque notaba una fuerte sensación de solidaridad, algo que antes sólo había tenido con mis amigas.

Tu Ana

Martes 15 de febrero de 1944

Este pequeño roce con Dussel tuvo repercusiones, y todo por culpa suya. El lunes por la noche, Dussel se acercó con aire triunfal a mamá y le contó que, esa misma mañana, Peter le había preguntado cómo había pasado la noche, y había añadido que lamentaba lo ocurrido el domingo por la noche y que lo del exabrupto no había ido tan en serio. Entonces Dussel había tranquilizado a Peter, asegurándole que él tampoco se lo había tomado tan a mal. Todo parecía acabar ahí. Mamá me vino a mí con el cuento y yo, en secreto, me quedé muy sorprendida de que Peter, que estaba tan enfadado con Dussel, se hubiera rebajado de esa manera a pesar de todas sus afirmaciones.

No pude dejar de tantear a Peter al respecto, y por él me enteré en seguida de que Dussel había mentido. ¡Tendrías que haber visto la cara de Peter, era digna de fotografiar! Se reflejaba claramente la indignación por la mentira, la rabia, la indecisión, la agitación y muchas cosas más en su rostro.

Por la noche, el señor Van Daan y Peter echaron una reprimenda a Dussel, pero no debe haber sido tan terrible, porque Peter se sometió a tratamiento dental hoy.

En realidad, hubieran preferido no dirigirse la palabra.

Tu Ana

Miércoles 16 de febrero de 1944

Durante todo el día Peter y yo no nos hablamos, salvo unas pocas palabras sin importancia. Hacía demasiado frío para subir al desván, y además era el cumpleaños de Margot. A las 12:30 bajó a mirar los regalos y se quedó charlando mucho más tiempo de lo necesario, lo que nunca habría hecho en otras circunstancias. Pero por la tarde llegó la oportunidad. Como yo quería agasajarla, aunque sólo fuera una vez al año, fui a buscar el café y luego las papas. Tuve que entrar en la habitación de Peter, él de inmediato quitó sus papeles de la escalera y le pregunté si debía cerrar la trampilla del ático.

—Sí —respondió—, hazlo. Cuando vuelvas, da unos golpecitos para que te abra.

Le di las gracias, subí al desván y estuve como 10 minutos escogiendo las papas más pequeñas del tonel. Luego me empezó a doler la espalda y me entró frío. Por supuesto que no llamé, sino que abrí yo misma la trampilla, pero Peter se acercó muy servicial, me tendió la mano y me cogió la olla.

—He buscado un buen rato, pero no he encontrado más pequeñas que éstas.

—¿Has mirado en el tonel?

—Sí, lo he revuelto todo de arriba abajo.

Entretanto, yo ya había llegado al pie de la escalera y él estaba examinando detenidamente el contenido de la olla que aún tenía en sus manos.

—¡Pero si están muy bien! —dijo.

Y cuando cogí nuevamente la olla, añadió:

—¡Mis felicitaciones!

Me miró de una manera tan cálida y tierna, que también a mí me dio una sensación muy cálida y tierna por dentro. Se notaba que me quería hacer un cumplido, y como no era capaz de hacer grandes elogios, lo expresó con sus ojos. Lo entendí bien y le estuve muy agradecida. ¡Aún ahora me pongo contenta cuando me acuerdo de esas palabras y de esa mirada! Cuando bajé, mamá dijo que había que subir a buscar más papas, esta vez para la cena. Me ofrecí gustosamente a subir otra vez al desván. Cuando entré en la habitación de Peter, me disculpé por tener que molestarlo de nuevo. Se levantó, se puso entre la escalera y la pared, me tomó del brazo cuando yo ya estaba subiendo la escalera, e insistió en que no siguiera.

—Yo voy —dijo— tengo que subir de todos modos.

Pero le respondí que de veras no hacía falta y que esta vez no tenía que buscar papas pequeñas. Se convenció y me soltó el brazo. Cuando regresé, me abrió la trampilla y volvió a tomar la olla. Junto a la puerta le pregunté:

—¿Qué estás haciendo?

—Estudiando francés —fue su respuesta.

Le pregunté si podía echar un vistazo a lo que estaba estudiando, me lavé las manos y me senté frente a él en el diván.

Después de explicarle una cosa de francés, pronto nos pusimos a charlar. Me contó que más adelante le gustaría irse a las Indias Neerlandesas a vivir en las plantaciones. Me habló de su vida en casa de sus padres, del mercado negro y de que se sentía un bueno para nada. Le dije que me parecía que tenía un fuerte sentimiento de inferioridad. Me habló de la guerra, de que los ingleses y los rusos seguro que volverían a entrar en guerra, y me habló de los judíos. Dijo que todo le habría resultado mucho más fácil de haber sido cristiano, y de poder serlo una vez terminada la guerra. Le pregunté si quería que lo bautizaran, pero tampoco ese era el caso. De todos modos, no podía sentir como un cristiano, dijo, pero después de la guerra nadie sabría si él era cristiano o judío. Sentí como si me clavaran un puñal en el corazón. Lamento tanto que conserve dentro de sí un resto de insinceridad.

Y agregó:

—Los judíos siempre han sido el pueblo elegido y nunca dejarán de serlo.

Le respondí:

—¡Sólo espero que lo sean para bien!

Pero por lo demás estuvimos conversando muy amenamente sobre papá, sobre tener mundo y sobre un montón de cosas, ya no recuerdo bien cuáles.

Hasta las 5:15 salí de ahí, porque llegó Bep.

Por la noche todavía me dijo una cosa que me gustó. Hablábamos algo sobre una estrella de cine que yo le había regalado y que lleva colgada en su habitación por lo menos año y medio. Dijo que le gustaba mucho, y le ofrecí darle otras.

—No —me contestó—, prefiero dejarlo así. Éstas que tengo aquí, las miro todos los días y nos hemos convertido en amigos.

Entiendo mucho mejor el por qué Peter siempre abraza tan fuerte a Mouschi. Él también, por supuesto, tiene necesidad de afecto. Se me olvidaba contarte algo que dijo: "No, no tengo miedo, excepto cuando se trata de cosas sobre mí, aunque ya lo estoy superando".

Peter tiene un enorme sentimiento de inferioridad. Por ejemplo, siempre cree que él es tan tonto y nosotras tan inteligentes. Cuando le ayudo en francés, me agradece mil veces. Uno de estos días le diré que se deje de tonterías, que él sabe inglés y geografía mucho mejor.

Ana Frank

Jueves 17 de febrero de 1944

Querida Kitty:
Esta mañana fui arriba. Le había prometido a la señora pasar a leerle algunos de mis cuentos. Empecé por "El sueño de Eva", que le gustó mucho, y luego leí algunas cosas del diario que la hizo partirse de risa. Peter también escuchó una parte (sólo lo último) y me preguntó si en algún momento podía pasar por su habitación a leerle otro poco. Decidí tomar la oportunidad en ese momento, así que fui a buscar mis apuntes y le dejé leer la parte en la que Cady y Hans hablan de Dios. No sabría decirte qué impresión le causó; dijo algo que ya no recuerdo, no se trataba de si era bueno o no, sino algo sobre la idea en sí misma. Le dije que sólo quería demostrarle que no sólo escribía cosas divertidas. Asintió con la cabeza y salí de la habitación. ¡Veremos si me hace algún otro comentario!

Tu Ana Frank

Viernes 18 de febrero de 1944

Mi querida Kitty:
En cualquier momento en que subo, es siempre con intención de verlo a "él". Mi vida aquí ha mejorado mucho, porque de nuevo tiene significado y tengo algo de qué alegrarme.

El objeto de mi amistad al menos está siempre en casa y (salvo Margot) no hay rivales que temer. No te creas que estoy enamorada, nada de eso, pero todo el tiempo tengo la sensación de que entre Peter y yo algún día nacerá algo hermoso, algo llamado amistad y un sentimiento de confianza. Siempre que puedo, voy a verlo y ya no es como antes, que él no sabía muy bien qué hacer conmigo. Al contrario, sigue hablándome cuando ya estoy en la puerta a punto de salir. Mamá no ve con buenos ojos que suba a ver a Peter. Siempre me dice que lo molesto y que tengo que dejarlo tranquilo. ¿Acaso se cree que no tengo intuición? Ella siempre me mira de manera extraña cuando entro en la pequeña habitación de Peter. Al bajar me pregunta dónde he estado. ¡Es terrible, pero poco a poco estoy empezando a odiarla!

Tu Ana M. Frank

Sábado 19 de febrero de 1944

Querida Kitty:
Sábado de nuevo y eso en sí mismo ya dice bastante. La mañana fue tranquila. Estuve casi una hora arriba, pero a él no le hablé más que de pasada.

A las 2:30, cuando estaban todos arriba, ya para leer, ya para dormir, tomé una manta y bajé a instalarme frente al escritorio para leer o escribir un rato. Al poco tiempo no pude más: dejé caer la cabeza sobre un brazo y me puse a sollozar. Las lágrimas me corrían por las mejillas y me sentí profundamente infeliz. ¡Ay, si tan sólo él hubiera venido a consolarme!

Eran las 4:00 cuando subí de nuevo. A las 5:00 fui a buscar papas, con nuevas esperanzas de encontrarme con él, pero cuando todavía estaba en el cuarto de baño arreglándome el pelo, oí que bajaba a ver a Moffi.

Quise ir a ayudar a la señora y me instalé arriba con libro y todo, pero de repente sentí de nuevo las lágrimas y bajé rápido al baño, tomando al pasar el espejo de mano. Allí me senté entonces, incluso después de que había terminado hacía rato, toda vestida y con mis lagrimones haciéndome manchas oscuras en el rojo delantal, sumamente triste.

Pensé algo como esto: "Así que nunca llegaré al corazón de Peter. Quizá yo no le gusto para nada y quizá él no está necesitado de confianza. ¿Tal vez piense en mí de manera superficial? Tendré que seguir adelante sola, sin su confianza y sin Peter. Y quién sabe, dentro de poco también sin fe, sin consuelo y sin esperanzas. ¡Ojalá pudiera apoyar mi cabeza en su hombro y no sentirme tan desesperadamente sola y abandonada! Quién sabe si no le importo en lo más mínimo, y si mira a todos con la misma mirada tierna. Acaso sea pura imaginación mía pensar que esa mirada va dirigida sólo a mí. ¡Ay, Peter, ojalá pudieras verme u oírme! Aunque tal vez yo tampoco podría oír la tan desconsoladora verdad".

Más tarde volví a confiar y me sentí otra vez más esperanzada, aunque dentro de mí las lágrimas seguían fluyendo.

Tu Ana Frank

Domingo 20 de febrero de 1944

Querida Kitty:
Lo que otra gente hace durante la semana, en la casa de atrás se hace los domingos. Mientras otras personas se ponen sus mejores ropas y salen a

dar un paseo al sol, nosotros estamos aquí fregando, barriendo y lavando ropa.

A las 8:00 de la mañana: sin importarle los que aún quieren dormir, Dussel se levanta. Va al cuarto de baño, luego baja y vuelve a subir, sigue un encierro en el baño para su lavado a conciencia que dura una hora completita.

A las 9:30: se encienden las estufas, se quitan los paneles de oscurecimiento y Van Daan va al cuarto de baño. Uno de los suplicios de los domingos por la mañana es que desde la cama me toca mirar la espalda de Dussel mientras reza. Todo el mundo se asombra de que diga que Dussel rezando es un espectáculo horrible. No es que se ponga a llorar o a hacerse el sentimental, nada de eso, pero tiene la costumbre de balancearse, durante nada menos que un cuarto de hora, sobre los talones y las puntas de los pies, de ida y vuelta sin parar, y si no cierro los ojos, casi me marea.

A las 10:15: se oye silbar a Van Daan, el cuarto de baño está libre. En nuestra familia, las primeras caras somnolientas se yerguen de las almohadas. Entonces todo adquiere un ritmo acelerado. Margot y yo nos turnamos para ayudar abajo lavando ropa. Como allí hace bastante frío, no vienen nada mal los pantalones largos y bufanda. Entretanto, papá usa el cuarto de baño. A las 11:00 va Margot (o yo), después todo el mundo está limpio de nuevo.

A las 11:30: desayuno. No me detendré en esto, porque la comida ya es suficiente tema de conversación sin necesidad de que ponga yo mi granito de arena.

A las 12:15: cada uno toma su camino. Papá, con su mono puesto, se hinca en el suelo y se pone a cepillar la alfombra con tanta fuerza que la habitación se envuelve en una gran nube de polvo. El señor Dussel hace las camas (muy mal, obviamente), silbando siempre el mismo concierto para violín de Beethoven. A mamá se le escucha arrastrando los pies en el desván mientras cuelga la ropa. El señor Van Daan se pone el sombrero y desaparece hacia las regiones inferiores, por lo general seguido por Peter y Mouschi; la señora se pone un largo delantal, una chaqueta negra de punto y unas chanclas, se ata una gruesa bufanda de lana roja a la cabeza, coge un montón de ropa sucia bajo el brazo y, tras un asentimiento bien ensayado de lavandera, va a lavarla. Margot y yo fregamos los platos y ordenamos la habitación.

Miércoles 23 de febrero de 1944

Mi querida Kitty:
Hace un tiempo maravilloso fuera desde ayer. Me siento de muy buen humor. Mis escritos, que son lo más preciado que poseo, marchan de maravilla. Subo al desván casi todas las mañanas para purificar el aire viciado de la habitación que llevo en los pulmones. Cuando subí al desván esta mañana, Peter estaba muy ocupado ordenando cosas. Acabó rápido y, mientras yo estaba sentada en mi lugar favorito, él se acercó. Miramos el cielo azul, el castaño sin hojas en cuyas ramas brillaban pequeñas gotas, las gaviotas y demás pájaros que volaban encima de nuestras cabezas parecían de plata, y todo esto nos conmovió y nos sobrecogió tanto que no podíamos hablar. Peter estaba de pie, con la cabeza apoyada contra un grueso travesaño, y yo seguía sentada. Respiramos el aire, miramos hacia fuera y sentimos que era algo que no había que interrumpir con palabras. Un buen rato nos quedamos mirando hacia fuera y cuando comenzó a cortar leña, tuve la certeza de que era un buen tipo. Subió la escalera de la buhardilla, yo lo seguí, y durante el cuarto de hora que estuvo cortando leña no dijimos ni una palabra. Yo lo observaba desde el lugar donde me había instalado, viendo cómo se esmeraba visiblemente para cortar bien la leña y mostrarme su fuerza. Pero también me asomé a la ventana abierta, y pude ver una gran parte de Amsterdam. Sobre los tejados se distinguía bien el horizonte, que era de un color celeste tan claro...

Mientras exista este sol y este cielo tan despejado, y pueda yo verlo, pensé, no podré estar triste.

Para todo el que tiene miedo, está solo o se siente desdichado, el mejor remedio es salir al aire libre, a algún sitio en donde pueda estar totalmente solo, solo con el cielo, con la naturaleza y con Dios. Sólo entonces, sólo así se siente que todo es como debe ser y que Dios quiere que los hombres sean felices en la humilde pero hermosa naturaleza. Mientras todo esto exista, y probablemente siempre será así, sé que existe un consuelo para cada dolor, en cualquier circunstancia. Y creo firmemente que la naturaleza es capaz de paliar muchas cosas terribles, pese a todo el horror.

¡Ay!, quizá pronto pueda compartir esta abrumadora sensación de felicidad con alguien que perciba el mundo igual que yo.

Tu Ana

P. D. Pensamientos. A Peter:
Aquí echamos de menos muchas, muchísimas cosas, desde hace mucho tiempo. Yo las echo de menos igual que tú. No pienses que estoy hablando de cosas exteriores, porque en ese sentido aquí realmente no nos falta nada. No, me refiero a las cosas interiores. Yo, como tú, ansío tener un poco de libertad y aire, pero creo que nos dieron compensación de sobra por estas privaciones. Me refiero a la compensación interna. Esta mañana, cuando estaba sentada frente a la ventana mirando hacia afuera, mirando en realidad fija y profundamente a Dios y a la naturaleza, me sentí dichosa, demasiado dichosa. Y, Peter, siempre y cuando se mantenga esa dicha interior, esa dicha por la naturaleza, por la salud y por tantas otras cosas; mientras uno lleve eso dentro, siempre volverá a ser feliz.

La riqueza, la fama, todo se puede perder, pero la dicha en el corazón a lo sumo puede velarse, y siempre, mientras vivas, volverá a hacerte feliz.

Inténtalo tú también alguna vez, si te sientes solo, desdichado o triste y estás en la buhardilla, si hace buen tiempo no mires las casas y los tejados, sino al cielo. Mientras puedas mirar al cielo sin temor, sabrás que eres puro por dentro y que, pase lo que pase, volverás a ser feliz.

Domingo 27 de febrero de 1944

Mi querida Kitty:
Desde la primera hora de la mañana hasta la última hora de la noche no hago más que pensar en Peter. Duermo con su imagen en la mente, sueño con él y me despierto con sus ojos mirándome.

Creo que Peter y yo no somos tan distintos como parece por fuera, y te explicaré el porqué: a los dos nos hace falta una madre. La suya es demasiado superficial, coqueta y no se interesa mucho por los pensamientos de Peter. La mía sí se ocupa mucho de mí, pero no tiene tacto, ni sensibilidad, ni comprensión de madre.

Peter y yo luchamos dentro de nosotros, los dos aún somos algo inseguros, y en realidad demasiado tiernos y frágiles por dentro como para que nos traten con mano tan dura. A veces quisiera escaparme, u ocultar mi interior. Me pongo a hacer ruido, con las cacerolas y con el agua, por ejemplo, para que todos me quieran perder de vista. Peter, sin embargo, se encierra en su habitación, casi no habla, no hace nada de ruido y se pone a soñar, ocultándose en su timidez.

Pero, ¿cómo y cuándo llegaremos a encontrarnos?

No sé hasta cuándo podré controlar este deseo.

Tu Ana Frank

Lunes 28 de febrero de 1944

Mi querida Kitty:

Esto es como una pesadilla, tanto de noche como de día. Lo veo casi a todas horas y no puedo acercarme a él, no puedo dejar que los demás se den cuenta y debo mostrarme alegre, mientras que dentro de mí todo es desesperación.

Peter Schiff y Peter Van Daan se han fundido en un único Peter, que es bueno y bondadoso y a quien quiero con toda mi alma. Mamá está imposible conmigo; papá me trata bien, lo cual me hace exasperar, y Margot resulta aún más difícil, ya que pretende que ponga cara de agrado mientras lo que yo quiero es que me dejen tranquila.

Peter no subió para estar conmigo en el desván; se fue directamente a la buhardilla y se puso a martillear. Con cada golpe hacía que un pedazo de mí se desmoronara poco a poco, y me sentí aún más triste. Y a lo lejos se escuchaba un reloj que tocaba: "sostener el cuerpo, mantiene el alma". Soy una sentimental, ya lo sé. Soy una desesperanzada y una insensata, también lo sé.

¡Ay, de mí!

Tu Ana M. Frank

Miércoles 1º de marzo de 1944

Querida Kitty:

Mis propios asuntos se han relegado a segundo plano por... ¡un robo! Ya estarás aburrida de mis historias de robos, pero ¿qué culpa tengo yo de que a los ladrones les dé tanto gusto honrar a Gies & Cía. con su visita? Este incidente fue mucho más complicado que la vez anterior, en julio del año pasado.

Cuando el señor Van Daan dejó, ayer por la noche como de costumbre, a las 7:30 el despacho de Kugler , vio que la puerta de vidrio y la del despacho estaban abiertas, lo que lo sorprendió. Siguió andando y se fue sorprendiendo cada vez más, al ver que también estaban abiertas las puertas del cuartito intermedio y que en la oficina principal había un lío terrible.

—Por aquí ha pasado un ladrón —le cruzó por la cabeza.

Para estar seguro al respecto, bajó las escaleras, fue hasta la puerta de entrada y comprobó la cerradura y encontró todo cerrado.

—Ah, los desordenados deben de haber sido Bep y Peter —supuso.

Se quedó un rato en el despacho de Kugler, apagó la lámpara, subió las escaleras y no se preocupó demasiado por las puertas abiertas ni la oficina desordenada.

Esta mañana temprano, Peter llamó a la puerta de nuestra habitación y nos contó la no tan agradable noticia de que la puerta principal estaba abierta de par en par y de que habían desaparecido el proyector y el maletín nuevo de Kugler del armario. Le ordenaron a Peter que cerrara la puerta; Van Daan relató sus experiencias de la velada anterior y a nosotros nos entró una gran intranquilidad.

La única explicación posible para todo esto es que el ladrón tiene una copia de la llave de la puerta, porque en la cerradura no había señales de haber sido forzada. Debe haber entrado al edificio al final de la tarde. Cerró la puerta tras de sí, Van Daan lo interrumpió, el ladrón se escondió hasta que Van Daan se fue, y luego huyó con el botín dejando en su carrera la puerta abierta.

¿Quién puede tener la llave? ¿Por qué el ladrón no fue al almacén? ¿Acaso será uno de nuestros propios empleados del almacén, y no nos delatará, ahora que seguramente ha oído a Van Daan y quizá hasta visto? Estamos todos muy asustados, porque no sabemos si al susodicho se le ocurrirá abrir otra vez la puerta. ¿O acaso se habrá asustado él de que hubiera un hombre dando vueltas por aquí?

Tu Ana

P. D. Estaríamos muy agradecidos si acaso pudieras recomendarnos un buen detective . Naturalmente, se requiere discreción absoluta en materia de escondites.

Jueves 2 de marzo de 1944

Querida Kitty:

Margot y yo hemos estado hoy juntas en el desván, pero con ella no puedo disfrutar tanto como me había imaginado que disfrutaría con Peter (u otro chico). Aunque sé que siente lo mismo que yo con respecto a la mayoría de las cosas.

Cuando estábamos fregando los platos, Bep empezó a hablar con mamá y con la señora Van Daan sobre su melancolía. ¿En qué la pueden ayudar aquellas dos? Particularmente mamá, que con su falta de tacto hizo que las cosas fueran de mal a peor.

¿Sabes qué le aconsejó? ¡Que pensara en toda la gente que sufre en este mundo! ¿De qué te puede servir pensar en la miseria de los demás cuanto tú misma te sientes miserable? Eso mismo fue lo que les dije. La respuesta, por supuesto, fue que yo no sé nada de esas cosas.

¡Qué idiotas y estúpidos son los mayores! Como si Peter, Margot, Bep y yo no sintiéramos todos lo mismo. La única ayuda es el amor de una madre, o el amor de los buenos amigos, de los amigos de verdad. ¡Pero las dos madres de la casa no entienden ni pizca de nosotros! La señora Van Daan quizá aun entienda un poco más que mamá. ¡Ay, cómo me habría gustado decirle algo a la pobre Bep, algo que por experiencia sé que ayuda! Pero papá intervino y me empujó a un lado de manera bastante ruda. ¡Son todos unos necios!

También he hablado con Margot sobre mamá y papá. ¡Qué bien lo podríamos pasar aquí, si no fuera porque siempre andan fastidiando! Podríamos organizar veladas en las que cada uno hablaría de algún tema interesante. ¡Pero hasta aquí hemos llegado, porque a mí justamente lo que menos me dejan es hablar!

El señor Van Daan ataca, mamá se pone desagradable y no puede hablar normalmente sobre nada, a papá no le gustan estas cosas, al igual que al señor Dussel, y a la señora siempre la atacan de tal modo que se pone toda colorada y apenas se puede defender.

¿Y nosotros? Podemos tener alguna opinión. Sí, son terriblemente modernos: ¡no nos dejan opinar! Nos pueden decir que nos callemos la boca, pero no que no opinemos: eso es imposible. Nadie puede prohibir a otra persona que opine, aun cuando el otro sea muy joven. A Bep, a Margot, a Peter y a mí sólo nos sirven mucho amor y comprensión, que no conseguimos aquí. Y aquí nadie nos puede entender, especialmente estos monos tontos, porque somos mucho más sensibles y estamos mucho más adelantados en nuestra manera de pensar de lo que ellos siquiera puedan imaginarse.

El amor. ¿Qué es el amor? Creo que el amor es algo que en realidad no puede expresarse con palabras. El amor es comprender a una persona, quererla, compartir con ella la buena y mala fortuna. Y con el tiempo también incluye el amor físico, cuando se ha compartido, se ha dado y recibido, y no importa si se está casado o no, o si es para tener un hijo o no. Si se pierde la virtud o no, todo eso es irrelevante; ¡lo que importa es tener a alguien a tu lado por el resto de tu vida, alguien que te comprende y que no tienes que compartir con nadie más!

Tu Ana M. Frank

Mamá está nuevamente quejándose. Está claro que siente celos porque hablo más con la señora Van Daan que con ella. ¡Pues no me importa!

Esta tarde por fin he podido estar con Peter. Hablamos durante al menos tres cuartos de hora. Le resulta difícil decir algo sobre sí mismo, pero poco a poco se fue animando. Realmente no sabía si era mejor irme o quedarme. ¡Pero es que tenía tantas ganas de ayudarle! Le conté lo de Bep y lo de la falta de tacto de nuestras madres. Me dijo que sus padres siempre discuten, por la política, por los cigarrillos o por todo lo que se pueda. Como ya te he dicho, Peter es muy tímido, pero se le escapó la confesión de que le gustaría dejar de ver a sus padres al menos dos años.

—Mi padre no es tan buena persona como parece —dijo—, pero en el asunto de los cigarrillos, mamá tiene toda la razón.

Yo también le hablé de mamá. Pero a papá, Peter lo defendía. Dijo que le parecía un "tipazo".

Esta noche, cuando estaba colgando el delantal después de fregar los platos, me llamó y me pidió que no le dijera a nadie que sus padres habían estado nuevamente riñendo y que no se hablaban. Se lo prometí, aunque ya se lo había contado a Margot. Pero estoy segura de que ella no hablará.

—No tienes de qué preocuparte, Peter —le dije—. Puedes confiar en mí. Me he impuesto la costumbre de no contarles tantas cosas a los demás. De lo que tú me cuentas, no le digo nada a nadie. —Eso le gustó. Entonces también le conté lo de los tremendos cotilleos en casa, y le dije:

—Debo reconocer que tiene razón Margot cuando dice que miento, porque si bien no me gustan los chismes, cuando se trata de Dussel me encanta.

—Eso está muy bien —dijo.

Se había ruborizado, y su cumplido tan sincero casi me sonroja a mí también. Luego hablamos de los de arriba y los de abajo. Peter realmente estaba un poco sorprendido de que sigamos sin querer demasiado a sus padres.

—Peter —le dije—, sabes que soy sincera contigo. ¿Por qué no habría de decírtelo? ¿Acaso no conocemos sus defectos también nosotros?

Y también le dije:

—Peter, me gustaría tanto ayudarte. ¿No puedo hacerlo? Estás atrapado en una posición muy incómoda y sé que, aunque no lo dices, te tomas todo muy a pecho.

—Tu ayuda siempre será bienvenida.

—Quizá sea mejor que consultes con papá. Él tampoco dice nada a nadie, le puedes contar tus cosas tranquilamente.

—Lo sé, es un verdadero amigo.

—Lo quieres mucho, ¿verdad?

Peter asintió y yo seguí hablando:

—¡Pues él también te quiere a ti!

Levantó la mirada fugazmente. Se sonrojó. De verdad era conmovedor ver lo contento que lo habían puesto esas palabras.

—¿Tú crees? —me preguntó.

—Sí —dije yo—. Se nota por lo que se vislumbra de vez en cuando.

Entonces llegó el señor Van Daan para hacernos un dictado. Peter también es un "tipazo", igual que papá.

Tu Ana M. Frank

Viernes 3 de marzo de 1944

Mi querida Kitty:

Esta noche, al encender la vela, me encontré de nuevo feliz y tranquila. Esa vela es para mí, la abuela, y es ella la que me protege y me cobija, y la que hace que me ponga otra vez contenta. Pero... hay otra persona que afecta mi estado de ánimo y es... Peter. Hoy, cuando fui a buscar las papas y estaba bajando la escalera con la cacerola llena en las manos, me preguntó:

—¿Qué has hecho a mediodía?

Me senté en la escalera y empezamos a hablar. Las papas no llegaron a su destino hasta las 5:15: una hora después de haber subido a buscarlas. Peter ya no dijo palabra sobre sus padres, sólo hablamos de libros y del pasado. ¿Qué tiene este chico en esa mirada cálida? Creo que ya casi me estoy enamorando de él.

Él trajo el tema a colación esta noche. Después de pelar las papas, entré en su habitación y le dije que tenía mucho calor.

—A Margot y a mí se nos nota en seguida la temperatura que hace: cuando hace frío, nos ponemos blancas, y cuando hace calor, coloradas —le dije.

—¿Enamorada? —me preguntó.

—¿Por qué habría de estarlo? —mi respuesta, o mejor dicho mi pregunta, era bastante tonta.

—¿Por qué no? —dijo, y en ese momento nos llamaron a comer.

¿Qué habrá querido decir con esa pregunta? Hoy por fin le he preguntado si no le molestan mis charlas. Lo único que me dijo fue:

—Está bien para mí.

No sé hasta qué punto esta respuesta tiene que ver con su timidez.

Kitty, soy como una enamorada que habla sólo de su amor. Es que Peter es un verdadero tesoro. ¿Cuándo podré decírselo? Claro que sólo podré hacerlo cuando sepa que él también me considera un tesoro. Pero sé muy bien que soy una gatita a la que hay que tratar con guantes de seda. Y a él le gusta su tranquilidad, así que no tengo ni idea de hasta qué punto le gusto. De todos modos nos estamos conociendo un poco mejor.

¡Ojalá tuviéramos el valor de confesarnos muchas cosas más! Pero quién sabe, tal vez con el tiempo...

Un par de veces al día me dirige una mirada cómplice, yo le guiño el ojo y los dos nos ponemos contentos. Parece una osadía decirlo así, pero tengo la irresistible sensación de que él piensa lo mismo que yo.

Tu Ana M. Frank

Sábado 4 de marzo de 1944

Querida Kitty:

Este es el primer sábado después de meses y meses que al menos no ha sido tan fastidioso, triste y aburrido. Y la razón es Peter. Esta mañana subí al desván a tender el delantal, y papá me preguntó si no quería quedarme para practicar francés. Me pareció bien. Primero hablamos francés, yo le expliqué una cosa, y luego lo hicimos en inglés. Papá nos leyó unas líneas del libro de Dickens y yo estaba en la gloria porque estaba sentada en el sillón de papá, cerca de Peter.

A las 10:45 bajé al otro piso. Cuando volví, a las 11:30, ya estaba él en la escalera esperando por mí. Hablamos hasta las 12:45. Cuando se presenta la más mínima oportunidad, por ejemplo, después de comer y nadie nos oye, me dice:

—¡Hasta luego, Ana!

¡Ay, estoy tan contenta! ¿Estará empezando a quererme? De cualquier modo, es un buen chico y quién sabe lo bien que podremos hablar.

A la señora le agrada cuando estamos juntos, pero hoy igual me preguntó en broma:

—¿Puedo confiar en lo que hacen los dos ahí arriba?

—¡Pues claro! —protesté—. ¡Cuidado, que me voy a ofender! De la mañana a la noche me alegra saber que veré a Peter.

Tu Ana M. Frank

P. D. Se me olvidaba decirte que anoche cayó un montón de nieve. Pero ahora casi no queda nada, se ha desvanecido.

Lunes 6 de marzo de 1944

Querida Kitty:

¿Te parece una locura que desde que Peter me contara aquello de sus padres, ahora me sienta un poco responsable por él? Es como si esas peleas me incumbieran lo mismo que a él, y sin embargo, ya no me atrevo a hablarle de ello, porque temo que no le agrade. Por nada del mundo quisiera parecer insensible.

A Peter se le nota en la cara que piensa tanto como yo, y por eso anoche me dio rabia cuando la señora dijo en tono burlón:

—¡El pensador!

Peter se sonrojó de vergüenza y a mí me empezó a hervir la sangre.

¡La gente debería mantener la boca cerrada! No te imaginas lo feo que es permanecer al margen y ver lo solo que se siente Peter. Me puedo imaginar, como si lo hubiera vivido en carne propia, lo desesperado que debe estar a veces cuando hay peleas. ¡Pobre Peter, qué necesitado está de cariño!

Sonaron muy duras sus palabras cuando dijo que no necesitaba amigos. ¡Ay, cómo se equivoca! No creo que lo diga en serio. Se aferra a su masculinidad, a su soledad y a su fingida indiferencia para mantener su papel, y para no tener que mostrar nunca cómo se siente. ¡Pobre Peter! ¿Cuánto tiempo más podrá seguir haciendo este papel? ¿Cuánto faltará para que explote, después de tanto esfuerzo sobrehumano.

¡Ay, Peter, si tan sólo pudiera ayudarte y tú permitieras que lo hiciera! ¡Juntos podríamos ahuyentar nuestras respectivas soledades!

Pienso mucho, pero digo poco. Soy feliz cuando lo veo, tal parece que al mismo tiempo brilla el sol. Ayer, cuando me estaba lavando la cabeza, me puse bastante eufórica, a sabiendas de que en la habitación de al lado estaba él. No pude evitarlo. Cuanto más callada y seria estoy por dentro, más bulliciosa me pongo por fuera. ¿Quién será el primero en descubrir mi coraza y perforarla?

¡Qué suerte que los Van Daan no tienen una niña! Mi conquista no sería tan difícil, tan hermosa con alguien del mismo sexo.

Tu Ana M. Frank

P. D. Sabes que soy sincera contigo al escribirte, y por eso debo confesarte que en realidad vivo de encuentro en encuentro. Sigo con la esperanza de descubrir que también él vive esperándome a mí, y salto de alegría dentro de mí cuando noto sus pequeños y tímidos esfuerzos al respecto. Creo que le gustaría ser capaz de expresarse tan fácil como yo; no sabe que justamente esa torpeza me enternece.

Martes 7 de marzo de 1944

Querida Kitty:

Cuando pienso en la vida que llevaba en 1942, me parece tan irreal. Esa vida de gloria la vivía una Ana Frank completamente diferente de la que aquí se ha vuelto tan razonable. Una vida de gloria, eso es lo que era. Admiradores en cada esquina, una veintena de amigas y conocidas, la favorita de la mayoría de los profesores, consentida por papá y mamá, muchos dulces, suficiente dinero... ¿qué más se podía pedir?

Seguro que te preguntarás cómo hice para ganarme la simpatía de toda esa gente. Dice Peter que, por mi "magnetismo", pero eso no es del todo cierto. A los profesores les gustaban y les divertían mis respuestas ingeniosas, mis ocurrencias, mi cara sonriente y mi ojo crítico. Mas no sólo era coqueta y divertida. Además, tenía algunas ventajas por las que me ganaba el favor de los que me rodeaban: mi esmero, mi sinceridad y mi generosidad. Nunca me negué a que quien fuera, diera un vistazo a mis respuestas; repartía golosinas a manos llenas y nunca se me subían los humos.

¿Tanta admiración no me habría vuelto demasiado arrogante? Es una suerte que en medio de todo aquello, en el punto culminante de la fiesta, volviera de repente a la realidad, y ha tenido que pasar más de un año para que me diera cuenta de que ya nadie me demuestra su admiración.

¿Cómo me veían en la escuela? Como la que dirigía las bromas y los chistes, siempre de cabecilla y nunca de mal humor o lloriqueando. No era de sorprender que a todos les gustara acompañarme a la escuela en bici o cubrirme de atenciones.

Ahora considero a esa Ana Frank como a una chica graciosa, divertida, pero superficial, que no tiene nada que ver conmigo. ¿Qué es lo que ha dicho Peter de mí?: "Siempre que te veía, estabas rodeada de dos o más chicos y un grupo de chicas. Siempre te reías y eras el centro de la atención". Tenía razón.

¿Qué queda de esa Ana Frank? He conservado mi sonrisa y mi manera de responder, aún no he olvidado cómo criticar a la gente, e incluso lo hago mejor que antes, y sigo coqueteando y siendo divertida si quiero...

Ese es el punto, me gustaría volver a vivir durante una noche, un par de días, una semana, aparentemente despreocupada y feliz. Al final de esa semana estaría agotada y al primero que se le ocurriera hablarme de algo interesante le estaría enormemente agradecida. No quiero admiradores, sino amigos, que me respeten por mi manera de actuar y mi carácter, no por mi sonrisa lisonjera. Sé muy bien que en ese caso, el círculo de personas en torno a mí se reduciría bastante, pero ¿qué importaría que no me quedaran sino unas pocas personas? Pocas, pero sinceras.

A pesar de todo, en 1942 tampoco era enteramente feliz. A menudo me sentía abandonada, pero como estaba ocupada desde la mañana hasta la noche, no me ponía a pensar y me divertía todo lo que podía, intentado, consciente o inconscientemente, ahuyentar con bromas el vacío.

Ahora examino mi propia vida y me doy cuenta de que un periodo concluyó de manera irreversible: la edad escolar, tan libre de preocupaciones y problemas, que nunca volverá. Ya ni siquiera la echo de menos: la he superado. Ya no puedo hacer solamente tonterías; una pequeña parte en mí siempre conserva su seriedad.

Veo mi vida hasta el Año Nuevo de 1944 como si estuviera mirando a través de una potente lupa. Primero, mi vida en casa llena de sol; luego aquí, en 1942, el cambio tan repentino, las peleas, las recriminaciones que no lograba entender, y me habían tomado por sorpresa, y la única actitud que supe adoptar fue la de ser insolente.

Después, los primeros meses de 1943, las crisis de llanto, la soledad, el ir dándome cuenta poco a poco de todas mis fallas y defectos, que son tan grandes y que parecían ser dos veces más grandes. De día hablaba y hablaba, trataba de poner a Pan en mi lugar, pero sin resultado, me veía ante la difícil tarea de hacerme a mí misma de tal forma que ya no me hicieran esos reproches que tanto me oprimían y desanimaban.

En la segunda mitad de ese año las cosas mejoraron un poco. Dejé de ser tan niña, me empezaron a tratar más como a una adulta. Comencé a pensar, a escribir cuentos, y llegué a la conclusión de que los demás ya no tenían nada que ver conmigo, que no tenían derecho a empujarme de un lado para otro como si fuera el péndulo de un reloj; quería remodelarme de acuerdo a mi propia voluntad. Entendí que podía prescindir de mamá, de manera total y absoluta, eso dolió, pero algo que me afectó mucho más fue darme cuenta de que papá nunca sería mi confidente. No confiaba en nadie más que en mí misma.

Después de Año Nuevo, el segundo gran cambio: mi sueño... con el que descubrí el anhelo de un muchacho; no quería una amiga mujer, sino un amigo varón. También descubrí dentro de mí la felicidad y mi coraza de superficialidad y alegría. Pero de vez en cuando me volvía silenciosa. Ahora sólo vivo para Peter, porque de él dependerá en gran medida lo que me ocurra en adelante.

Y por las noches, cuando me acuesto y acabo mis oraciones con las palabras "Gracias por todas las cosas buenas, queridas y hermosas", me regocijo dentro de mí, porque pienso en esas "cosas buenas", como nuestro escondite, mi buena salud y todo mi ser, en el "amor" de Peter, esa cosa diminuta y sensible que ninguno de los dos se atreve a nombrar aún. El amor, el futuro, la dicha, y las cosas hermosas, como el mundo, la naturaleza y la gran belleza de todas, todas las cosas hermosas juntas.

Entonces no pienso más en la desgracia, sino en todas las cosas bellas que aún quedan. Ahí está gran parte de la diferencia entre mamá y yo. El consejo que ella da para combatir la melancolía es: "Piensa en toda la desgracia que hay en el mundo y alégrate de que no te pase a ti". Mi consejo es: "Sal fuera, a los campos, a la naturaleza y al sol. Sal y trata de reencontrar la felicidad en ti misma; piensa en todas las cosas bellas que aún hay en ti y a tu alrededor, y sé feliz".

En mi opinión, la frase de mamá no tiene validez, porque ¿qué se supone que tienes que hacer cuando esa desgracia sí te pasa? Entonces, estás perdida. Sin embargo, creo que toda desgracia va acompañada de alguna cosa bella, y si te fijas en ella, descubres cada vez más alegría y serás compensado. El que es feliz hace feliz a los demás; el que tiene valor y fe, nunca estará sumido en la desgracia.

Tu Ana M. Frank

Miércoles 8 de marzo de 1944

Margot y yo nos hemos estado escribiendo notitas, sólo por diversión, naturalmente.

> Ana:
> Cosa curiosa, a mí los eventos que pasan por la noche sólo me vuelven a la memoria mucho más tarde. Ahora, por ejemplo, recuerdo de repente que anoche el señor Dussel estuvo roncando muy fuerte (ahora son las 2:45 del miércoles por la tarde y el señor Dussel está otra vez roncando, por eso me acordé, claro). Cuando tuve que hacer pipí en el orinal, deliberadamente hice más ruido de lo normal, para hacer que cesaran los ronquidos.
>
> Margot:
> ¿Qué es mejor: los resuellos o los ronquidos?
>
> Ana:
> Los ronquidos, porque si yo hago ruido, cesan sin que la persona en cuestión se despierte.

Lo que no le he escrito a Margot, pero te confieso a ti, querida Kitty, es que sueño mucho con Peter. Anteanoche, en nuestro cuarto de estar, soñé que estaba patinando en la pista de hielo de la Apollolaan con un chico bajito, ése que tenía una hermana que siempre llevaba un vestido azul y tenía patas de cigüeña. Le dije que me llamaba Ana y le pregunté su nombre. Se llamaba Peter. En mi sueño me pregunté a cuántos Peter conocía ya.

Luego soñé que estábamos en la habitación de Peter, uno frente a otro al lado de la escalera. Le dije algo, me dio un beso, pero me contestó que no me quería tanto como yo pensaba y que dejara de coquetear. Con voz desesperada y suplicante, le dije:

—¡Yo no coqueteo, Peter!

Cuando me desperté, me alegré de que Peter no hubiera dicho eso.

Anoche también nos estábamos besando, pero las mejillas de Peter me decepcionaron, porque no eran tan suaves como parecen, sino que eran como las mejillas de papá, o sea, como las de un hombre que ya se afeita.

Viernes 10 de marzo de 1944

Mi querida Kitty.
Hoy el refrán que dice "las desgracias nunca vienen solas" aplica a la perfección. Lo acaba de decir Peter. Te contaré todas las cosas desagradables que nos pasan y las que quizá están por llegar.

En primer lugar, Miep está enferma, a raíz de la boda de Henk y Aagje, celebrada ayer en la Iglesia del Oeste, donde se resfrió. En segundo lugar, el señor Kleiman aún no ha vuelto desde que tuvo la hemorragia estomacal, por lo que Bep sigue sola en la oficina. En tercer lugar, un hombre, cuyo nombre no mencionaré, fue detenido por la policía. No sólo es horrible para esa persona, sino también para nosotros, ya que andamos muy escasos de papas, mantequilla y mermelada. El señor M., por llamarlo de alguna manera, tiene cinco hijos menores de 13 años y uno más en camino.

Anoche volvimos vivir otro pequeño sobresalto, porque de repente golpearon en la pared de al lado. Estábamos cenando. El resto de la noche transcurrió en un clima de tensión y nerviosismo.

Últimamente, no tengo ningunas ganas de escribirte sobre los eventos de casa. Mis propios asuntos me preocupan mucho más. Pero no me entiendas mal, porque lo que le ha ocurrido al pobre y bueno del señor M. me parece horrible, pero en mi diario de cualquier forma no hay demasiado sitio para él.

Martes, miércoles y jueves estuve con Peter desde las 4:30 hasta las 5:15. Estudiamos francés y charlamos acerca de todo y más. Realmente me hace mucha ilusión esa horita que pasamos juntos por la tarde, y lo mejor de todo es que creo que también a Peter le gusta que yo vaya.

Tu Ana M. Frank

Sábado 11 de marzo de 1944

Querida Kitty:
Últimamente no soy capaz de mantenerme sentada. Voy de arriaba a abajo y viceversa. Me gusta mucho hablar con Peter, pero siempre tengo miedo de molestarlo. Me ha contado algunas cosas sobre su vida de antes, sobre sus padres y sobre sí mismo. Yo con eso no tengo suficiente, pero a cada cinco minutos me pregunto cómo se me ocurre pedir más. A él yo antes le parecía insoportable, lo que era una cosa recíproca; ahora yo he cambiado

de opinión, entonces ¿también él habrá cambiado la suya? Supongo que sí, pero eso no implica que tengamos que ser grandes amigos, aunque para mí eso haría mucho más soportable toda esta historia de estar escondida. Pero no voy a dejar que esto me enloquezca; me ocupo bastante de él y no tengo por qué aburrirte, porque la verdad es que ando bastante deprimida.

Domingo 12 de marzo de 1944

Querida Kitty:
Todo está cada vez más loco conforme pasan los días. Desde ayer, Peter no me mira, como si estuviera enojado conmigo. Por eso me esfuerzo para no correr tras él y para hablarle lo menos posible, ¡pero es tan difícil! ¿Qué será lo que a menudo lo aparta de mí, para luego empujarlo a mi lado? Quizá sólo yo me imagine que las cosas son peores de lo que son en realidad, quizá él también tenga sus estados de ánimo, y mañana todo estará bien de nuevo.

Lo más difícil de todo es aparentar normalidad por fuera, cuando por dentro estoy triste y me siento mal. Tengo que hablar, ayudar, sentarme con los demás y sobre todo, actuar alegre. Lo que más echo de menos es la naturaleza y algún lugar en el que pueda estar sola todo el tiempo que quiera. Creo que estoy mezclando muchas cosas, Kitty, pero es que estoy muy confusa: por un lado, me vuelve loca el deseo de tenerlo a mi lado, y difícilmente puedo estar en la habitación sin mirarlo, y por el otro, me pregunto por qué me importa tanto en realidad, y por qué no puedo recuperar la tranquilidad.

Día y noche, siempre que estoy despierta, no hago más que preguntarme: "¿Le has dado suficientemente espacio para estar solo? ¿Subes demasiado a verlo? ¿Hablas demasiado a menudo de temas serios de los que él todavía no puede hablar? ¿Es posible que él no te encuentre simpática? ¿Habrá sido todo el lío pura imaginación? Pero, ¿por qué te ha contado tantas cosas sobre sí mismo? ¿Se habrá arrepentido de haberlo hecho?", y mucho más.

Ayer por la tarde estaba tan aturdida después de escuchar una serie de malas noticias del exterior, que me eché en el diván para dormir un rato. Sólo quería dormir, para no pensar. Dormí hasta las 4:00 de la tarde, y luego tuve que ir a la habitación. Fue difícil responder a todas las preguntas de mamá y encontrar una excusa para explicarle a papá mi exceso de sueño. Como pretexto dije que tenía dolor de cabeza, con lo que no mentí, puesto que de verdad lo tenía... ¡en el interior!

La gente normal, las niñas normales, las chicas como yo, dirán que ya basta de tanta autocompasión, pero de eso se trata: yo te cuento todo lo que me pesa en el corazón, y el resto del día me muestro de lo más atrevida, alegre y segura de mí misma, con tal de evitar cualquier pregunta y de no enfadarme conmigo misma.

Margot es muy buena conmigo y quisiera ser mi confidente, pero todavía no puedo contarle todo, le falta espontaneidad. Me toma en serio, demasiado en serio, y reflexiona mucho sobre su hermanita loca, me mira con ojos inquisitivos cuando le cuento algo y siempre se pregunta: "¿Es broma o lo dices en serio?".

Todo tiene que ver con que estamos siempre juntas y con que yo no soportaría tener a mi confidente siempre a mi lado.

¿Cuándo saldré de esta maraña de pensamientos? ¿Cuándo la paz y tranquilidad volverán a mí?

Tu Ana

Martes 14 de marzo de 1944

Querida Kitty:
Para ti podría ser divertido —para mí no lo es en absoluto— escuchar lo que cenaremos hoy. La señora de la limpieza está trabajando en la planta baja en estos momentos, por lo que estoy sentada junto a la mesa cubierta por hule de los Van Daan, tapándome la nariz y la boca con un pañuelo impregnado de un exquisito perfume de antes de escondernos. Supongo que no entenderás nada, por tanto, empezaré por el principio.

Como las personas que nos suministraban de cupones de alimentos han sido detenidas por los alemanes, nos hemos quedado sin cupones y sin manteca; sólo nos quedan nuestras cinco cartillas de racionamiento. Como Miep y Kleiman están otra vez enfermos, Bep no puede salir a hacer los recados, y como hay un ambiente muy triste, la comida también lo es. A partir de mañana ya no habrá nada de manteca, mantequilla ni margarina. No desayunaremos más con papas fritas (por ahorrar pan), sino con papilla de avena, y como la señora teme que nos muramos de hambre, hemos comprado una cantidad extra de leche entera. El almuerzo de hoy consiste en puré de papas y col rizada de conserva. De ahí las medidas de precaución con el pañuelo. ¡Es increíble el olor que despide la col rizada, que seguramente ya lleva varios años en conserva! La habitación huele a una mezcla de ciruelas en descomposición, conservante amargo y huevos podridos. ¡Qué asco! Me siento enferma sólo de pensar que tendré que comerme esa porquería.

Hay que añadir que nuestras papas han sufrido unas enfermedades tan extrañas que, de cada dos cubos de papas, uno va a parar a la estufa. Nos divertimos tratando de determinar con exactitud las distintas enfermedades que tienen, y hemos llegado a la conclusión de que se contraen el cáncer, la viruela y el sarampión por turnos. Entre paréntesis, no es ninguna bicoca tener que estar escondidos durante este cuarto año que transcurre desde la invasión. ¡Ojalá que toda esta porquería de guerra se acabe pronto!

Francamente, lo de la comida me importaría poco, si al menos otras cosas aquí fueran más placenteras. El problema es que esta vida tan aburrida nos tiene fastidiados a todos. He aquí la opinión de cinco escondidos mayores sobre la situación actual (los menores no pueden tener una opinión, algo que he acatado por esta vez):

La señora Van Daan:

> Desde hace tiempo el trabajo de reina de la cocina no tiene ningún aliciente para mí. Pero como me aburre estar sentada sin hacer nada, me pongo a guisar de nuevo. Y sin embargo me quejo: cocinar sin manteca es imposible, me enferman los olores repugnantes. Y la ingratitud y los gritos son el pago por todos mis esfuerzos, siempre soy la oveja negra, de todo me echan la culpa. Por otra parte, opino que la guerra no progresa, los alemanes al final se harán con la victoria. Me aterra pensar que moriremos de hambre y despotrico contra todo el mundo cuando tengo mal genio.

El señor Van Daan:

> Necesito fumar, fumar y fumar, y así la comida, la política, los caprichos de Kerli y todo lo demás no es tan grave. Kerli es una buena mujer. Si no me dan nada que fumar, me enfermo, además quiero comer carne, y vivimos muy mal, nada está bien y seguro que acabaremos tirándonos los trastos a la cabeza. ¡Mi Kerli vaya que está hecha una estúpida!.

La señora Frank:

> La comida no es tan importante, pero ahora mismo me gustaría comer una rebanada de pan de centeno, porque tengo mucha hambre. Si yo fuera la señora Van Daan, ya le hubiera puesto fin a esa eterna manía de fumar hace rato. Pero ahora me urge fumar un cigarrillo, porque tengo la cabeza que está

> a punto de estallar. Los Van Daan son una gente horrible. Los ingleses cometen muchos errores, pero la guerra va adelantando; necesito hablar, y alegrarme de no estar en Polonia.

El señor Frank:

> Todo está bien, no me hace falta nada. Siempre con calma, que tenemos tiempo. Dame mis papas y me conformo. Hay que apartar de mi ración para Bep. La política sigue un curso estupendo, soy muy optimista.

El señor Dussel:

> Debo completar la tarea diaria que me he establecido, acabar todo a tiempo. La política va viento en popa, es imposible que nos descubran. ¡Yo, Yo y Yo...!

Tu Ana

Jueves 16 de marzo de 1944

Querida Kitty:
¡Uf ¡Al fin! He venido a descansar después de oír tantas historias pesimistas sobre los de la oficina. Lo único que andan diciendo es: "Si pasa esto o aquello, nos meteremos en dificultades, y si también se enferma aquélla, estaremos solos en el mundo, que si esto, que si aquello...".

En fin, el resto ya lo imaginas; al menos supongo que conoces a los de la Casa de atrás lo suficiente como para adivinar sus conversaciones.

El motivo de tanto "que si esto, que si aquello" es que al señor Kugler le ha llegado una citación para ir seis días a hacer trabajos forzados que Bep está más que acatarrada y probablemente se tendrá que quedar en su casa mañana, que Miep aún no se ha recuperado de la gripe y que una hemorragia estomacal provocó pérdida del conocimiento a Kleiman. ¡Una verdadera lista de tragedias para nosotros!

Kugler tiene que consultar a un médico de confianza, en nuestra opinión, pedir que le dé un certificado y presentarlo en el ayuntamiento de Hilversum. A la gente del almacén le han dado un día de asueto mañana, así que Bep estará sola en la oficina. Si (¡y sólo si!) Bep se llegara a quedar en su casa, la puerta de entrada al edificio permanecerá cerrada, y nosotros deberemos guardar más silencio que un ratón, para que no nos oigan al lado. Jan vendrá al mediodía a visitar a los pobres desamparados durante media hora, haciendo las veces de cuidador de parque zoológico.

Por primera vez después de mucho tiempo, Jan nos ha contado algunas cosas del gran mundo exterior. Tendrías que habernos visto a los ocho sentados alrededor de él, parecía una imagen de "Los cuentos de la abuelita".

Jan habló y habló ante un público ávido, en primer lugar, por supuesto, sobre la comida. La señora de Pf., una conocida de Miep, cocina para él. Anteayer le hizo zanahorias con guisantes, ayer se tuvo que comer las sobras de anteayer, hoy cocinará alubias pintas, y mañana un guiso con las zanahorias que hayan quedado.

Le preguntamos por el médico de Miep.

—¿Médico? —preguntó Jan—. ¿Qué deseas de él? Esta mañana lo llamé por teléfono, me atendió una de esas asistentas de la consulta, le pedí una receta para la gripe y me contestó que las recetas sólo se expiden de 8:00 a 9:00 de la mañana. Si tienes una gripe muy fuerte, puedes pedir que se ponga al teléfono el propio médico, y te dice:

"Saque la lengua, diga "aaaaa". Ya veo, tiene la garganta irritada. Le daré una receta para que pase por la farmacia. ¡Buenos días, señor!", y sanseacabó.

Atendiendo sólo por teléfono, ¡así cualquiera tiene una consulta! Pero no les hagamos reproches a los médicos, que al fin y al cabo también ellos sólo tienen dos manos, y en estos tiempos los pacientes sobran, y faltan médicos.

De todos modos, nos reímos cuando Jan reprodujo la conversación telefónica. Me imagino cómo será la consulta de un médico hoy día. Ya no desprecian a los enfermos del seguro, sino a los que no padecen nada, y piensan: "Hombre, ¿qué viene a hacer aquí? ¡A la cola, que los enfermos de verdad tienen prioridad!".

Tu Ana

Jueves 16 de marzo de 1944

Querida Kitty:

Hace un tiempo maravilloso, de una belleza indescriptible. Pronto podré ir al desván. Ahora ya sé por qué estoy mucho más inquieta que Peter. Él tiene una habitación propia donde trabajar, soñar, pensar y dormir. A mí me empujan de un rincón a otro de la casa. No estoy nunca sola en mi habitación compartida, lo que sin embargo desearía tanto. Ese es precisamente el motivo por el que huyo al desván. Allí contigo puedo ser yo misma, aunque sólo sea un momento. Pero no quisiera darte la lata hablándote de mis deseos; al contrario, ¡quiero ser valiente!

Por fortuna, abajo no se dan cuenta de lo que siento por dentro, salvo que cada día estoy más fría y despreciativa con respecto a mamá, le hago menos mimos a papá y tampoco le suelto nada a Margot: soy muy huraña. Debo seguir mostrándome segura de mí misma por fuera, nadie debe saber que dentro de mí se sigue librando una batalla: una batalla entre mis deseos y la razón. Hasta ahora esta última siempre ha ganado, pero a la larga ¿no resultarán más fuertes los primeros? A veces me temo que sí, y a menudo lo deseo.

¡Ay!, es tan difícil no mostrar nada delante de Peter, pero sé que es él quien tiene que tomar la iniciativa. ¡Deshacer de día todas las conversaciones y todos los actos que he experimentado de noche en sueños es tan difícil! Sí, Kitty, Ana es una chica muy loca, pero también lo son los tiempos que me han tocado vivir, y las circunstancias lo son aún más.

Me parece que lo mejor de todo es que lo que pienso y siento, al menos lo escribo; de lo contrario estaría totalmente sofocada. ¿Qué pensará Peter de todo esto? Una y otra vez pienso que algún día podré hablar con él al respecto. Tiene que haber adivinado algo en mí, porque la Ana de fuera que ha conocido hasta ahora, no le puede gustar. ¿Cómo puede ser que él, que ama tanto la paz y la tranquilidad, tenga simpatía por mi bullicio y alboroto? ¿Será el primero y único en el mundo que ha mirado detrás de mi máscara de hormigón? ¿Irá él a parar allí detrás dentro de poco? ¿No hay un viejo refrán que dice que el amor y la compasión, a menudo, van ambos de la mano? ¿No es ése también mi caso? Porque siento la misma compasión por él que la que a menudo siento por mí misma.

Realmente no sé de dónde sacar las primeras palabras, ni de dónde habría de sacarlas él, que le cuesta tanto hablar. ¡Ojalá pudiera escribirle, así al menos sabría que él sabe lo que yo le quiero decir, porque es tan difícil decirlo con palabras!

Tu Ana M. Frank

Viernes 17 de marzo de 1944

Mi queridísima Kitty:
Finalmente, todo resultó bien, el catarro de Bep no se ha convertido en gripe, sino tan sólo en ronquera, y el señor Kugler se ha librado de los trabajos forzados gracias al certificado médico. La Casa de atrás respira aliviada. Aquí todo sigue bien, salvo que Margot y yo nos estamos cansando de nuestros padres un poco.

No me malinterpretes, sigo queriendo a papá y Margot sigue queriendo a papá y a mamá, pero cuando tienes la edad que tenemos nosotras, quieres decidir un poco por ti misma, soltarte un poco de la mano de tus padres. Cuando voy arriba, me preguntan adónde voy; no me dejan comer nada de sal; cada noche a las 8:15, mamá me pregunta si no es hora de cambiarme; todos los libros que leo tienen que pasar por la censura. A decir verdad, la censura no es nada estricta y me dejan leer casi todo, pero nos molestan los comentarios y observaciones, más el interrogatorio constante durante el día.

Hay otra cosa que no les agrada, sobre todo de mí: que ya no quiera estar todo el tiempo dando besitos aquí y allá. Los sobrenombres melosos ideados por mí me parecen tontos, y la predilección de papá por las conversaciones sobre ventosidades y retretes, me parecen asquerosas. En resumen, me gustaría perderlos de vista un tiempo, pero no lo entienden. No es que se los hayamos propuesto; claro que no, de nada serviría, no lo entenderían en absoluto.

Anoche Margot me decía: "¡Creo que es realmente fastidioso que si te tocas la cabeza con las manos o al más mínimo suspiro ya te pregunten si te duele algo o si te sientes mal!".

Para las dos ha sido un duro golpe darse cuenta de repente de lo poco que queda de todo ese ambiente familiar y esa armonía que había. Pero esto deriva en gran medida de la desquiciada situación en que nos encontramos. Me refiero al hecho de que nos tratan como a dos chiquillas por lo que respecta a las cosas externas, mientras que interiormente somos mucho más maduras que las chicas de nuestra edad.

Aunque sólo tengo 14 años, sé muy bien lo que quiero, diferencio lo bueno de lo malo, tengo mi opinión, mis puntos de vista y mis principios, y por más extraño que suene en boca de una adolescente, me siento más como un individuo y no tanto como una niña, y me siento independiente de cualquier otra persona. Sé que puedo debatir y discutir mejor que mamá, sé que tengo una visión más objetiva de las cosas y no exagero tanto como ella, soy más ordenada y diestra y por eso —ríete si quieres— me siento superior a ella en muchos aspectos. Si quiero a una persona, debo sentir admiración por ella, admiración y respeto, y estos dos requisitos en mamá no se cumplen en absoluto.

Todo estaría bien si al menos tuviera a Peter, porque a él lo admiro de muchas maneras. ¡Ay, qué chico tan bueno y tan guapo!

Tu Ana M. Frank

Sábado 18 de marzo de 1944

Querida Kitty:
A nadie en el mundo le he contado tantas cosas sobre mí misma y sobre mis sentimientos como a ti, ¿por qué no habría de contarte algo sobre cuestiones sexuales?

Los padres y las personas en general se comportan de manera muy curiosa al respecto. En lugar de contarles tanto a sus hijas como a sus hijos a los 12 años todo lo que hay para contar, cuando surgen conversaciones sobre el tema los obligan a abandonar la habitación, y que se busquen por su cuenta la información que necesitan. Si los padres se dan cuenta, más tarde, de que sus hijos están enterados de algunas cosas, creen que sus vástagos saben más o menos de lo que saben en realidad. Entonces, ¿por qué no intentan en ese momento recuperar el tiempo perdido y preguntarles hasta dónde llegan sus conocimientos?

Un obstáculo importante para los adultos —aunque me parece que no es más que uno pequeño—, es que temen que los hijos ya no vean al matrimonio como algo sagrado y puro, si se enteran de que aquello de la pureza son un montón de tonterías en la mayoría de los casos. A mi modo de ver, no está nada mal que un hombre llegue al matrimonio con alguna experiencia previa, porque ¿acaso tiene eso algo que ver con el propio matrimonio?

Poco después de cumplir los 12 años, me contaron acerca de la menstruación, pero aún no tenía la más mínima noción de dónde venía ni qué significaba. A los 12 años y medio ya me contaron algo más, ya que Jacque no era tan estúpida como yo. Yo misma me imaginé cómo era cuando un hombre y una mujer estaban juntos, pero cuando Jacque me lo confirmó, me sentí bastante orgullosa de mi buena intuición. Aquello de que los niños no salen directamente de la panza, también lo supe por Jacque, que me dijo sin más vueltas: "Salen por el mismo lugar por donde entra la materia prima".

Sobre el himen y algunas otros detalles específicos los conocimos Jacque y yo por un libro acerca de la educación sexual. También sabía que se podía evitar el tener hijos, pero cómo era todo aquello por dentro seguía siendo un secreto para mí. Cuando llegamos aquí, papá me habló de prostitutas, y otras cosas, pero con todo quedan algunas preguntas sin responder.

Si una madre no les cuenta todo a sus hijos, lo aprenden poco a poco, y eso no está bien.

A pesar de que hoy es sábado, no estoy de malas. La razón, he estado en el desván con Peter, soñando con los ojos cerrados. ¡Ha sido precioso!

Tu Ana M. Frank

Domingo 19 de marzo de 1944

Querida Kitty:

Ayer fue un día muy importante para mí. Después de la comida del mediodía, todo se desarrolló como de costumbre. A las 5:00 puse a hervir las papas y mamá me dio un trozo de morcilla para que se la llevara a Peter. Al principio yo no quería hacerlo, pero finalmente fui. Él no la quiso y tuve la horrible sensación de que todavía era por lo de la discusión sobre la desconfianza. De pronto no pude más, las lágrimas me brotaron de los ojos y sin insistir volví a llevar el platito a mamá y me fui a llorar al baño. Entonces decidí hablar del asunto con Peter de una vez por todas. Antes de cenar éramos cuatro en su habitación ayudándole a resolver un crucigrama, así que no pude decirle nada, pero justo antes de ir a sentarnos a la mesa, le susurré:

—¿Vas a hacer taquigrafía esta noche, Peter?

—No —contestó.

—Me gustaría hablar contigo más tarde —él estuvo de acuerdo.

Después de lavar los platos fui a su habitación y le pregunté si había rechazado la morcilla por la discusión que habíamos tenido. Por suerte no era ese el motivo, sólo que no le pareció correcto parecer tan ansioso. Hacía mucho calor en la habitación y estaba colorada como un cangrejo; por eso, después de llevarle el agua a Margot abajo, volví un momento arriba a tomar un poco de aire fresco. Para salvar las apariencias, primero me paré junto a la ventana de los Van Daan, pero al poco tiempo subí a ver a Peter. Estaba en el lado izquierdo de la ventana abierta, y yo me puse en el lado derecho. Era mucho más fácil hablar junto a la ventana abierta, en la oscuridad, que a la luz del día, y creo que también a Peter le pareció así. Nos contamos tantas, pero tantas cosas, que simplemente no podría repetirlo todo aquí, pero fue genial, la mejor noche que he vivido hasta ahora en la Casa de atrás. Sin embargo, te resumiré en pocas palabras los temas que abordamos:

Primero hablamos de las peleas, de que ahora mi actitud con respecto a ellas es muy distinta, luego sobre nuestra alienada relación con nuestros padres. Le hablé de mamá y papá, de Margot y de mí misma. En un momento dado me preguntó:

—¿Siempre se dan las buenas noches con un beso?

—¿Uno? ¡Un montón! Tú no, ¿verdad?

—No, yo casi nunca le he dado un beso a alguien.

—¿Ni siquiera en tu cumpleaños?

—Sí, en ese caso sí.

Hablamos de que ninguno de los dos confía en nuestros padres. De que sus padres se quieren mucho y que también quisieran tener la confianza de Peter, pero que él no quiere. De que cuando yo estoy triste me desahogo llorando en la cama, y que él sube al desván a decir palabrotas. De cómo Margot y yo sólo hace poco que hemos intimado, y que tampoco nos contamos tanto, porque estamos siempre juntas. En fin, de todo un poco, de la confianza, de los sentimientos y de nosotros mismos. Y resultó que Peter era tal como lo había imaginado.

Entonces se nos ocurrió hablar del periodo de 1942, lo diferentes que éramos entonces. Ni siquiera nosotros nos reconocemos en ese tiempo. Lo insoportables que nos parecíamos al principio. Para él yo era una parlanchina y muy molesta, y a mí él muy pronto me pareció muy aburrido. No entendía por qué no me cortejaba, pero ahora me alegro. También habló de lo mucho que se aislaba de los demás, y yo le dije que entre mi bullicio y temeridad, y su silencio no había tanta diferencia, que a mí también me gusta la tranquilidad, y pero que en ningún lugar logro estar sola, excepto mi diario, todo el mundo se alegra cuando los dejo tranquilos, empezando por el señor Dussel, que tampoco quiero estar siempre en la habitación con mis padres. Que él está muy contento de que mis padres tengan hijos, y que yo me alegro de que él esté aquí. Que ahora sí comprendo su recogimiento y la relación con sus padres, y que me gustaría ayudarle con las peleas.

—¡Me ayudas siempre! —dijo.

—¿Cómo? —le pregunté muy sorprendida.

—¡Con tu alegría!

Probablemente esa fue la cosa más hermosa que me ha dicho hasta ahora. También me dijo que no le parecía molesto que fuera a verle como antes, sino que le agradaba. Yo también le dije que todos esos nombres cariñosos de papá y mamá no tienen ningún contenido, que la confianza no se crea dando un besito acá y otro allá. Hablamos de nuestra propia voluntad, del diario y la soledad, de la diferencia que hay entre la persona interior y exterior que todos tenemos, de mi máscara...

Fue maravilloso, debe haber empezado a quererme como a una compañera, y, por el momento, eso me basta. Estoy tan agradecida y feliz que no encuentro las palabras. Debo pedirte disculpas, Kitty, porque el estilo de mis escritos de hoy no tiene el nivel habitual. He escrito todo tal y como me ha salido de la cabeza.

Tengo la sensación de que Peter y yo compartimos un secreto. Cuando me mira con esos ojos, esa sonrisa y me guiña el ojo, se enciende una lucecita dentro de mí. Espero que todo pueda seguir siendo así, y que juntos podamos pasar muchos, muchos buenos momentos.

Tu agradecida y feliz Ana

Lunes 20 de marzo de 1944

Querida Kitty:

Esta mañana, Peter me preguntó si me gustaría volver por la noche, que de ningún modo le molestaría y que en su habitación donde hay espacio para uno lo habría para dos. Le dije que no podía pasar todas las noches, ya que mis padres no lo consentirían, pero replicó que no les hiciera caso. Así que le comenté que me gustaría pasar el sábado por la noche, y le pedí, especialmente, que me avisara cuando se pudiera ver la luna.

—Entonces iremos abajo —dijo—, a mirar desde ahí la luna.

Estuve de acuerdo, porque mi miedo a los ladrones tampoco es para tanto.

Entretanto algo ha eclipsado mi felicidad. Hacía tiempo me parecía que Margot lo encontraba más que agradable a Peter. Si ella lo quiere, no lo sé, pero me resulta un tanto embarazoso. Cada vez que me encuentro con Peter, la estoy dañando sin querer. Lo curioso del caso es que ella lo disimula muy bien. Sé que en su lugar yo estaría muerta de celos, pero Margot se limita a decir que no tengo que sentir lástima por ella.

—Creo que es horrible que tú te quedes así, al margen —añadí.

—Estoy acostumbrada —contestó con amargura.

No me atrevo a contárselo a Peter aún, quizá más adelante; nos quedan tantas otras cosas que aclarar primero.

Anoche mamá me dio una bofetada que, sin duda, merecía. Debo contenerme un poco en cuanto a mis demostraciones de indiferencia y desprecio hacia ella. Así que tendré que volver a tratar de ser amable y guardarme mis comentarios pese a todo.

Incluso Pan no es tan cariñoso como antes. Intenta ser menos infantil en su comportamiento con nosotras, pero ahora se ha vuelto demasiado frío. Ya veremos lo que pasa. Me ha advertido que si no estudio álgebra, no recibiré clases particulares después de la guerra. Aunque aún puede esperar, quisiera volver a empezar, a condición de que me den otro libro.

Esto es suficiente por ahora. No hago más que mirar a Peter y estoy a punto de rebosar.

Tu Ana M. Frank

Una prueba de la bondad de Margot.
Esto lo he recibido hoy, 20 de marzo de 1944:

"Ana, ayer cuando te dije que no tenía celos de ti, fui honesta contigo a medias. La verdad es que no tengo celos de ti ni de Peter, sólo que lamento un poco no haber encontrado aún a nadie —y seguro que lo encontraré en un futuro próximo— con quien pueda compartir lo que pienso y lo que siento. Pero eso no quita que desde el fondo de mi corazón les desee que puedan confiar el uno en el otro. Aquí ya echamos de menos bastantes cosas que otros dan por sentado.

Por otro lado, estoy segura de que nunca habría llegado muy lejos con Peter, porque tengo la sensación de que mi relación tendría que ser bastante íntima con la persona antes de contarle todas mis cosas. Tendría que tener la impresión de que me comprendiera totalmente, aun sin que yo le contara tanto. Por esta razón tendría que ser una persona a quien considerara superior a mí, y no es el caso con Peter. Sin embargo, contigo y él sí puedo imaginar una cosa así.

De modo que no hay necesidad de hacerte ningún reproche porque pienses estar haciendo algo que me correspondía a mí. Nada de eso. Tú y Peter ganarán con el trato mutuo".

Esta fue mi respuesta:

"Querida Margot:

Tu carta me pareció enormemente cariñosa, pero no me ha tranquilizado y creo que tampoco lo hará.

De la confianza que hablas, entre Peter y yo aún no existe en la medida que tú dices, y frente a una ventana abierta y oscura uno se dice más cosas que a plena luz del sol. También resulta más fácil contarse lo que uno siente susurrando, que gritándolo a los cuatro vientos. Tengo la impresión de que has ido desarrollando una especie de afecto fraternal por Peter y de que quisieras ayudarlo, al menos igual que yo. Quizá algún día puedas llegar a hacerlo, aunque ésa no sea la confianza como la entendemos tú y yo. Opino que la confianza es una cosa mutua, y creo que esa es la razón por la cual entre papá y yo jamás llegamos a ese punto. No nos ocupemos más del asunto y ya no hablemos de él. Si quieres alguna otra cosa de mí, te pido que me lo hagas saber por escrito, así podré expresar mucho mejor lo que te quiera decir que oralmente. No sabes lo mucho que te admiro y sólo espero que algún día yo también pueda tener un poco de la bondad de papá y tuya, porque ya no veo mucha diferencia entre ustedes".

Tu Ana

Miércoles 22 de marzo de 1944

Querida Kitty:

Esto recibí anoche de Margot:

"Estimada Ana:

Después de tu carta de ayer, tengo la desagradable impresión de que cada vez que vas a estudiar o a charlar con Peter te dan remordimientos, sin embargo, no hay razón para ello. En mi corazón algo me dice que una persona tiene derecho a la confianza mutua, y algo me dice que Peter aún no es esa persona.

Sin embargo, tal como me has escrito, me da la impresión de que Peter es como un hermano, pero... un hermano menor, y de que nuestros sentimientos extienden sus antenas buscándose, para que quizá algún día, o tal vez nunca, puedan encontrarse con un afecto fraternal; hasta ahora eso está lejos. En verdad no hace falta que te compadezcas de mí. Disfruta todo lo que puedas la compañía que has encontrado".

Por el momento, todo es cada día más hermoso aquí. Creo, Kitty, que en la Casa de atrás un verdadero gran amor puede estar floreciendo. Todas esas bromas sobre que Peter y yo terminaremos casándonos, si nos quedamos aquí mucho más tiempo, no serán tan descabelladas. No es que esté pensando en casarme con él; no sé cómo será cuando crezca, ni si llegaremos a querernos lo suficiente como para desear casarnos.

Ahora estoy segura de que Peter también me quiere; de qué manera exactamente, no lo sé. No alcanzo a descubrir si sólo quiere una buena amiga, o si le atraigo como chica, o como hermana. Cuando me dijo que siempre le ayudo cuando sus padres se pelean, me puse muy contenta y me pareció que era el primer paso en el camino hacia su amistad. Ayer le pregunté lo que haría si hubiera una docena de Anas aquí que siempre vinieran a visitarlo. Su respuesta fue:

—Si fueran todas como tú, no sería tan malo.

Es muy hospitalario conmigo y creo que de verdad le gusta que vaya a verlo. Ahora estudia francés con mucho empeño, incluso por la noche en la cama, hasta las 10:15.

¡Ay, cuando pienso en la noche del sábado, en nuestras palabras, nuestras voces, me siento satisfecha por primera vez en mi vida! Me refiero a que ahora volvería a decir lo mismo y que no lo cambiaría todo, como otras veces. Es muy guapo, tanto cuando se ríe como cuando está callado, con la mirada perdida. Es cariñoso, bueno y guapo. En mi opinión, se ha sorprendido de mí al darse cuenta de que no soy la chica superficial y frívola en absoluto, sino otra soñadora como él, con las mismas dificultades.

Anoche, después de fregar los platos, esperaba que me invitara a quedarme arriba, pero nada de eso ocurrió: me marché, y él bajó a llamar a Dussel para oír la radio, se quedó bastante tiempo en el cuarto de baño, pero como Dussel tardaba demasiado en venir, subió de nuevo, se paseaba de un lado a otro de su habitación, y luego se acostó temprano.

Toda la noche estuve muy inquieta, y a cada rato me iba al cuarto de baño a lavarme la cara con agua fría, leía un poco, volvía a soñar, miraba el reloj y esperaba, esperaba, sin dejar de escuchar sus pisadas. Cuando me acosté, temprano, estaba muerta de cansancio.

Esta noche me toca bañarme, ¿y mañana? ¡Falta tanto tiempo!

Tu Ana M. Frank

Mi respuesta:

"Querida Margot:

Me parece que lo mejor será esperar y ver qué pasa. Peter y yo no tardaremos en tomar una decisión: seguir como antes, o cambiar. Cómo será, no lo sé; en este caso, prefiero no ver más lejos de la punta de mi nariz.

Pero de una cosa sí estoy segura: si Peter y yo entablamos amistad, le contaré que tú también lo quieres mucho y que estás dispuesta a ayudarlo en lo que necesite. Esto último seguro que no lo querrás, pero ahora no me importa. No sé qué piensa Peter de ti, pero se lo preguntaré cuando llegue el momento. Seguro que no piensa mal, más bien todo lo contrario. Eres bienvenida a unirte a nosotros en el desván, o donde quiera que estemos, de verdad que no nos molestas, ya que creo que tácitamente hemos convenido que cuando queramos hablar, lo haremos por la noche, en la oscuridad.

¡Mantén el ánimo! Yo intento tenerlo, aunque no siempre es fácil. Tu momento llegará antes de lo que piensas".

Tu Ana

Jueves 23 de marzo de 1944

Querida Kitty:
Aquí todo marcha nuevamente sobre ruedas. A nuestros proveedores de cupones los han liberado de prisión, ¡por suerte!

Miep volvió ayer. Hoy le ha tocado a su marido meterse en el catre: tiene escalofríos y fiebre, los síntomas de la gripe tan conocidos. Bep está mejor, aunque la tos aún no se le ha quitado; Kleiman tendrá que quedarse en casa durante mucho tiempo.

Ayer, un avión se estrelló cerca de aquí. Los ocupantes se salvaron saltando a tiempo en paracaídas. El aparato se desplomó en una escuela donde no había niños. Un pequeño incendio y algunas muertes fueron las consecuencias del episodio. Los alemanes dispararon a los aviadores mientras bajaban, los amsterdameses que lo vieron soltaron bufidos de rabia por un acto tan cobarde. Nosotras, las mujeres de la casa, nos asustamos hasta la muerte. ¡Puf, no me gusta el sonido de los disparos! Ahora te cuento acerca de mí.

Cuando estaba con Peter ayer, de alguna manera y realmente no sé cómo fue que tocamos el tema de la sexualidad. Hacía mucho que me había propuesto hacerle algunas preguntas al respecto. Él sabe todo. Cuando le conté que ni Margot ni yo estábamos demasiado informadas, se sorprendió mucho. Le conté mucho acerca de Margot, y de papá y mamá, y de que últimamente no me atrevo a preguntarles nada. Se ofreció para informarme sobre el tema y yo encantada acepté. Me explicó cómo funcionan los anticonceptivos y le pregunté muy osada cómo hacen los chicos para darse cuenta de que ya son adultos. Dijo que necesitaba tiempo para pensarlo, y que me lo diría por la noche. Entre otras cosas, le conté aquella historia de Jacque y de que las chicas, ante la fuerza de los varones, están indefensas.

—¡Bueno, tú no tienes que tener miedo de mí! —dijo.

Por la noche, cuando volví, me contó sobre los chicos. Me sentí un poco incómoda, pero me gustó poder hablar de estas cosas con él. Ni él ni yo imaginamos que algún día pudiésemos hablar sobre asuntos tan íntimos tan abiertamente con otra chica u otro chico. Creo que ahora lo sé todo. Me contó muchas cosas sobre los preservativos.

Por la noche, en el cuarto de baño, Margot y yo estuvimos hablando de Bram y Trees, dos amigos de ella.

Esta mañana me esperaba algo muy desagradable: después del desayuno, Peter me hizo señas para que lo acompañara arriba.

—Me has timado, ¿verdad? —dijo—. He oído lo que tú y Margot discutían anoche en el cuarto de baño. Creo que sólo querías ver lo que Peter sabía del asunto y luego divertirte con ello.

Me quedé pasmada. Intenté por todos los medios quitarle de la cabeza esas mentiras infames. ¡Puedo entender lo mal que se debe haber sentido, aunque nada de ello es cierto!

—Que no, Peter —le dije—. Nunca podría ser tan ruin. Prometí no decir nada, y así será. Hacer teatro de esa manera y ser tan ruin adrede. No, Peter, eso no sería divertido, eso sería desleal. No he dicho nada, de verdad. ¿Me crees?

Me aseguró que me creía, pero tendré que hablar con él al respecto. En el día no hago más que pensar en ello. Por suerte, enseguida dijo lo que pensaba; imagínate que hubiera llevado dentro de sí semejante sospecha. ¡El bueno de Peter! ¡Ahora sí que deberé y tendré que contarle todo!

Tu Ana

Viernes 24 de marzo de 1944

Estimada Kitty:
Últimamente, subo muy a menudo a la habitación de Peter por las noches a respirar algo del aire fresco. En un cuarto oscuro las conversaciones marchan mucho mejor, más que cuando el sol te hace cosquillas en la cara. Me resulta acogedor y cómodo sentarme a su lado delante de la ventana y mirar hacia fuera. Van Daan y Dussel me gastan bromas tontas cuando desaparezco en la habitación de Peter. "La segunda casa de Ana", dicen, o "¿es apropiado que, por la noche, un caballero reciba, la visita de una dama en la oscuridad?". Peter es increíble para hacer frente a esos comentarios supuestamente graciosos. Mamá, dicho sea de paso, es bastante curiosa y le encantaría preguntarme de qué temas hablamos, si no fuera porque secretamente tiene miedo de una negativa de mi parte. Peter dice que los mayores nos tienen envidia porque somos jóvenes y no hacemos caso de sus comentarios ponzoñosos.

A veces, Peter viene abajo a buscarme, pero eso también es incómodo, porque pese a todas las medidas preventivas se pone colorado como un tomate y apenas puede pronunciar palabras. Me alegra que yo nunca me sonroje. Debe ser muy desagradable.

Por lo demás, me sabe muy mal que Margot esté abajo sola mientras yo estoy arriba gozando de buena compañía. Pero, ¿qué puedo hacer al respecto? A mí no me importa que venga arriba con nosotros, pero sería un mal tercio y no se sentiría cómoda.

He tenido que escuchar un sinnúmero de comentarios sobre nuestra repentina amistad, y durante la comida ya se ha dicho no sé cuántas veces que tendremos que casarnos en la Casa de atrás, si la guerra llega a durar cinco años más. ¿Y a nosotros qué nos importan estas palabrerías de abuelos? De cualquier manera, no mucho, porque son estúpidas.

¿Acaso han olvidado mis padres que fueron jóvenes alguna vez? Parece que sí; al menos, siempre nos toman en serio cuando les gastamos una broma, y se ríen de nosotros cuando hablamos en serio.

No sé qué va a ocurrir después, ni si siempre tendremos algo de qué hablar. Pero si lo nuestro sigue en pie, también podremos estar juntos sin necesidad de hablar.

Si tan sólo sus padres dejaran de actuar de manera tan estúpida... Seguro que es porque prefieren no verme. De todas formas, Peter y yo nunca les diremos de qué hablamos. ¡Imagínate si supieran que tratamos temas tan íntimos!

Me gustaría preguntarle a Peter si sabe cómo es el cuerpo de una chica. Creo que en los varones la parte de abajo no tiene un diseño tan complicado como la de las mujeres. En las fotos o dibujos de un hombre desnudo puede apreciarse perfectamente cómo son, pero en las mujeres no, dado que los genitales de las mujeres están más escondidos entre las piernas. Probablemente Peter nunca ha visto a una chica de tan cerca y, a decir verdad, yo tampoco. Realmente lo de los varones es mucho más sencillo.

¿Cómo rayos podría explicarle a Peter el funcionamiento del aparato femenino? Porque, y lo deduje de sus palabras, me he dado cuenta de que no lo sabe exactamente. Dijo algo de cuello del útero, pero éste se localiza por dentro, y no se puede ver.

Es notable lo bien organizada que está esa parte del cuerpo en nosotras. Antes de cumplir los 11 o 12 años, no sabía que también había labios dentro de la vulva, porque no se veían. Y lo más curioso es que yo pensaba que la orina salía del clítoris. Una vez, cuando le pregunté a mamá lo que significaba esa pequeña cosa sin salida, me dijo que no sabía. ¡Qué rabia me da que siempre se esté haciendo la tonta!

Pero volvamos al tema. ¿Cómo describir sin un ejemplo a la mano algo así? ¿Debería tratar aquí mismo y ahora? ¡Pues vamos!

De frente, cuando estás de pie, no ves más que pelos. Entre las piernas hay una especie de almohadillas, unas suaves, también con pelo, que cuando estás de pie no se puede ver lo que hay dentro. Cuando te sientas, se separan, y por dentro tienen un aspecto carnoso, muy rojo y feo. En la parte superior, entre los labios mayores, arriba, hay como un pliegue de la piel, que parece una especie de burbujita en una inspección más cercana, y es el clítoris. Luego vienen los labios menores, que también están pegados uno a otro como si fueran un pliegue. Cuando se abren, dentro hay un bultito carnoso, no más grande que la punta de un dedo. La parte superior es porosa, allí hay unos cuantos orificios por donde sale la orina. La parte inferior parece estar compuesta sólo por piel, pero allí está la vagina. Está casi toda cubierta de pliegues de la piel, y es muy difícil descubrirla. Es tan tremendamente pequeño el orificio que está debajo, que casi no logro imaginarme cómo un hombre puede entrar ahí, y menos cómo puede salir un niño. Es un orificio al que ni siquiera con el dedo puedes entrar fácilmente. Eso es todo, y pensar que todo esto juega un papel tan importante.

Tu Ana M. Frank

Sábado 25 de marzo de 1944

Querida Kitty:
Cuando una va cambiando, te das cuenta sólo cuando ya cambiaste. He cambiado muy a fondo y por completo. Mis opiniones, puntos de vista, mi ojo crítico, mi apariencia, mi corazón: todo ha cambiado. Y, de hecho, para mejor. Ya alguna vez te he contado lo difícil que fue para mí venir aquí y dejar atrás esa vida de muñeca adorada, en medio de la cruda realidad de *regañizas* y adultos. Pero papá y mamá son culpables en gran parte de muchas de las cosas por las que he tenido que pasar. En casa veían con gusto que fuera una chica alegre, y eso estaba bien, pero aquí no debieron haberme instigado ni mostrado sólo "su" lado de las peleas y discusiones. Darme cuenta de que aquí, en cuestión de peleas, van más o menos mitad y mitad, me tomó mucho tiempo. Pero ahora sé que aquí se han cometido muchos errores por parte de todos. El error más grande de papá y mamá con respecto a los Van Daan es nunca hablarles de manera franca y amistosa (aunque lo amistoso sea un poco hipócrita).

Por encima de todo yo quisiera preservar la paz y no pelearme ni chismear. En el caso de papá y de Margot no es tan difícil; en el de mamá, sí. Por eso está muy bien que ella misma a veces me llame la atención. Al señor Van Daan una puede ganárselo dándole la razón, escuchándolo en silencio, sin replicar y, sobre todo, contestando a sus múltiples chistes y bromas pesadas con otra broma. A la señora hay que ganársela hablando francamente y cediendo en todo. Ella misma reconoce sus fallos, que son muchos, abiertamente. Me consta que ya no piensa tan mal de mí como al principio, y sólo es porque soy sincera y no ando lisonjeando a la gente, así como así. Quiero ser sincera, y creo que siéndolo se llega mucho más lejos. Además, eso te hace sentir mucho mejor.

Ayer la señora me habló del arroz que le hemos dado a Kleiman.

—Le hemos dado y dado, y vuelto a dar —dijo—. Pero llega un momento en que hay que decir: basta, ya es suficiente. El señor Kleiman, si se toma la molestia, puede conseguir arroz por su cuenta. ¿Por qué hemos de regalarle todo de nuestras provisiones? Nosotros tenemos apenas lo necesario.

—No, señora Van Dann —respondí—. No estoy de acuerdo con usted. Tal vez sea cierto que el señor Kleiman puede conseguir arroz, pero le fastidia tener que ocuparse de ello. No es asunto nuestro criticar a las personas que nos ayudan. Debemos darles todo lo que no nos haga absolutamente falta a nosotros y que ellos necesiten. Un plato de arroz a la semana no nos sirve de mucho, también podemos comer legumbres.

A la señora no le pareció que fuera así, pero también dijo que, a pesar de no estar de acuerdo, no le importaba ceder, que eso ya era otra cuestión.

Bueno, dejémoslo ahí; a veces sé muy bien cuál es mi lugar, y otras me queda la duda, pero ya me abriré camino. ¡Oh, sí!, sobre todo porque ahora tengo la ayuda de Peter que me auxilia con bastantes huesos duros de roer y con una que otra manzana ácida.

De verdad no sé hasta qué punto me quiere o si alguna vez nos llegaremos a dar un beso. De cualquier manera, no quisiera forzarlo. A papá le he dicho que voy mucho a ver a Peter y le pregunté si le parecía bien. Por supuesto, le pareció bien.

A Peter le cuento muchas cosas con gran facilidad, que con otros nunca me saldrían. Así, por ejemplo, le he dicho que más tarde me gustaría escribir, e incluso ser escritora, o al menos nunca dejarlo de lado, aunque ejerza una profesión o desempeñe alguna otra tarea.

No soy rica; no soy hermosa, ni inteligente, ni sensata; ¡pero soy feliz y lo seguiré siendo! Tengo un carácter alegre, quiero a las personas, no soy desconfiada y quiero verlas felices conmigo.

Tu afectuosa, Ana M. Frank

Una vez más, el día no ha traído nada, ha sido como una noche oscura.

(Esto es de hace unas semanas y ahora ya no cuenta. Pero como mis versos son tan poco frecuentes, decidí apuntarlos.)

Lunes 27 de marzo de 1944

Querida Kitty:
Un capítulo muy importante en nuestra historia escrita de escondidos, es el papel de la política, pero como el tema no me interesa tanto, lo he dejado de lado. Por eso hoy dedicaré una carta entera a la política.

Por supuesto, hay muchos puntos de vista sobre esta cuestión, y es aún más lógico que se hable mucho del asunto en estos tiempos difíciles de guerra, pero... ¡es francamente estúpido que todos se peleen tanto por ella! Que apuesten, que se rían, que digan palabrotas, que se quejen, que hagan lo que les venga en gana y que se pudran si quieren, pero que no se peleen, porque eso por lo general acaba mal. La gente que viene de fuera nos trae muchas noticias que resultan falsas; sin embargo, nuestra radio hasta ahora nunca ha mentido. Jan, Miep, Kleiman, Bep y Kugler van para arriba y para abajo en sus ánimos políticos, los de Jan algo menos que los de los demás.

Aquí, en la Casa de atrás, el estado de ánimo en lo que a política se refiere siempre es el mismo. Los innumerables debates sobre la invasión, los bombardeos aéreos, los discursos y así sucesivamente, van acompañados de un sinnúmero de comentarios como "¡Imposible! ¡Por el amor de Dios, si todavía no han empezado, adónde iremos a parrar! ¡Todo va viento en popa, estupendo, excelente!".

Optimistas y pesimistas, sin olvidar sobre todo a los realistas, manifiestan su opinión con inagotable energía, y como suele suceder en todos estos casos, cada cual cree que sólo él tiene razón. A cierta señora le irrita la confianza sin igual que su señor marido les tiene a los ingleses. Un cierto caballero ataca a su señora esposa a raíz de los comentarios burlones y despectivos de ésta respecto de su amada nación. Y así, desde la mañana hasta la noche, y lo más curioso es que nunca se aburren.

He descubierto un truco que funciona a las mil maravillas: es como si pincharas a alguien con un alfiler y saltara. Así es como funciona: ponte a hablar sobre política, a la primera pregunta, la primera palabra, la primera frase y pum, toda la familia estará involucrada.

Como si los informes de la Werhmachtsberichte alemanas y la BBC inglesa no fueran suficientes, hace algunos días han empezado a transmitir un *Luftlagemeldung*.[6] Estupendo, en una palabra; pero la otra cara de la moneda muchas veces decepciona. Los ingleses han hecho de su arma aérea una empresa de régimen continuo, que sólo se puede comparar con las mentiras alemanas.

La radio se enciende ya a las 8:00 de la mañana (si no más temprano) y se la escucha cada hora, hasta las 9:00, las 10:00 o, a veces, hasta las 11:00 de la noche. Esta es la mejor prueba de que los adultos tienen paciencia y un cerebro de difícil acceso (algunos de ellos, naturalmente; no quisiera ofender a nadie). Con una sola emisión, o dos a lo sumo, nosotros ya tendríamos suficiente para todo el día, pero esos viejos gansos, en fin, que ya lo he dicho. El programa para los trabajadores, Radio Orange, Frank Philips o su majestad la reina Guillermina, a todos les llega su turno y a todos se les escucha con atención; si no están comiendo o durmiendo, es que están sentados alrededor de la radio y hablan de comida, de dormir o de política. ¡Uf!, es una lata, y si no nos cuidamos nos convertiremos todos en unos viejos aburridos. Bueno, esto ya no vale para los mayores... Un ejemplo ideal, los discursos de nuestro muy querido Winston Churchill.

Las 9:00 de la noche del domingo. La tetera, debajo de su cofia, está en la mesa. Los invitados entran. Dussel se sienta junto a la radio, el señor Van Daan delante, y Peter a su lado; mamá junto al señor, la señora detrás, Margot y yo detrás de todos y Pan junto a la mesa. Me parece que no te he descrito muy claramente dónde se ha sentado cada uno, pero resulta irrelevante. Los señores fuman, los ojos de Peter se cierran, por el esfuerzo que hace al escuchar, mamá lleva una bata larga, negra, y la señora tiembla de miedo a causa de los aviones, que no hacen caso del discurso y enfilan alegremente hacia Essen. Papá bebe té, Margot y yo estamos fraternalmente unidas por Mouschi, que para dormir ha acaparado una rodilla de cada una. Margot se ha puesto rulos, yo llevo un camisón demasiado pequeño, corto y ceñido. La escena parece íntima, armoniosa, tranquila, y por esta vez lo es, pero yo espero con horror las consecuencias del discurso. Casi no pueden esperar hasta el final, se mueren de impaciencia por ver si habrá pelea o no. ¡Pst, Pst! como un gato que atrae a un ratón a la trampa, todos se espolean mutuamente hasta acabar en riñas y disputas.

Tu Ana

6 En alemán: Informe de las posiciones aéreas.

Martes 18 de marzo de 1944

Mi querida Kitty:
Podría escribirte sobre política mucho más, pero hoy tengo muchas otras cosas que contarte. En primer lugar, mamá me ha prohibido que suba tan a menudo, porque según ella la señora Van Daan está celosa. En segundo lugar, Peter invitó a Margot para que también vaya arriba, no sé si por cortesía o si va en serio. En tercer lugar, le he preguntado a papá si le parece que debo hacer caso de esos celos y me ha dicho que no.

¿Ahora qué? Mamá está enfadada, no me deja ir arriba, quiere que vuelva a estudiar en la habitación con Dussel, quizá también sienta celos. Papá está de acuerdo con que Peter y yo pasemos esas horas juntos y se alegra de que nos llevemos tan bien. Margot también quiere a Peter, pero según ella no es lo mismo hablar entre tres determinados temas que son de pareja.

Además, mamá cree que Peter está enamorado de mí; siendo honesta, me gustaría que lo estuviera, así estaríamos a la par y podríamos comunicarnos mucho mejor. Mamá también dice que Peter me mira mucho; es cierto que más de una vez nos hemos guiñado el ojo estando en la habitación, y que él me mira los hoyuelos de las mejillas. ¿Acaso debería yo hacer algo para evitarlo?

Estoy en una situación muy difícil. Mamá está en mi contra, y yo en la suya. Papá cierra los ojos ante la lucha silenciosa entre nosotras dos. Mamá está triste, ya que aún me quiere; yo no estoy triste para nada, porque ella ya no significa nada para mí.

¿Y Peter...? A Peter no lo quiero dejar. ¡Es tan dulce y lo admiro tanto! Entre nosotros puede que ocurra algo tan hermoso, pero ¿por qué entonces tienen que estar metiendo los viejos sus narices? Por suerte estoy acostumbrada a ocultar lo que llevo dentro, por lo que no me resulta nada difícil no demostrar lo mucho que le quiero. ¿Dirá él algo alguna vez?

¿Alguna vez sentiré su mejilla, tal como sentí la de Petel en sueños? ¡Ay, Schieff Peter y Petel, son el mismo! Ellos no nos comprenden, nunca comprenderán que nos conformamos con estar sentados juntos sin hablar. No comprenden lo que nos une.

¿Cuándo superaremos todas estas dificultades? Y sin embargo está bien superarlas, así el final será mucho más hermoso. Cuando recuesta su cabeza en los brazos y cierra los ojos, es aún un niño. Cuando juega con Mouschi o mientras habla de él, está lleno de amor. Cuando carga papas o alguna otra cosa pesada, es fuerte. Cuando se pone a mirar los disparos o los ladrones en la oscuridad, es valiente, y cuando hace las cosas con torpeza y falto de habilidad, es tan tierno. Me gusta mucho más cuando él me explica alguna cosa, que cuando yo tengo que enseñarle algo. ¡Me gustaría que fuera superior a mí en casi todos los aspectos!

¡Qué me importan a mí nuestras madres! ¡Si tan sólo me dijera algo!

Papá siempre dice que soy vanidosa, pero no es cierto: sólo soy coqueta. No me han dicho muchas veces que soy guapa; excepto un chico de la escuela, me dijo que le gustaba mi manera de reírme. Ayer recibí un cumplido sincero de Peter y, por gusto, te citaré más o menos nuestra conversación.

Peter me decía a menudo "¡Sonríe!", lo que me llamaba la atención. Entonces, ayer le pregunté:

—¿Por qué debería sonreír?

—Porque me gusta. Es que se te forman hoyuelos en las mejillas. ¿Cómo ocurre eso?

—Son de nacimiento. En el mentón también tengo uno. Son la única belleza que poseo.

—¡Qué va, eso no es verdad!

—Sí que lo es. Ya sé que no soy una chica bonita; nunca lo he sido y nunca lo seré.

— No me parece que sea así. Yo creo que eres guapa.

—No es cierto.

—Lo digo yo, créelo.

Entonces, por supuesto, le dije lo mismo de él.

Tu Ana M. Frank

Miércoles 29 de marzo de 1944

Querida Kitty:
Anoche, el ministro Bolkestein habló por Radio Orange, y dijo que después de la guerra se hará una recolección de diarios y cartas relativos a la guerra. Por supuesto, todos se abalanzaron sobre mi diario. ¡Imagínate lo interesante que sería publicar una novela que se llamara *La casa de atrás*! El título por sí solo daría a pensar que se trata de una historia de detectives.

Pero en serio, 10 años después de la guerra, resultará muy divertido leer la forma en que vivimos, comimos y lo que hablamos ocho judíos escondidos. Pero si bien es cierto que te cuento bastantes cosas sobre nosotros, sólo conoces una pequeña parte de nuestras vidas. El miedo que tenemos las mujeres cuando hay bombardeos el domingo, por ejemplo, cuando 350 aviones ingleses dejaron caer más de 550 toneladas de bombas sobre IJmuiden, haciendo temblar las casas como hojas de hierba al viento, o la cantidad de epidemias que se han desatado.

De todas esas cosas tú no sabes nada, si quisiera contártelo todo y con todo detalle, tendría que pasarme el día escribiendo. La gente hace cola para comprar verduras y todo tipo de mercancías; los médicos no pueden ir a asistir a sus pacientes porque les roban el vehículo en sus narices; son tantos los robos y asaltos que te preguntas qué se les ha metido a los holandeses tan de repente que se han vuelto tan mano larga. Niños de 8 a 11 años rompen las ventanas de las casas y se llevan todo lo que pueden. Nadie se atreve a dejar su casa más de cinco minutos, porque apenas te vas, desaparecen todas tus cosas. Todos los días salen anuncios en los periódicos ofreciendo recompensas por la devolución de máquinas de escribir robadas, alfombras persas, relojes eléctricos, telas, etcétera. Los relojes eléctricos callejeros los desarman todos, y a los teléfonos de las cabinas los despojan hasta del último cable.

El estado de ánimo entre la población no puede ser bueno; todo el mundo tiene hambre, la ración semanal no alcanza ni para dos días, excepto el sucedáneo del café. La invasión se hace esperar, a los hombres se los llevan a Alemania a trabajar, los niños están desnutridos o caen enfermos, todo el mundo tiene la ropa y los zapatos en mal estado. Una suela cuesta 7.50 florines en el mercado negro. Además, los zapateros no aceptan clientes nuevos, o hay que esperar cuatro meses para que te arreglen los zapatos, que a menudo desaparecen.

Una cosa buena ha salido de todo esto, y es que a medida que la comida empeora y las medidas contra la población se hacen más severas, el sabotaje contra el gobierno aumenta. El servicio de distribución, la policía, los funcionarios, todos cooperan para ayudar a sus conciudadanos, o bien los delatan para que vayan a parar a la cárcel. Afortunadamente, sólo un pequeño porcentaje de holandeses colabora con el lado equivocado.

Tu Ana

Viernes 31 de marzo de 1944

Querida Kitty:

¡Imagínate! Todavía hace bastante frío y la mayoría de la gente ya lleva casi un mes sin carbón. Suena horrible, ¿no te parece? Hay un ambiente general de optimismo con respecto al frente ruso, que es formidable. No suelo escribir sobre política, pero ahora sí que tengo que comunicarte su posición: a la frontera de Polonia y a orillas del Prut, en Rumania, muy cerca de Odesa, y han sitiado Ternopol, desde donde cada noche esperan un comunicado especial de Stalin.

Tiran tantas salvas de cañón en Moscú, que la ciudad se estremece a diario. No sé si les gusta fingir como si la guerra estuviera cerca, o simplemente es la única manera que conocen para expresar su alegría.

Hungría ha sido ocupada por tropas alemanas. Allí todavía viven un millón de judíos. Ahora seguro que están condenados.

Nada en especial ocurre aquí. Hoy es el cumpleaños del señor Van Daan. Recibió dos paquetes de tabaco, café como para una taza, que su mujer le había guardado, Kugler le ha regalado ponche de limón, Miep sardinas, nosotros agua de colonia, unos ramos de lilas con tulipanes, sin olvidar una tarta rellena de frambuesas y grosellas, un tanto pegajosa por la mala calidad de la harina y la ausencia de mantequilla, pero muy sabrosa.

Las habladurías sobre Peter y yo se han calmado un poco. Esta noche pasará a buscarme; bien por él, ¿no te parece?, sobre todo porque le resulta tan incómodo. Somos muy buenos amigos, estamos mucho juntos y hablamos de todo un poco. Estoy tan contenta de que nunca necesite contenerme al tocar temas delicados, como sería el caso con otros chicos. Así, por ejemplo, hemos estado hablando sobre la sangre, y así llegamos a la menstruación. Dice que las mujeres somos muy resistentes por la manera en que soportamos la pérdida de la sangre. Dijo que también yo era muy resistente. Adivina por qué.

Mi vida aquí ha mejorado mucho, muchísimo. Dios no me ha dejado sola, ni me dejará.

Tu Ana M. Frank

Sábado 1 de abril de 1944

Mi querida Kitty:
Y sin embargo todo sigue siendo tan difícil, ya sabes a lo que me refiero, ¿verdad? Anhelo tanto un beso suyo, ese beso que está tardando tanto tiempo. ¿Seguirá considerándome sólo una amiga? ¿Acaso no soy ya algo más que eso?

Tú y yo sabemos que soy fuerte, que soporto yo sola la mayoría de las cargas. Nunca he acostumbrado compartirlas con nadie, nunca me he aferrado a una madre, pero ahora me gustaría recostar mi cabeza sobre su hombro y estar tranquila.

No puedo, nunca olvido el sueño de la mejilla de Peter, cuando todo estaba bien. ¿Acaso él no anhela lo mismo? ¿O es demasiado tímido para confesarme su amor? ¿Por qué quiere tenerme consigo tan a menudo entonces? ¿Ay, por qué no me lo dice?

Quiero parar, estar tranquila. Seré fuerte, y con un poco de paciencia también aquello llegará, pero lo peor es que parece que siempre soy yo la que lo persigue. Siempre soy yo la que va arriba, y no él quien viene hacia mí. Pero eso es por la distribución de las habitaciones, y él entiende muy bien el inconveniente. Como también entiende tantas otras cosas.

Tu Ana M. Frank

Lunes 3 de abril de 1944

Mi querida Kitty:
Contrario a mi costumbre, voy a escribirte con todo detalle sobre la comida, ya que se ha convertido en un factor primordial y difícil, no sólo en la Casa de atrás, sino también en Holanda, en toda Europa y en todas partes.

En los 21 meses que llevamos aquí, hemos tenido unos cuantos "periodos de comidas". Te explicaré de qué se trata. Un "periodo de comidas" es cuando todos los días comemos el mismo plato o la misma verdura. Durante una época no hubo otra cosa que comer más que escarola: con arena, sin arena, con puré de papas, sola o en guiso; luego vinieron las espinacas, las coles, los salsifíes, los pepinos, los tomates, el chucrut y así sucesivamente.

Te aseguro que no es nada agradable comer todos los días, cada mañana y cada noche, chucrut, pero cuando se tiene hambre, se come cualquier cosa; ahora, sin embargo, estamos en el mejor período: no se consigue nada de verdura.

Nuestro menú semanal del mediodía es el siguiente: frijoles pintos, sopa de guisantes, papas con albóndigas de harina, *cholent* de papas; luego, cual regalo del cielo, nabos o zanahorias podridas, y de nuevo frijoles. De entrada, comemos papas; en primer lugar, a la hora del desayuno, por falta de pan, pero entonces al menos las fríen un poco. Hacemos sopa de frijoles pintos o alubias, sopa de papas, sopa juliana de sobre, sopa de pollo de sobre, o sopa de frijoles pintos de sobre. Todo lleva frijoles pintos, hasta el pan. Por las noches siempre comemos papas con salsa de carne y ensalada de berenjena, que por suerte todavía nos quedan. De las albóndigas de harina faltaba mencionar que las hacemos con harina del gobierno, agua y levadura. Son tan pegajosas y duras que es como si te cayera una piedra en el estómago, pero en fin...

Nuestro mayor aliciente culinario es el trozo de morcilla de hígado de cada semana y el pan seco con mermelada. ¡Pero aún estamos vivos, y a veces todas estas cosas hasta saben bien!

Tu Ana M. Frank

Miércoles 5 de abril de 1944

Mi querida Kitty:

De un tiempo para acá no sé para qué sigo estudiando; el final de la guerra es tan remoto y tan irreal, tan bello y maravilloso. Si a finales de septiembre aún estamos en guerra, ya no volveré a ir al colegio, porque no quiero estar dos años retrasada.

Mis días los llenaba Peter, sólo Peter, sueños y pensamientos, hasta que la noche del sábado me sentí completamente miserable, ¡oh, horror! Contuve mis lágrimas en compañía de Peter, más tarde, mientras tomábamos el ponche de limón con los Van Daan, me reí a carcajadas, de lo animada y excitada que estaba, pero apenas estuve sola, supe que tenía que llorar para desahogarme. Me deslicé de la cama al suelo en camisón y recé primero muy intensamente mi largo rezo; luego lloré con la cabeza apoyada en los brazos y las rodillas levantadas, a ras del suelo, acurrucada. Un fuerte sollozo me hizo volver a la realidad y contuve mis lágrimas, ya que no quería que al lado me oyeran. Entonces empecé a balbucear unas palabras para alentarme a mí misma diciendo una y otra vez: "¡Debo hacerlo, debo hacerlo, debo hacerlo...!". Rígida por la posición inusual, caí hacia atrás contra el borde de la cama y seguí luchando, hasta que poco antes de las 10:30, cuando me metí de nuevo en la cama, ¡se había acabado!

Y ahora ha desaparecido por completo. Debo seguir estudiando, para no ser ignorante, para progresar, para convertirme en periodista, porque eso es lo que quiero ser. Yo sé que puedo escribir. Algunas de mis historias son buenas; mis descripciones de la Casa de atrás, humorísticas; gran parte de mi diario es muy vívido, pero... aún está por verse si realmente tengo talento.

"El sueño de Eva" es mi mejor cuento, y lo curioso es que no tengo la menor idea de dónde me vino. Gran parte de "La vida de Cady" también está bien, pero en su conjunto no tiene nada de especial. Soy mi mejor y más duro crítico. Yo misma sé lo que está bien escrito, y lo que no. Quienes no escriben no saben lo maravilloso que es escribir. Antes siempre me lamentaba por no saber dibujar, pero ahora estoy feliz de que al menos sé escribir. Si no tengo talento para escribir en los periódicos o libros, pues bien, siempre me queda la opción de escribir para mí misma. Pero quiero lograr algo más, no puedo imaginarme tener que vivir como mamá, la señora Van Daan y todas esas mujeres que hacen sus tareas y que más tarde todo el mundo olvidará. Tengo que dedicarme a algo más que un marido e hijos. No quiero haber vivido en vano, como la mayoría de las personas. Quiero ser de utilidad y alegría para los que viven a mi alrededor, aun sin conocerme. ¡Quiero seguir viviendo, aun después de muerta! Y por eso le agradezco tanto a Dios que me haya dado desde que nací la oportunidad de instruirme, de escribir, y de expresar todo lo que hay dentro de mí.

Cuando escribo se me pasa todo, mis penas desaparecen, mi valentía revive. Pero la gran pregunta es: ¿seré capaz de escribir algo grande algún día? ¿Llegaré algún día a ser periodista o escritora? ¡Espero que sí, oh, y lo espero tanto! Porque al escribir puedo expresarlo todo: mis pensamientos, mis ideales y mis fantasías.

Hace un largo tiempo que no he hecho nada en "La vida de Cady"; en mi mente sé perfectamente cómo continuar, pero no fluye al escribirlo. Quizá nunca lo acabe; tal vez vaya a parar a la papelera o a la estufa. No es una idea muy alentadora, pero luego pienso y me digo: "a los 14 años, y con tan poca experiencia, tampoco se puede escribir filosofía".

Así que adelante, con nuevos ánimos, tendré éxito, ¡porque he decido escribir, sea como sea!

Tu Ana M. Frank

Jueves 6 de abril de 1944

Querida Kitty:
Me has preguntado cuáles son mis pasatiempos e intereses, y quisiera responderte, pero te advierto, tengo un montón de ellos, así que no te asustes.

En primer lugar: escribir, pero en realidad no lo considero un pasatiempo.

En segundo lugar: hacer árboles genealógicos. En todos los periódicos, libros y demás papeles busco genealogías de las familias reales de Francia, Alemania, España, Inglaterra, Austria, Rusia, Noruega y Holanda. He hecho un gran progreso con muchos de ellos, sobre todo porque siempre registro en apuntes cuando leo alguna biografía o algún libro de historia. Incluso copio párrafos enteros de historia.

Mi tercer pasatiempo es la historia, y para ello papá ya me ha comprado numerosos libros. Casi no puedo esperar el día de ir a la biblioteca pública para descubrir toda la información que necesito.

Mi cuarto pasatiempo es la mitología griega y romana. También sobre este tema tengo varios libros. Puedo nombrarte las nueve musas y las siete amantes de Zeus, me conozco al dedillo las esposas de Hércules y demás de memoria.

Otras aficiones que tengo son las estrellas de cine y los retratos de familia. También soy aficionada a la lectura y los libros. Me interesa la historia del arte, sobre todo los escritores, poetas y pintores. Los músicos quizá vengan más tarde. Auténtica antipatía le tengo al álgebra, a la geometría y a la aritmética. Las demás asignaturas me gustan todas, sobre todo la historia.

Tu Ana M. Frank

Martes 11 de abril de 1944

Mi querida Kitty:
La cabeza me da vueltas, de verdad no sé por dónde empezar. El jueves (la última vez que te escribí) fue todo como de costumbre. El viernes fue Viernes Santo; por la tarde jugamos juegos de mesa, al igual que el sábado por la tarde. Esos días pasaron muy rápido. El sábado, alrededor de las 2:00 de la tarde, empezaron un tiroteo; eran armas de tiro rápido, según los señores. Por lo demás, todo tranquilo.

Peter vino a verme el domingo a las 4:30 de la tarde, por invitación mía; a las 5:15 subimos al desván de delante, donde nos quedamos hasta las 6:00. De 6:00 a 7:15 pasaron por la radio un hermoso concierto de Mozart; sobre todo me gustó mucho la "Pequeña serenata nocturna". En la habitación casi no puedo oír música, porque cuando es música hermosa, todo se mueve dentro de mí.

El domingo por la noche Peter no pudo bañarse, porque la tina estaba abajo en la cocina llena de ropa. A las 8:00 subimos juntos al desván de delante, y para tener algo blando en que sentarnos me llevé el único cojín que encontré en nuestra habitación. Nos sentamos sobre una caja. Tanto la caja como el cojín eran muy estrechos; estábamos sentados uno pegado al otro, apoyados en otras cajas. Mouschi se unió a nosotros, de modo que teníamos un espía. De repente, a las 8:45, el señor Van Daan nos silbó y nos preguntó si nos habíamos llevado un cojín del señor Dussel.

Los dos nos levantamos de un salto y bajamos con el cojín, el gato y Van Daan.

Este cojín dio lugar a toda una tragedia. Dussel estaba enfadado porque me había llevado el cojín que usaba de almohada, y tenía miedo de que tuviera pulgas. Se armó un verdadero alboroto por ese cojín en la casa. En venganza por su maldad, Peter y yo le metimos dos cepillos bien duros en la cama, que luego tuvimos que sacar, porque Dussel decidió ir a sentarse en la habitación. Nos reímos mucho con este interludio.

Pero nuestra diversión duró muy poco. A las 9:30, Peter llamó suavemente a la puerta y le pidió a papá si podía subir para ayudarle con una frase difícil de inglés.

—Aquí hay gato encerrado —le dije a Margot—. Obviamente es un pretexto. Están hablando en un tono como si hubieran entrado a robar.

Mi suposición era correcta: estaban robando en el almacén. Papá, Van Daan y Peter bajaron. Margot, mamá, la señora y yo nos quedamos esperando. Cuatro mujeres muertas de miedo necesitan hablar, así que eso hicimos hasta que abajo oímos un golpe, y luego todo volvió a estar en silencio. El reloj dio las 9:45. Se nos había ido el color de las caras, pero aún estábamos tranquilas, a pesar de que teníamos miedo. ¿Dónde habían ido los hombres? ¿Qué había sido ese golpe? ¿Estarían luchando con los ladrones? Nadie pensó en otra posibilidad, todo lo que podíamos hacer era esperar.

Las 10:00. Se oyen pasos en la escalera. Papá, pálido y nervioso, entra seguido del señor Van Daan.

—Apaguen las luces y suban sin hacer ruido. Es probable que venga la policía.

No había tiempo para el miedo. Apagamos las luces, tomé rápido una chaqueta y ya estábamos arriba.

—¿Qué pasó? ¡Cuéntenos, pronto!

Pero no había nadie que nos contara. Los hombres habían vuelto a bajar, y no volvieron a subir hasta las 10:10 los cuatro; dos se quedaron montando guardia junto a la ventana abierta de Peter, la puerta que daba al descansillo tenía el cerrojo echado, y la puerta giratoria estaba cerrada. Cubrimos la lamparilla de noche con un suéter, y luego nos contaron:

Peter había oído dos fuertes golpes en el descansillo, corrió hacia abajo y vio que faltaba una gran tabla del lado izquierdo de la puerta del almacén. Corrió hacia arriba, avisó al sector combatiente de la familia y los cuatro bajaron. Los ladrones todavía estaban robando cuando entraron en el almacén. Sin pensarlo, Van Daan gritó: "¡Policía!". Se oyeron pasos apresurados fuera, los ladrones habían huido. Para evitar que la policía notara el hueco, volvieron a poner la tabla, pero una fuerte patada desde fuera la hizo volar de nuevo hasta el suelo. Los hombres se quedaron perplejos ante tanta audacia; Van Daan y Peter sintieron ganas de matarlos. Van Daan cogió un hacha y dio un fuerte golpe en el suelo. Y todo quedó en silencio de nuevo. Volvieron a poner la madera en el hueco, y nuevamente el intento fue frustrado. Un matrimonio iluminó con una linterna muy potente todo el almacén. "¡Maldita sea!", murmuró uno de nuestros hombres, ahora los papeles se había invertido, de policías pasaron a ladrones. Los cuatro corrieron hacia arriba, Dussel y Van Daan cogieron los libros del primero, Peter abrió puertas y ventanas de la cocina y de la la oficina, tiró el teléfono al suelo y por fin todos desaparecieron detrás de las paredes del escondite.

Con toda probabilidad, el matrimonio de la linterna notificó a la policía. Era domingo por la noche, la noche del primer día de Pascua, y el lunes de Pascua no habría nadie en la oficina, o sea, que antes del martes por la mañana no nos podríamos mover. ¡Imagínate pasar dos noches y un día con ese miedo! No pensábamos nada, estábamos en la oscuridad total, porque la señora Van Dann, por miedo, había desenroscado completamente la bombilla; las voces susurraban, y cuando algo crujía se oía "¡Shh, Shh!".

Las 10:30, las 11:00, ningún ruido; por turnos, papá y Van Daan venían a estar con nosotros. Entonces, a las 11:15, un ruido abajo. Podíamos oír la respiración de toda la familia, pero por lo demás no nos movíamos. Pasos en la casa, en la oficina, en la cocina, y luego... ¡en nuestra escalera! Ya no se oía la respiración de nadie, sólo los latidos de ocho corazones. Pasos en nuestra escalera, luego un traqueteo en la puerta giratoria. Ese momento es indescriptible.

—¡Estamos perdidos! —dije, y tuve la visión de que a los 15 nos arrastraba la Gestapo esa misma noche.

Más traqueteo en la puerta giratoria, dos veces, luego se cae una lata, los pasos se alejan.

Estábamos fuera de peligro, por ahora. Un escalofrío recorrió el cuerpo de todos, aunque escuché castañetear varios dientes, nadie decía una sola palabra, y así nos quedamos hasta las 11:30.

No se oía nada más en el edificio, pero en el descansillo justo frente al armario estaba la luz encendida. ¿Sería porque nuestro armario resultaba misterioso? ¿Acaso la policía había olvidado apagar la luz? ¿Vendría aún alguien a apagarla? Las lenguas se aflojaron, ya no había nadie en la casa, tal vez un guardia frente a la puerta.

Luego hicimos tres cosas: formular suposiciones, temblar de miedo e ir al baño. Los cubos estaban en el desván, por lo que usamos la papelera de lata de Peter. Van Daan empezó, luego vino papá, a mamá le daba demasiada vergüenza. Papá trajo la papelera a la habitación, donde Margot, la señora y yo hicimos buen uso de ella, y por fin mamá también se decidió. Había una gran demanda de papel, por suerte yo tenía algo en el bolsillo.

La papelera apestaba, todos susurrábamos y estábamos cansados, eran las 12:00 de la noche en punto.

"Acuéstense en el suelo y a dormir". A Margot y a mí nos dieron una almohada y una manta a cada una. Margot se acostó cerca la despensa, y yo entre las patas de la mesa. A ras del suelo no olía tan mal, pero la señora fue a buscar sigilosamente lejía en polvo; tapamos el orinal con un paño de cocina como precaución adicional.

Conversaciones, susurros, miedo, hedor, ventosidades y un orinal continuamente ocupado; ¡a ver cómo vas a dormir! Sin embargo, a las 2:30, estaba demasiado cansada y hasta las 3:30 no oí nada. Me desperté cuando la señora estaba acostada con la cabeza encima de mis pies.

—¡Por favor, deme algo que ponerme! —le pedí.

Algo me dio, pero no me preguntes qué: unos pantalones de lana para ponerme encima del pijama, el suéter rojo y la falda negra, medias blancas y unos calcetines rotos. Entonces, la señora fue a instalarse en el sillón y el señor se tumbó en mis pies. A partir de las 3:30 me puse a pensar, y como todavía temblaba, Van Daan no podía dormir. Mentalmente me preparé para cuando volviera la policía. Tendríamos que decir que éramos un grupo de escondidos. Si eran holandeses del lado bueno, no pasaría nada, pero si eran nazis, tendríamos que sobornarlos.

—¡Hay que esconder la radio! —suspiró la señora Van Dann.

—¡Sí, en el horno...! —le contestó el señor—. Si nos encuentran a nosotros, que también encuentren la radio.

—¡Entonces también encontrarán el diario de Ana! —se inmiscuyó papá.

—¡Pues quémenlo! —sugirió la más miedosa de todos.

Eso y el instante en que la policía sacudió la puerta-armario, fueron los momentos en que me dio más miedo; ¡mi diario no, a mi diario sólo lo quemarán conmigo! Pero papá ya no contestó, por suerte.

No tiene absolutamente ningún propósito repetir las conversaciones que recuerdo. Dijimos un montón de cosas, y yo estuve tranquilizando a la señora, que estaba muerta de miedo. Hablamos de huir y de interrogatorios de la Gestapo, de llamar por teléfono y de tener valor.

—Ahora tendremos que comportarnos como soldados, señora Van Dann. Si morimos, que sea por la reina y por la patria, por la libertad, la verdad y la justicia, como ha dicho en varias ocasiones Radio Orange. Lo único terrible es que junto con nosotros sumimos en la desgracia a los demás.

Después de una hora, el señor Van Daan cambió de nuevo lugar con su mujer, y papá vino a estar conmigo. Los hombres fumaban sin parar; de vez en cuando se escuchaba un profundo suspiro, luego alguien que hacía pis, y entonces todo comenzaba de nuevo.

Las 4:00, las 5:00, las 5:30. Me senté junto a Peter a escuchar, uno pegado al otro, tan pegados, que cada uno sentía los escalofríos en el cuerpo del otro; nos dijimos alguna que otra palabra y escuchamos con atención. Dentro quitaban los paneles de oscurecimiento y apuntaban los puntos que querían contarle a Kleiman por teléfono.

Y es que a las 7:00 querían llamar por teléfono a Kleiman y hacer venir a alguien. Existía el riesgo de que el guardia que estaba delante de la puerta o en el almacén oyera la llamada, pero un riesgo mayor era que la policía regresara.

Aunque inserto aquí la hoja con la memoria de lo ocurrido, para mayor claridad transcribiré los puntos:

Irrupción: la policía entra al edificio, llegan hasta la puerta giratoria, pero no pasan. Los ladrones, al parecer interrumpidos, forzaron la puerta del almacén y huyeron por jardín.

Entrada principal con cerrojo, Kugler forzosamente tiene que haber salido por la segunda puerta.

Máquinas de escribir y de calcular seguras en la caja negra de la oficina principal.

La lavandería de Miep o Bep se encuentra en la tina de lavado en la cocina.

Sólo Bep o Kugler tienen llave de la segunda puerta; cerradura quizá estropeada.

Intentar avisar a Jan para buscar la llave y echar un vistazo a oficina; el gato necesita alimento.

Por lo demás, todo salió según lo planeado. Llamaron a Kleiman, los palos se quitaron de las puertas, pusieron la máquina de escribir en la caja fuerte. Luego nos sentamos alrededor de la mesa a esperar a Jan o a la policía.

Peter se había dormido, el señor Van Daan y yo estábamos tumbados en el suelo, cuando abajo oímos pasos firmes. Me levanté sin hacer ruido.

—¡Ese debe ser Jan!

—¡No, no, es la policía! —dijeron todos los demás.

Llamaron a nuestra puerta-armario, Miep silbó. Para la señora Van Daan fue demasiado: pálida como un cádaver, se quedó medio traspuesta en su sillón, y si la tensión hubiera durado un minuto más, se habría desmayado.

Cuando Jan y Miep entraron, la habitación ofrecía un espectáculo maravilloso; la mesa por sí sola merecía que le sacaran una foto: un ejemplar de *Cinema & Theater* estaba abierto en una página con fotos de bailarinas, totalmente cubierto de mermelada y pectina contra la diarrea, dos frascos de mermelada, medio bollo por un lado y un cuarto de bollo por otro, pectina, espejo, peine, cerillas, ceniza, cigarrillos, tabaco, cenicero, libros, un par de calzoncillos, linterna, peineta de la señora, papel higiénico, etcétera, etcétera.

Jan y Miep fueron recibidos con gritos de júbilo y lágrimas, por supuesto. Jan tapó con madera blanca el hueco de la puerta y al poco tiempo salió de nuevo con Miep para dar cuenta a la policía del robo. Miep había encontrado una nota debajo de la puerta del almacén, de Slagter, el vigilante nocturno, que había descubierto el hueco y avisado a la policía. Jan también tenía la intención de pasar a verlo.

Así que tuvimos media hora para arreglarnos, nunca había visto una transformación tal en media hora. Abajo, Margot y yo sacamos las camas, fuimos al cuarto de baño, nos lavamos los dientes y las manos y nos peinamos. Luego recogí un poco la habitación y volví arriba. Allí ya habían ordenado la mesa, cogimos agua del grifo, hicimos té y café, hervimos leche y pusimos la mesa para la hora del café. Papá y Peter vaciaron y limpiaron los recipientes de orina y excrementos con agua caliente y lejía en polvo; el más grande estaba lleno hasta el tope y era tan pesado que era muy difícil levantarlo, y además tenía fugas, de modo que hubo que llevarlo dentro de un cubo.

A las 11:00 nos sentamos con Jan alrededor de la mesa, que ya había vuelto, y todo mundo poco a poco comenzó a relajarse. Jan nos contó lo siguiente:

El señor Slagter estaba dormido, pero su esposa le contó a Jan que su marido descubrió el hueco de la puerta de casa al hacer su ronda nocturna por los canales, y que junto con un agente de policía al que avisó, recorrieron la planta baja del edificio. El señor Slagter, en su calidad de vigilante nocturno, todas las noches hace su patrullaje por los canales en bicicleta, con sus dos perros. Tenía pensado venir a ver a Kugler el martes para notificarle lo ocurrido. En la comisaría todavía no sabían nada del robo, pero tomaron nota en seguida para venir el martes a echar un vistazo.

En el camino de vuelta, Jan pasó de casualidad por la tienda de Van Hoeven, nuestro proveedor de papas, y le contó lo del robo.

—Ya estoy enterado —contestó Van Hoeven con calma—. Anoche mi mujer y yo caminábamos cerca de su edificio y vimos un hueco en la puerta. Mi mujer quiso que siguiéramos andando, pero yo miré con la linterna, y seguro que entonces los ladrones se largaron. Por las dudas, no llamé a la policía; en el caso de ustedes, no lo creí conveniente. Yo no sé nada, claro, pero tengo mis sospechas.

Jan le agradeció y se marchó. Seguro que Van Hoeven sospecha que estamos aquí escondidos, porque siempre trae las papas después de las 12:30 y nunca después de la 1:30. ¡Un gran hombre!

Cuando Jan se fue y nosotras acabamos de lavar los platos, ya era la 1:00. Los ocho nos fuimos a dormir. A las 2:45 me desperté y vi que el señor Dussel ya había desaparecido. Con mi cara de sueño y por pura casualidad me encontré con Peter en el cuarto de baño, que acababa de bajar. Quedamos en vernos abajo. Me arreglé un poco y bajé.

—¿Te atreves todavía a ir al desván de delante? —me preguntó. Dije que sí, agarré mi almohada envuelta en una tela y nos fuimos juntos. El clima era maravilloso, y al poco rato sonaron las sirenas, pero nos quedamos donde estábamos. Peter me puso un brazo en el hombro, yo hice lo mismo y así nos quedamos en silencio hasta que a las 4:00 nos vino a buscar Margot para merendar.

Comimos pan, bebimos limonada y estuvimos bromeando de nuevo, por lo demás todo normal. Por la noche agradecí a Peter por ser el más valiente de todos.

Ninguno de nosotros ha pasado jamás por un peligro tan grande como el de aquella noche. Dios nos protegió, imagínate: la policía delante de la puerta del escondite, la luz del descansillo encendida, ¡y aun así pasamos inadvertidos!

"¡Estamos perdidos!", dije entonces en voz baja, pero otra vez nos hemos salvado. Si llega la invasión y los bombardeos, cada uno será responsable de sí mismo, pero aquí también el miedo era por nuestros buenos e inocentes protectores.

"¡Estamos salvados, sigue salvándonos!". Es lo único que podemos decir.

Esta historia ha traído consigo bastantes cambios. A partir de ahora, Dussel por las noches se instala en el cuarto de baño, Peter patrulla la casa a las 8:30 y a las 9:30. Ya no podemos abrir la ventana de Peter, ya que un hombre de Keg se dio cuenta de que estaba abierta. Ya no podemos tirar de la cadena después de las 9:30. El señor Slagter ha sido contratado como vigilante nocturno. Esta noche vendrá un carpintero clandestino para fabricar unas trancas para las puertas con la madera de nuestras camas de Fráncfort. En la casa de atrás ahora todo se somete a debate. Kugler nos ha reprochado nuestra imprudencia; nunca debemos bajar, ha dicho también Jan. Ahora es cuestión de averiguar si Slagter es de fiar, saber si sus perros ladran si oyen a alguien detrás de la puerta, cómo fabricar las trancas y todo tipo de cosas.

Esto nos ha recordado el hecho de que somos judíos encadenados, encadenados a un único lugar, sin ningún derecho, con miles de obligaciones. Los judíos no podemos hacer valer nuestros sentimientos, tenemos que tener valor y ser fuertes, tenemos que cargar con todas las molestias y sin quejarnos, tenemos que hacer todo lo que está a nuestro alcance y confiar en Dios. Algún día esta horrible guerra habrá terminado, algún día volveremos a ser personas y no sólo judíos.

¿Quién ha impuesto esto sobre nosotros? ¿Quién nos ha hecho diferentes a los demás pueblos? ¿Quién nos ha hecho sufrir tanto hasta ahora? Es Dios quien nos ha hecho así, pero será también Dios quien nos levante. Si cargamos con todo este dolor y aun así siguen quedando judíos, algún día los judíos dejarán de ser los eternos condenados y pasarán a ser un ejemplo. Quién sabe, tal vez algún día será nuestra religión la que pueda enseñar al mundo y a todos los hombres lo bueno y por eso, sólo por eso nosotros tenemos que sufrir. Nunca podremos ser sólo holandeses o sólo ingleses o pertenecer a cualquier otra nación: siempre seguiremos siendo judíos, estaremos obligados a serlo, pero también queremos seguir siéndolo.

¡Sé valiente! Sigamos siendo conscientes de nuestra tarea y no nos quejemos, que ya habrá una salida. Dios nunca ha abandonado a nuestro pueblo. A lo largo de los siglos ha habido judíos que han sobrevivido, a lo largo de los siglos ha habido judíos que han sufrido, pero a lo largo de los siglos también se han hecho más fuertes. Los débiles caerán, ¡pero los fuertes permanecerán y no perecerán!

Esa noche pensé que moriría; esperé a que llegara la policía, estaba preparada, preparada como un soldado en el campo de batalla. Quería sacrificarme gustosa por la patria, pero ahora que me he salvado, mi primer deseo después de la guerra es: ¡convertirme en holandesa!

Amo a los holandeses, amo a nuestro país, amo la lengua y quiero trabajar aquí. Y aunque tenga que escribirle a la reina en persona: ¡no voy a renunciar hasta alcanzar mi meta!

Cada vez me independizo más de mis padres, a pesar de mi juventud, tengo más valor vital, y un sentido de la justicia más firme e intacto que mamá. Sé lo que quiero, tengo una meta, una opinión propia, una religión y un amor. Que me dejen ser yo misma, y me daré por satisfecha. Sé que soy una mujer, una mujer con fuerza interior y con mucho valor.

Si Dios me permite vivir, lograré más de lo que mamá nunca hizo, no seré insignificante, trabajaré en el mundo y para la gente.

¡Y ahora sé que el valor y alegría son lo más importante!

Tu Ana M. Frank

Viernes 14 de abril de 1944

Querida Kitty:
El ambiente aquí todavía sigue muy tenso. Pan está que arde, la señora está en cama con catarro y despotricando, el señor Van Dann sin sus cigarrillos está pálido; Dussel, que ha renunciado a muchas de sus comodidades, se pasa el día haciendo comentarios y objeciones, etcétera. De momento no tenemos, de suerte, el retrete con fugas y el grifo atascado. Gracias a nuestros múltiples conocidos, tanto una cosa como la otra podrán arreglarse pronto.

En ocasiones me pongo sentimental, ya lo sabes, pero es que aquí a veces hay lugar para el sentimentalismo. Cuando Peter y yo estamos sentados en alguna dura caja de madera, entre un montón de chatarra y polvo, con los brazos al cuello y pegados uno al otro, él con un rizo mío en la mano; cuando afuera los pájaros trinan sus canciones; cuando ves que los árboles se ponen verdes; cuando el sol invita a salir fuera; cuando el cielo está tan azul, ¡ay, entonces quisiera tantas cosas!

Nada más caras descontentas y gruñonas se ven por aquí, suspiros y quejas contenidas, es como si de pronto nuestra situación hubiera empeorado muchísimo. De verdad, las cosas van tan mal como uno las hace ir. Aquí, en la Casa de atrás, nadie marcha al frente dando el buen ejemplo, aquí cada uno tiene que arreglárselas para dominar su ánimo.

Todos los días se escucha: "Ojalá todo acabe pronto".

Mi dignidad, mi esperanza, mi amor, mi valor, todo ello me mantiene en pie y me hace buena.

Kitty, te aseguro que hoy estoy un poco loca, aunque no sé por qué. Todo aquí está patas arriba, las cosas no guardan ninguna relación, y a veces me entran serias dudas sobre si a alguien le interesará leer mis bobadas alguna vez. "Las confidencias de un patito feo": ese será el título de todas estas tonterías. De verdad no creo que mi diario sea de mucha utilidad para los señores ministros Bolkestein y Gerbrandy.

Tu Ana M. Frank

Sábado 15 de abril de 1944

Querida Kitty:

"Un susto sigue a otro. ¿Cuándo acabará todo esto?" son frases que ahora realmente podemos emplear. ¿Adivina qué ha pasado ahora? Peter olvidó quitar el cerrojo de la puerta principal, por lo que Kugler y los empleados del almacén no podían entrar al edificio. Tuvo que ir al edificio de Keg y romper la ventana de la cocina. Teníamos las ventanas abiertas, y esto también lo vieron los vecinos. ¿Qué pensarán los de Keg? ¿Y Van Maaren? Kugler está furioso. Le reprochamos que no hace nada para cambiar las puertas, ¡y nosotros cometemos semejante estupidez! Peter no sabe dónde meterse. Cuando en la mesa mamá dijo que sentía más lastima por Peter que por cualquier otra persona, él casi se echó a llorar. La culpa es de todos nosotros, porque tanto el señor Van Daan como nosotros le preguntamos todos los días si ya ha quitado el cerrojo. Tal vez luego pueda ir a consolarlo un poco. ¡Me encantaría ayudarlo!

A continuación, te escribo algunos informes confidenciales de la Casa de atrás de las últimas semanas:

El sábado de la semana pasada, Moffi enfermó de repente. Estaba muy silencioso y babeaba. Miep en seguida lo cogió, lo envolvió en un trapo, lo metió en la bolsa de la compra y se lo llevó a la clínica para animales. El veterinario le dio un jarabe, porque padecía de las tripas. Peter le dio un poco del brebaje varias veces, pero al poco tiempo Moffi desapareció y se quedó fuera día y noche, seguro que con su novia. Pero ahora tiene la nariz toda hinchada y lloriquea cuando lo tocas. Probablemente, ha querido robar en algún sitio y alguien le ha dado un golpe. Mouschi estuvo unos días con ronquera. Justo cuando nos habíamos propuesto llevarlo al veterinario también a él, estaba casi curado.

Nuestra ventana del desván ahora permanece entreabierta por las noches. Peter y yo a menudo vamos allí a sentarnos después del anochecer.

Gracias a un pegamento y pintura de aceite, pronto se podrá arreglar el retrete. El grifo que estaba atascado también se ha cambiado por otro.

El señor Kleiman anda ya mejor de salud, por suerte. Pronto irá a ver a un especialista. Sólo esperemos que no necesite cirugía del estómago.

Este mes hemos recibido ocho cupones de racionamiento. Por desgracia, sólo dan derecho a legumbres los primeros 15 días, en lugar de hojuelas de avena o de cebada. Nuestro mejor manjar es el piccalilly. Si tienes mala suerte, en un tarro sólo te vienen un par pepinos y un poco de mostaza. No hay verdura. Sólo lechuga, lechuga y otra vez lechuga. Nuestras comidas tan sólo traen papas y sucedáneo de salsa de carne.

Los rusos ya han conquistado más de la mitad de Crimea. En Cassino los ingleses no avanzan. Lo mejor será confiar en el Frente Occidental. Bombardeos hay muchos y de inimaginable gravedad. En La Haya un bombardero ha dañado el edificio del Registro Civil Nacional. A todos los holandeses les darán nuevas identificaciones. Suficiente por hoy.

Tu Ana M. Frank

Domingo 16 de abril de 1944

Mi querida Kitty:
Recuerda siempre el día de ayer, que es muy importante en mi vida. ¿No es importante para cualquier chica su primer beso? Bueno, para mí lo es. El beso que me dio Bram en la mejilla derecha no cuenta, y el de la mano derecha que me dio Woudstra tampoco. ¿Que cómo ha sido lo del beso? Pues bien, te lo contaré.

Anoche, a las 8:00, estaba yo sentada con Peter en su diván y al poco tiempo puso el brazo alrededor de mí. (Como era sábado, no llevaba puesto el mono.)

—Recórrete un poco —le dije—, para que no me golpee la cabeza contra el armario.

Se movió casi hasta la esquina del diván, puse mi brazo debajo del suyo, alrededor de su espalda, y él puso su brazo sobre mis hombros, por poco sucumbo bajo el peso. Es cierto que hemos estado sentados así en otras ocasiones, pero nunca tan pegados como anoche. Me abrazó fuerte contra él, sentí cómo me palpitaba el corazón, pero eso no fue todo. No descansó hasta que no tuvo mi cabeza reposada en su hombro, con su cabeza encima de la mía. Cuando a los cinco minutos quise sentarme un poco más derecha, en seguida tomó mi cabeza y la puso de nuevo junta a él. ¡Ay, fue tan maravilloso! Casi no podía hablar, la dicha era demasiado grande. Me acarició la mejilla y el brazo con su mano algo torpe, jugó con mis rizos y nuestras cabezas se tocaron casi todo el tiempo.

No puedo describirte, Kitty, la sensación que recorrió todo mi cuerpo, me sentía demasiado dichosa, y creo que él también.

A las 8:30 nos levantamos. Peter se puso sus tenis para hacer menos ruido al hacer su segunda ronda por la casa, y yo estaba de pie a su lado. No me preguntes cómo hice para encontrar el movimiento adecuado, porque no lo sé; lo cierto es que antes de bajar me dio un beso en el pelo, medio sobre la mejilla izquierda y medio en la oreja. Sin mirar atrás bajé corriendo, y ahora espero muy deseosa de ver lo que va a pasar hoy.

Domingo por la mañana, poco antes de las 11:00 horas.

Tu Ana M. Frank

Lunes 17 de abril de 1944

Querida Kitty:
¿Crees qué papá y mamá aprobarían que una chica estuviera sentada en un diván besando a un chico?, ¿yo que aún no había cumplido los 15 años y un muchacho de 17 años y medio? En realidad, creo que no, pero lo mejor será confiar en mi propio juicio en este asunto. Me siento tan tranquila y segura al estar en sus brazos, soñando, y es tan emocionante sentir su mejilla contra la mía, tan maravilloso saber que alguien espera por mí. Pero, y es que hay un *pero*, ¿se contentará Peter con esto? No es que haya olvidado su promesa, pero... él es hombre.

Yo sé que soy bastante joven; aún no he cumplido los 15 años y puedo ser tan independiente, a algunos les resulta muy incomprensible. Estoy bastante segura de que Margot nunca besaría a un chico a no ser que hubiera una propuesta de matrimonio y boda. Ni Peter ni yo tenemos planes en ese sentido. También aseguro que mamá no ha tocado a un hombre antes que papá. ¿Qué dirían mis amigas y Jacque si me vieran en brazos de Peter, con mi corazón contra su pecho, mi cabeza sobre su hombro, su cabeza y su cara sobre mi cabeza?

¡Ay, Ana, qué escándalo! Pero la verdad yo no lo considero un escándalo. Estamos encerrados, aislados del mundo, presas del miedo y la preocupación, sobre todo últimamente. Entonces, ¿por qué debemos nosotros, que nos queremos, permanecer separados? ¿Por qué debemos, con los tiempos que corren, negarnos un beso? ¿Por qué debemos esperar hasta tener la edad adecuada? ¿Por qué debemos pedir permiso para todo?

Yo misma me encargaré de cuidarme, y él nunca me causaría una pena o dolor; entonces, ¿por qué no debería de dejarme guiar por lo que dicta mi corazón y dejar que ambos seamos felices?

Sin embargo, Kitty, te darás cuenta un poco de mis dudas; supongo que es mi honestidad que se rebela contra el secreto. ¿Crees que debería contarle a papá lo que hago? ¿Crees que nuestro secreto debería llegar a oídos de un tercero? Gran parte de su encanto se perdería, pero ¿me haría sentir más tranquila por dentro? Tendré que consultarlo con él.

¡Oh!, aún hay tantas cosas de las que quisiera hablar con él, porque no le veo ningún sentido sólo a las caricias. Para poder contarnos lo que sentimos necesitamos mucha confianza, pero saber que disponemos de ella nos dará más seguridad.

Tu Ana M. Frank

P. D. Ayer toda la familia ya estaba levantada a las 6:00, ya que habíamos oído ruido de ladrones. Quizá un vecino ha sido víctima esta vez. Cuando a las 7:00 revisamos las puertas del edificio, estaban bien cerradas.

Martes 18 de abril de 1944

Querida Kitty:
Aquí va todo bien. Ayer por la tarde vino de nuevo el carpintero, que empezó a colocar las planchas de hierro delante de los paneles de las puertas. Papá acaba de decir que está seguro de que antes del 20 de mayo habrá operaciones a gran escala, tanto en Rusia y en Italia como en el Frente Occidental. Entre más tiempo pasa, más difícil es imaginarme que vayan a liberarnos de esta situación.

Ayer Peter y yo por fin tuvimos la conversación que llevábamos posponiendo al menos 10 días. Le expliqué todo lo relativo a las chicas, sin escatimar los detalles más íntimos. Me dio bastante gracia que creyera que normalmente omitían dibujar el orificio de las mujeres en las ilustraciones. De verdad, Peter no se podía imaginar que se ubicara tan metido entre las piernas. La velada acabó con un beso mutuo, cerca de la boca. ¡Es una sensación maravillosa!

Tal vez un día me lleve conmigo el libro de las frases bonitas cuando vaya arriba, para que por fin podamos profundizar un poco más en las cosas. No encuentro ninguna satisfacción en pasarnos todos los días abrazados sin más e imagino que él siente lo mismo.

Después de un invierno complicado, ahora tenemos espléndida primavera. Abril es realmente maravilloso; no hace ni mucho calor ni mucho frío, y de vez en cuando cae una lluvia suave. El castaño del jardín está ya bastante verde, aquí y allá asoman pequeñas flores.

El sábado Bep nos trajo flores: tres de narcisos y un ramillete de jacintos enanos, este último para mí. El señor Kugler nos proporciona cada vez mejor periódico. Tengo que estudiar álgebra, Kitty, ¡hasta luego!

Tu Ana M. Frank

Miércoles 19 de abril de 1944

Amor mío (ese es el título de una película donde actúan Dorit Kreysler, Ida Wüst y Harald Paulsen). ¿Existe algo mejor en el mundo que mirar desde la ventana abierta a la naturaleza, oyendo a los pájaros cantar y sintiendo cómo el sol te acaricia las mejillas en los brazos de un chico al que quieres? ¡Me hace sentir tan tranquila y segura con su brazo rodeándome, y saber que está cerca y sin embargo callarlo! No puede ser malo, porque esa tranquilidad me hace bien. ¡Ay, ojalá nunca nos interrumpieran, ni siquiera Mouschi!

Tu Ana M. Frank

Viernes 21 de abril de 1944

Mi querida Kitty:
Ayer por la tarde estuve en cama con dolor de garganta, pero como esa misma tarde me aburrí y no tenía fiebre, hoy me he levantado. Y el dolor de garganta casi ha desaparecido.

Ayer, como te habrás percatado, el querido Führer cumplió 55 años. Hoy es el décimo octavo cumpleaños de su alteza real, la princesa heredera Isabel de York. Por la BBC han dicho que todavía no la han declarado mayor de edad, contrariamente a lo que se acostumbra a hacer con las princesas. Ya hemos estado conjeturando con qué príncipe desposarán a esta belleza, pero no hemos encontrado al candidato adecuado. Quizá su hermana, la princesa Margarita Rosa, quiera quedarse con el príncipe Balduino, heredero de la Corona de Bélgica.

Aquí caemos de una desgracia en la otra. No acabábamos de ponerle unos buenos cerrojos a las puertas, cuando Van Maaren, el trabajador del almacén, aparece en escena. Es casi seguro que ha robado fécula de patata, y ahora quiere culpar a Bep. La Casa de atrás, como es natural, anda agitada. Bep está fuera de sí. Quizá Kugler ahora haga vigilar a ese libertino.

Esta mañana vino el tasador de la Beethovenstraat. Nos ofrece 400 florines por el cofre; también las otras ofertas nos parecen demasiado bajas.

Quiero preguntar a la redacción de De Prins si puede publicar unos de mis cuentos de hadas, por supuesto, bajo un seudónimo. Pero como los cuentos que he escrito hasta ahora son demasiado largos, no creo tener mucha posibilidad de éxito.

Hasta la próxima, *darling*.

Tu Ana M. Frank

Martes 25 de abril de 1944

Querida Kitty:

Desde hace como 10 días Dussel no se habla con Van Daan de nuevo, y eso sólo porque hemos tomado un montón de medidas nuevas de seguridad después de que entraron los ladrones. Una de ellas es que a Dussel ya no le permiten bajar por las noches. Peter y el señor Van Daan hacen la última ronda todas las noches a las 9:30, y luego nadie puede bajar. Después de las 8:00 de la noche ya no se puede tirar de la cadena, y tampoco después de las 8:00 de la mañana. Las ventanas no se abren por la mañana hasta que las luces se encienden en el despacho de Kugler, y por las noches ya no se les puede poner las tablitas. Esto último ha sido la causa del mal humor de Dussel. Afirma que Van Daan le dio una reprimenda, pero ha sido culpa suya. Dice que preferiría vivir sin comer que sin respirar aire puro, y que habrá que buscar un método para que puedan abrirse las ventanas.

—Hablaré con el señor Kugler al respecto —me ha dicho, y le respondí que estas cosas no se discuten con el señor Kugler, sino que se resuelven dentro de la comunidad.

—¡Aquí todo se hace a mis espaldas! —refunfuñó—. Entonces, hablaré con tu padre de ello.

Los sábados por la tarde ni los domingos ya tampoco le dejan instalarse en el despacho de Kugler, porque podría oírle el jefe de la oficina de Keg cuando viene. Pero Dussel no hizo caso y se volvió a instalar en el despacho. Van Daan se puso furioso y papá bajó a hablar con él. Por supuesto, salió con alguna excusa, pero esta vez ni papá lo aceptó. Ahora también papá habla lo menos posible con él, porque Dussel lo ha ofendido, ¿cómo?, no lo sé, no lo sabe ninguno de nosotros, pero debe de haber sido grave.

Y la próxima semana el desgraciado festeja su cumpleaños. Cumplir años, no abrir la boca, hacer pucheros y recibir regalos: ¿cómo encaja una cosa con otra?

El estado del señor Voskuijl va empeorando mucho. Lleva más de 10 días con casi 40 grados de fiebre. El médico dice que no hay esperanzas, creen que el cáncer se ha propagado a los pulmones. Pobre hombre, cómo nos gustaría ayudarle, pero sólo Dios puede hacerlo.

He escrito una buena historia. Se llama "Blurry, el explorador", y fue un éxito entre mis tres oyentes.

Todavía sigo muy acatarrada, y ya he contagiado a Margot y a mamá y a papá. Espero que no se lo pegue también a Peter, quiso que le diera un beso y me llamó su "El Dorado". ¡Pero si eso ni siquiera es posible, loco! De cualquier manera, es un amor.

Tu Ana M. Frank

Jueves 27 de abril de 1944

Querida Kitty:
Esta mañana, la señora Van Dann estaba de mal humor. No hacía más que quejarse, primero por su resfriado, y porque no le daban pastillas para la tos, y porque sonarse tantas veces la nariz es insoportable. Luego porque no había salido el sol, por la invasión que no llega, porque no podemos asomarnos por la ventana, etcétera, etcétera.

Nos hizo reír mucho con sus quejas, y por lo visto no era todo tan grave, porque le contagiamos la risa.

La receta del *cholent* de papas, por escasez de cebollas, cambió: tomar las papas peladas, pasar por el molino, añadir un poco de harina del gobierno y sal. Untar las bandejas de horno o refractario con parafina o estearina, cocer la masa en el horno durante dos horas y media. Por último, comer con composta de fresas podridas. (No se dispone de cebollas ni de manteca para la fuente y la masa.)

En estos momentos estoy leyendo *El emperador Carlos V*, de un profesor de la universidad de Gotinga, que estuvo 40 años trabajando en este libro. En cinco días me leí 50 páginas, más es imposible. El libro consta de 598 páginas, ya puedes ir calculando cuánto tiempo tardaré en leérmelo todo, ¡y luego viene el segundo tomo! Pero es muy interesante.

La cantidad de cosas que tiene que hacer una estudiante de secundaria como yo en un solo día. Yo, por ejemplo, primero traduje un párrafo sobre la última batalla de Nelson, del holandés al inglés. Después repasé la continuación de la Guerra nórdica (1700-1721), con Pedro el Grande, Carlos XII, Augusto el Fuerte, Estanislao Leszczynsky, Mazepa, Von Görz, Brandeburgo, Pomerania anterior y citerior, y Dinamarca, además de las fechas habituales. A continuación, fui a parar al Brasil, donde leí acerca del tabaco de Bahía, la abundancia de café, el millón y medio de habitantes de Río de Janeiro, de Pernambuco y São Paulo, sin olvidar el río Amazonas; sobre negros, mulatos, mestizos, blancos, más de 50 % de analfabetos y de la malaria. Ya que me quedaba un poco de tiempo, le di un repaso rápido a un árbol genealógico: Juan el Viejo, Guillermo Luis, Ernesto Casimiro I, Enrique Casimiro I, hasta la pequeña Margarita Francisca (nacida en Ottawa en 1943).

Las 12:00 del día: en el desván continué mis estudios, repasando diáconos, curas, pastores, papas... ¡uf!, hasta la 1:00.

Después de las 2:00, la pobre niña estaba de vuelta en sus estudios; tocaban los monos catarrinos y platirrinos. Kitty, ¡a que no sabes cúantos dedos tiene un hipopótamo!

Luego vinieron La Biblia, el Arca de Noé, Sem, Cam y Jafet, después Carlos V. Con Peter leí *El coronel* de Thackeray, en inglés. Repasamos el vocabulario francés y luego comparamos el Mississippi con el Missouri.

Suficiente por hoy. ¡Adiós!

Tu Ana M. Frank

Viernes, 28 de abril de 1944

Querida Kitty:
Nunca he olvidado mi sueño con Peter Schiff (véase principios de enero). Incluso ahora, cuando me vuelve a la memoria, siento su mejilla contra la mía, y esa sensación maravillosa que lo arreglaba todo. Alguna vez también he tenido esa sensación con Peter, pero nunca tan intensa, hasta anoche, cuando estábamos sentados juntos en el diván, abrazados, como de costumbre. En ese momento, la Ana habitual desapareció de repente, y una segunda Ana tomó su lugar, esa segunda Ana que no es temeraria y divertida, sino que tan sólo quiere amar y ser tierna.

Estaba sentada pegada a él y sentí cómo crecía mi emoción, las lágrimas brotaron de mis ojos, la izquierda cayó sobre el overol de Peter, la derecha me resbaló por la nariz, voló por el aire y también fue a parar al overol. ¿Se habrá dado cuenta? Ningún movimiento lo reveló. ¿Sentirá igual que yo? Tampoco dijo casi palabra. ¿Sabrá que tiene frente a sí a dos Anas? Todas estas son preguntas sin respuesta.

A las 8:30 me levanté y me acerqué a la ventana, donde siempre nos decimos adiós. Todavía temblaba, aún era la segunda Ana, se acercó a mí, yo lo abracé a la altura del cuello y besé su mejilla izquierda. Estaba a punto de besar la otra mejilla cuando mi boca se encontró con la suya y nos dimos el beso allí. Embriagados nos apretamos el uno contra el otro, una y otra vez, hasta nunca parar, ¡oh!

Peter tiene tanta necesidad de cariño, por primera vez en su vida ha descubierto a una chica, ha visto por primera vez que las chicas que más bromean tienen también su lado interior y un corazón, y que cambian a partir del momento en que están a solas contigo. Por primera vez en su vida ha dado su amistad y a sí mismo, nunca antes ha tenido un amigo o una amiga. Ahora nos hemos encontrado los dos, yo tampoco lo conocía, ni nunca había tenido un confidente, y ahora hemos llegado tan lejos.

De nuevo, la pregunta no deja de perseguirme: ¿Está bien? ¿Es correcto que ceda tan pronto, que sea apasionada, tan apasionada y tan ansiosa como el propio Peter? ¿Puedo dejarme llevar de esa manera, siendo una chica?

Sólo existe una respuesta: "lo anhelaba tanto... desde hace tanto tiempo. Estaba tan sola, y ahora he encontrado un consuelo".

Por la mañana estamos normales, por la tarde también bastante, salvo algún caso aislado, pero por la noche vuelve a surgir el deseo contenido durante todo el día, la dicha y la gloria de todas las veces anteriores, y sólo pensamos el uno en el otro. Cada noche, después del último beso, quiero salir corriendo, ya no mirarlo a los ojos, irme lejos, para estar en la oscuridad y la soledad.

¿Y qué me espera después de bajar los 14 escalones? La plena luz, preguntas por aquí y risitas por allá, debo actuar con normalidad y disimular.

Mi corazón es demasiado sensible como para recuperarse de un golpe como el de anoche. La suave Ana aparece muy pocas veces y no se deja mandar a paseo tan pronto. Peter tocó una parte de mí que jamás nadie había tocado, salvo en sueños. Me ha trastocado, ha sacado hacia fuera mi parte interior, y entonces ¿no es lógico que una quiera estar tranquila para recuperarse por dentro? ¡Ay, Peter! ¿Qué has hecho conmigo? ¿Qué quieres de mí?

¿Adónde iremos a parar? Ahora entiendo a Bep, ahora que lo experimento, entiendo sus dudas. Si Peter fuera mayor y quisiera casarse conmigo, ¿qué le contestaría?

¡Ana, sé honesta! No podrías casarte con él, pero también es difícil dejarlo ir. Peter tiene aún poco carácter, poca voluntad, poco valor y poca fuerza. Él es todavía un niño, no mayor que yo por dentro; sólo quiere encontrar la tranquilidad y la felicidad.

¿De verdad sólo tengo 14 años? ¿De verdad soy sólo una colegiala tonta? ¿De verdad tengo aún tan poca experiencia en todo? Tengo más experiencia que los demás, he vivido algo que casi nadie conoce a mi edad.

Tengo miedo de mí misma, tengo miedo de que, impulsada por el deseo, me entregue demasiado pronto. ¿Qué debo hacer para que no me pase nada malo con otros chicos en el futuro? ¡Ay, qué difícil es! Siempre está esa lucha entre el corazón y la razón, cada uno debe hablar en su momento. Pero, ¿cómo estar segura de haber elegido el momento adecuado?

Tu Ana M. Frank

Martes 2 de mayo de 1944

Querida Kitty:
El sábado por la noche le pregunté a Peter si le parecía que debía contarle a papá sobre nosotros, tras un breve debate le pareció que sí. Me alegré porque es una señal de su buen sentir. Tan pronto como llegué abajo, acompañé a papá a buscar agua, y ya en la escalera le dije:

—Papá, como te imaginarás, cuando Peter y yo estamos juntos, hay menos de un metro de distancia entre los dos. ¿Te parece mal?

Papá hizo una pausa antes de responder, luego dijo:

—No, mal no me parece, Ana, pero aquí, en este espacio tan reducido, debes tener cuidado.

Dijo algo más por el estilo, y luego nos fuimos arriba. El domingo por la mañana me llamó y me dijo:

—Ana, lo he estado pensando —¡ya me lo temía!—; en realidad creo que aquí, en la Casa de atrás, lo suyo no es apropiado, pensé que sólo eran amigos. ¿Peter está enamorado?

—¡Por supuesto que no! —contesté.

—Mira, Ana, tú sabes que te entiendo bien, pero tienes que ser prudente; no subas tan a menudo a su habitación, no le animes más de lo necesario. El hombre en estas cosas siempre es el activo, la mujer pone límites. Fuera, al aire libre, es algo totalmente diferente, ves a otros chicos y chicas, puedes marcharte cuando quieres, hacer deporte y demás; aquí, en cambio, si están demasiado tiempo juntos y quieren alejarse, no se puede, te ves a todas horas, por no decir siempre. Ten cuidado, Ana, y no te lo tomes demasiado en serio.

—No, papá. Pero Peter es decente y es un buen chico.

—Sí, pero no es fuerte de carácter, se deja influir fácilmente hacia el lado bueno, pero también hacia el lado malo. Espero por él que siga siendo bueno, porque en su esencia lo es.

Seguimos hablando un poco y quedamos en que también hablaría con Peter. El domingo por la tarde, en el desván de delante, Peter me preguntó:

—¿Has hablado con tu padre, Ana?

—Sí —le contesté—. Te diré lo que me ha dicho. No le parece mal, pero dice que aquí, al estar unos tan encima de otros, es fácil que surjan conflictos.

—Pero si hemos dicho que no discutiremos, y yo tengo la intención de respetar nuestro acuerdo.

—También yo, Peter, pero papá no sabía lo que había entre nosotros, creía que sólo éramos amigos. ¿Crees que eso ya no es posible?

—Yo sí, ¿y tú?

—Yo también. Y también le he dicho a papá que confiaba en ti. Confío en ti, Peter, tanto como en papá, y creo que te mereces mi confianza, ¿no es así?

—Espero que sí. (Lo dijo muy tímidamente y se sonrojó.)

—Creo en ti, Peter —continué diciendo—. Creo que tienes un buen carácter y que llegarás lejos en el mundo.

Luego hablamos sobre otras cosas, y más tarde añadí:

—Si algún día salimos de aquí, no te interesarás más por mí, lo sé.

Se le subió la sangre a la cabeza:

—¡Eso no es cierto, Ana! No puedes pensar eso de mí. En ese momento nos llamaron.

Papá habló con él, me lo dijo el lunes.

—Tu padre cree que en algún momento nuestra amistad podría convertirse en amor —dijo—. Pero le contesté que sabremos mantenerlo bajo control.

Papá ahora quiere que por las noches suba menos a ver a Peter, pero yo no quiero. No es sólo que me gusta estar con él, sino que también le he dicho que confío en él. Y es que confío en él, y quiero demostrárselo, pero nunca lo lograría quedándome abajo por la desconfianza. ¡No señor, subiré!

Mientras tanto, el drama de Dussel ha terminado. El sábado por la noche, en la mesa de la cena, presentó sus disculpas en un correcto holandés. De inmediato, Van Daan se dio por satisfecho. Seguro que Dussel se pasó todo el día practicando su discurso.

El domingo, día de su cumpleaños, pasó sin sobresaltos. Nosotros le regalamos una botella de vino de 1919; los Van Daan —que podían darle su regalo ahora— un tarro de piccalilly y un paquete de hojas de afeitar; Kugler, una botella de limonada; Miep, un libro; el pequeño Martín y Bep, una planta. Él nos invitó un huevo a cada uno.

Tu Ana M. Frank

Miércoles 3 de mayo de 1944

Querida Kitty:

Primero las noticias de la semana. La política está de vacaciones; no hay nada más que decir, nada en absoluto. Poco a poco también yo estoy empezando a creer que se acerca la invasión. Después de todo, no pueden dejar que los rusos hagan solos todo el trabajo, que por cierto tampoco están haciendo nada de momento.

El señor Kleiman viene de nuevo todas las mañanas a la oficina a trabajar. Ha conseguido un nuevo muelle para el diván de Peter, de modo que Peter tendrá que ponerse a tapizar; como comprenderás, no le apetece nada tener que hacerlo. Kleiman también nos ha traído polvo contra las pulgas para el gato.

¿Te he dicho que Mofii se ha ido? Desde el jueves pasado desapareció, sin dejar ni rastro. Seguramente ya estará en el cielo gatuno, mientras que algún amante de los animales lo habrá usado para hacerse un bocado. Tal vez vendan su piel a una niña adinerada para que se haga un gorro. Peter está muy triste por esto.

Desde hace dos semanas, los sábados almorzamos a las 11:30, y sólo una taza de avena por la mañana. A partir de mañana, todos los días tendremos lo mismo, con el propósito de ahorrar una comida. Todavía es muy difícil conseguir verdura; hoy por la tarde cominos lechuga podrida cocida. Lechuga en ensalada, espinacas y lechuga cocida, eso es todo lo que hay. A eso se le añaden papas podridas. ¡Y sale una combinación deliciosa!

Hacía más de dos meses que no había tenido mi período, pero por fin el domingo me volvió. A pesar de los inconvenientes y la incomodidad, me alegro mucho de que no me haya abandonado durante más tiempo.

Como te podrás imaginar, aquí vivimos diciendo y repitiendo con desesperación: "¿Cuál es el punto de la guerra?, ¿por qué los hombres no pueden vivir pacíficamente?, ¿por qué todo tienen que ser destruido?".

La pregunta es comprensible, pero hasta el momento nadie ha sabido formular una respuesta satisfactoria. De verdad, ¿por qué en Inglaterra construyen aviones cada vez más grandes, bombas cada vez más potentes y, por otro lado, casas normalizadas para la reconstrucción del país? ¿Por qué se destinan a diario miles de millones para la guerra y ni un céntimo para la medicina, los artistas y los pobres? ¿Por qué la gente tiene que pasar hambre, cuando en otras partes del mundo hay comida en abundancia, pudriéndose?, oh, ¿por qué el hombre está tan loco?

No creo que la guerra sólo sea cosa de grandes hombres, gobernantes y capitalistas. ¡Nada de eso! Al hombre pequeño también le gusta, de lo contrario, los pueblos ya se habrían levantado contra ella. En el hombre hay un afán de destruir, un afán de matar, de asesinar y ser una fiera, hasta que toda la humanidad, sin excepción, haya sufrido una metamorfosis, la guerra seguirá haciendo estragos, y todo lo que se ha construido, cultivado y desarrollado hasta ahora quedará truncado y destruido, para luego empezar de nuevo.

He estado deprimida a menudo, pero nunca desesperada; este periodo de estar escondidos me parece una aventura, peligrosa, romántica e interesante. En mi diario considero cada una de nuestras privaciones como una diversión. ¿Acaso no me había propuesto llevar una vida distinta de las otras chicas, y más tarde también distinta de las amas de casa ordinarias? Lo que estoy experimentando aquí es un buen comienzo de esa vida interesante y por eso, sólo por eso me da la risa en los momentos más peligrosos, por lo cómico de la situación.

Soy joven y aún poseo muchas cualidades ocultas; soy joven y fuerte y vivo esa gran aventura, estoy aún en medio de ella y no puedo quejarme todo el día de que no tengo con qué divertirme. Muchas cosas me han sido dadas al nacer: un carácter feliz, mucha alegría y fuerza. Cada día siento que mi corazón crece a medida que se acerca la liberación, lo bella que es la naturaleza, lo buenos que son quienes me rodean, lo interesante y divertida que es esta aventura. ¿Por qué habría de desesperar?

Tu Ana M. Frank

Viernes 5 de mayo de 1944

Estimada Kitty:
Papá está disgustado conmigo; él pensó que dejaría de subir todas las noches después de nuestra charla del domingo. Quiere que acabemos con el "besuqueo". Esa palabra no me gustó nada; ya era bastante difícil tener que hablar de ese tema. ¿Por qué me quiere hacer sentir tan mal? Hoy hablaré con él. Margot me dio un buen consejo. Escucha lo que le voy a decir:

"Papá, creo que esperas que te dé una explicación, y te la daré. Estás desilusionado de mí, esperabas que fuera más reservada. Seguramente quieres que me comporte como ha de comportarse una chica de 14 años, ¡pero te equivocas!

"Desde que estamos aquí, desde julio de 1942 hasta hace algunas semanas, las cosas no han sido fáciles para mí. Si supieras lo mucho que he llorado por las noches, lo desesperanzada e infeliz que he sido, lo sola que me he sentido, comprenderías por qué quiero ir arriba. No ha sido de un día para otro que me las he arreglado para llegar tan lejos, y para saber vivir sin una madre y sin la ayuda de nadie en absoluto. Me ha costado mucho, muchísimo sudor y lágrimas llegar a ser tan independiente como lo soy ahora. Puedes reírte y no creerme, no me importa. Sé que soy una persona independiente y no siento que tenga que dar cuentas de mis acciones. Te he contado todo esto porque no quisiera que pensaras que estoy ocultándote algo, pero por mis acciones sólo a mí misma tengo que responder.

"Cuando tuve dificultades, todos, incluso tú, cerraron los ojos e hicieron oídos sordos, y no me ayudaron; al contrario, no hicieron más que amonestarme, para que no fuera tan escandalosa. Pero yo sólo era escandalosa por no estar siempre triste, era temeraria por no oír esa voz dentro de mí. He sido una comedianta durante año y medio, día tras día; no me he quejado, no me he salido de mi papel, nada de eso, y ahora he dejado de luchar. ¡He ganado! Soy independiente en cuerpo y alma, ya no necesito una madre, la lucha me ha hecho fuerte.

"Y ahora que lo he hecho y que sé que ya no tendré que seguir luchando, voy a seguir mi propio camino, el camino que me parezca correcto. No puedes ni debes considerarme una chica de 14 años; las penas vividas me han hecho mayor. No me arrepentiré de mis actos y haré lo que crea que puedo hacer.

"No puedes impedirme que vaya arriba, o me lo prohíbes del todo, o bien confías en mí en las buenas y en las malas, de modo que déjame en paz".

Tu Ana M. Frank

Sábado 6 de mayo de 1944

Querida Kitty:
Ayer, antes de comer, le metí mi carta en el bolsillo a papá. Después de leerla estuvo toda la noche hecho un lío, según Margot. (Yo estaba arriba lavando los platos.). Pobre Pan, podría haberme imaginado las consecuencias que traería mi epístola. ¡Es tan sensible! Enseguida le dije a Peter que no preguntara ni dijera nada. Pan no ha dicho una palabra del asunto. ¿Lo hará aún?

Todo aquí va más o menos normal. Apenas podemos creer las cosas que nos cuentan Jan, Kugler y Kleiman acerca de la gente y los precios de fuera; un cuarto de kilo de té cuesta 350 florines; un cuarto de café, 80; la mantequilla está a 35 florines el medio kilo, y un huevo vale 1.45 florines. ¡El tabaco búlgaro se cotiza a 14 florines los cien gramos!

Todo el mundo compra y vende en el mercado negro, cualquiera te ofrece algo para comprar. El chico de la panadería nos ha conseguido seda para zurcir, a 90 céntimos una madeja delgada, el lechero nos consigue cupones de racionamiento clandestinos, un empresario de pompas fúnebres nos suministra queso. Los robos, asesinatos y asaltos están a la orden del día, los policías y vigilantes nocturnos no se quedan atrás con respecto a los ladrones de oficio, todos quieren llenar el estómago y como está prohibido aumentar los salarios, la gente se ve obligada a estafar. La policía de menores tiene las manos llenas tratando de localizar chicas de 15, 16, 17 años y más, que desaparecen a diario.

Intentaré terminar el cuento de "Ellen, el hada". Sólo por diversión se lo podría regalar a papá para su cumpleaños, incluidos los derechos de autor. ¡Hasta la próxima! (En realidad, esa no es la frase correcta. En la emisión alemana que se transmite en Inglaterra siempre cierran con *Aufwiederhoren*. Así que supongo que debería decir: "Hasta volverte a escribir.").

Tu Ana M. Frank

Domingo 7 de mayo de 1944, por la mañana

Querida Kitty:
Papá y yo tuvimos una larga conversación ayer por la tarde. Lloré mucho, y papá hizo lo mismo. ¿Sabes lo que me dijo, Kitty?

> "He recibido muchas cartas en mi vida, pero ninguna tan dolorosa como esta. ¡Tú, Ana, que siempre has recibido tanto amor de tus padres, que tienes unos padres siempre dispuestos a ayudarte, y que siempre te han defendido de lo que fuera, tú hablas de no sentir ningún tipo de responsabilidad! Estás ofendida y te sientes abandonada. No, Ana, qué gran injusticia has cometido contra nosotros. Tal vez no haya sido esa tu intención, pero lo has escrito así. No, Ana, no merecemos un reproche así".

¡Ay, he cometido un error terrible! Este es el peor acto que he cometido en mi vida. No he querido más que darme aires con mis llantos y mis lágrimas, y hacerme la importante para que él me tuviera respeto. Es cierto que he sufrido mucho, y lo que he dicho de mamá es verdad, pero inculpar así al pobre Pan, que siempre ha hecho todo por mí y que sigue haciéndolo, ha sido más que ruin.

Está muy bien que haya descendido de las alturas inalcanzables en las que me encontraba, que se me haya quebrado un poco el orgullo, porque estaba demasiado ocupada pensando en mí misma. Lo que hace la señorita Ana no siempre está bien, ¡ni mucho menos! Alguien que hace sufrir con dolo a una persona a la que dice querer, es un ser despreciable, el más bajo de lo bajo.

Pero de lo que más me avergüenzo es de la forma en que papá me ha perdonado; ha dicho que echará la carta a la estufa, y me trata ahora con tanta dulzura, como si fuera él quien ha hecho algo malo. Ana, Ana, aún tienes mucho por aprender. Empieza por ahí, en lugar de mirar a los demás por encima del hombro y echarles la culpa de todo.

Sí, he sufrido mucho, pero ¿acaso no sufren todos los de mi edad? He sido una comedianta muchas veces sin darme cuenta siquiera; me sentía sola, pero casi nunca he desesperado. Nunca he llegado a los extremos de papá, que alguna vez salió a la calle armado con un cuchillo para quitarse la vida.

Debo estar profundamente avergonzada de mí misma y lo estoy. Lo hecho está hecho, pero es posible evitar que se repita. Quisiera empezar todo de nuevo y eso no será tan difícil, ya que ahora tengo a Peter. Con su apoyo lo lograré. Ya no estoy sola, él me quiere, yo le quiero, tengo mis libros, mis cuadernos y mi diario, no soy tan fea, ni me falta inteligencia, tengo un carácter alegre y quiero ser una buena persona.

Sí, Ana, te has dado cuenta perfectamente de que tu carta era demasiado dura e injusta, y sin embargo te sentías orgullosa de ella. Debo volver a tomar el ejemplo de papá, y me enmendaré.

Tu Ana M. Frank

Lunes 8 de mayo de 1944

Querida Kitty:

¿Alguna vez te he contado algo sobre nuestra familia? Creo que no, y por eso empezaré a hacerlo enseguida. Papá nació en Fráncfort del Meno y sus padres eran muy ricos. Michael Frank era dueño de un banco, y con él se hizo millonario; su madre Alice Stern era de padres muy distinguidos y también muy rica. Michael Frank no había sido rico en su juventud, pero se fue abriendo camino. Papá tuvo una verdadera vida de niño bien, con fiestas todas las semanas y bailes, niñas guapas, valses, banquetes, muchas habitaciones, etcétera. Todo ese dinero se perdió cuando murió el abuelo, y después de la gran guerra y la inflación no quedó nada. Hasta antes de la guerra aún nos quedaban bastantes parientes ricos. O sea que papá ha tenido una educación de primera, y por eso ayer le dio muchísima risa cuando, por primera vez en sus 55 años de vida, tuvo que raspar la comida del fondo de la sartén.

Mamá no era tan rica, pero sí lo suficiente, y por lo tanto a menudo oímos sus historias de fiestas de compromiso de 250 invitados, bailes privados y grandes banquetes dejándonos boquiabiertos.

Ya no podemos llamarnos ricos, ni mucho menos, pero tengo mis esperanzas puestas en lo que vendrá cuando haya acabado la guerra. Te aseguro que no le tengo ningún apego a la vida austera, como mamá y Margot. Me gustaría irme un año a París y un año a Londres, para aprender el idioma y estudiar historia del arte, comparado con lo que quiere Margot, que es irse a trabajar de enfermera de maternidad a Palestina. A mí me siguen haciendo ilusión los vestidos bonitos y conocer gente interesante, quiero viajar y tener nuevas experiencias, no es la primera vez que te lo digo, y un poco de dinero no me vendría nada mal.

Miep nos contó esta mañana algunas cosas sobre la fiesta de compromiso de su sobrina, a la que fue el sábado. La sobrina es hija de padres ricos, y el novio, de padres aún más ricos. Miep nos hizo agua la boca con las descripciones de la comida: sopa juliana con albóndigas, queso, canapés de carne picada, entremeses variados con huevo y rosbif, canapés de queso, bizcocho borracho, vino y cigarrillos, de todo cuanto quisieras.

Miep bebió 10 copas de brandy y se fumó tres cigarrillos. ¿Es esta la mujer antialcohólica que dice ser? Si Miep bebió tanto, ¿cuánto habrá bebido su señor esposo? En esa fiesta todos deben haberse embriagado, naturalmente. Entre los invitados había dos agentes de la brigada de homicidios, que sacaron fotos a los novios. Como verás, Miep no se olvida ni un minuto de sus escondidos, porque en seguida memorizó los nombres y las señas de estos dos señores, en caso de que algo suceda y se necesite contacto con buena gente holandesa.

Cómo no se nos iba a hacer agua la boca, cuando sólo nos dieron dos cucharadas de papilla de avena para el desayuno y el estómago aún nos gruñía de hambre; cuando día tras día no comemos otra cosa que no sean espinacas a medio cocer (por aquello de las vitaminas) con patatas podridas; cuando en nuestros estómagos vacíos no metemos más que lechuga en ensalada y lechuga cocida, ¡y espinacas, espinacas y otra vez espinacas! Quizás algún día seremos tan fuertes como Popeye, aunque de momento no se nos note.

Si Miep nos hubiera invitado a la fiesta, no habría quedado un solo bocadillo para los demás invitados. Si hubiéramos estado nosotros en esa fiesta, habríamos saqueado todo y no habríamos dejado ningún mueble en su sitio. Te puedo asegurar que le íbamos sacando a Miep las palabras de la boca, que nos pusimos a su alrededor como si en la vida hubiéramos oído hablar de una buena comida o de gente elegante. ¡Y esas son las nietas del famoso millonario! ¡Sí que el mundo es un lugar muy loco!

Tu Ana M. Frank

Martes 9 de mayo de 1944

Querida Kitty:
He terminado el cuento "Ellen, el hada". Lo he pasado en limpio en un bonito papel de cartas, adornado con tinta roja, y lo he cosido. En su conjunto se ve bastante bien, pero no sé si será poca cosa. Margot y mamá han hecho un poema de cumpleaños cada una.

A mediodía, el señor Kugler subió a darnos la noticia de que la señora Broks tiene la intención de venir aquí todos los días durante dos horas para el almuerzo, a partir del lunes. ¡Imagínate! Ya nadie podrá subir a vernos, no podrán traernos las patatas, Bep no podrá venir a comer, no podremos usar el retrete, no podremos hacer ningún ruido, y demás molestias por el estilo. Pensamos en toda clase de propuestas inusuales que pudieran disuadirla. Van Daan sugirió que bastaría con darle un buen laxante en el café.

—No, por favor —contestó Kleiman—. ¡Que entonces ya no abandonaría el trono!

Todos soltamos la carcajada.

—¿El trono? —preguntó la señora—. ¿Qué significa?

Se lo explicamos.

—¿Y esta expresión se puede usar siempre? —preguntó muy ingenua.

—¡Vaya ocurrencia! —dijo Bep entre risitas—. Si uno entrara en unos grandes almacenes y preguntara por el trono... ¡ni lo entenderían!

Por lo tanto, Dussel ahora se encierra a las 12:30 en el "trono", por seguir usando la expresión. Hoy cogí resueltamente un trozo de papel rosa y escribí:

> Horario de uso del retrete para el señor Dussel:
> Mañana: de 7:15 a 7:30.
> Mediodía: después de la 1:00.
> Por lo demás, según se desee.

Coloqué la nota en la puerta verde del retrete cuando Dussel seguía todavía dentro. Podría haber añadido fácilmente: "En caso de violación de esta ley se aplicará la pena de encierro". Porque el retrete se puede cerrar tanto por dentro como por fuera.

Este es el último chiste de Van Daan:

A raíz de la clase de religión y de la historia de Adán y Eva, un niño de 13 años le pregunta a su padre:

—Papá, ¿me podrías decir cómo nací?

—Pues... —le contesta el padre— la cigüeña te trajo desde el océano, te puso en la cama de mamá y le dio un picotazo en la pierna que la hizo sangrar, y tuvo que guardar cama una semana.

Con el fin de enterarse con mayor precisión, el niño fue a preguntarle lo mismo a su madre:

—Mamá, ¿me podrías decir cómo naciste tú y cómo nací yo?

La madre le contó exactamente la misma historia, tras lo cual el niño, para saberlo todo con pelos y señales, acudió igualmente al abuelo:

—Abuelo, ¿me podrías decir cómo naciste tú y cómo nació tu hija?

Y por tercera vez consecutiva, oyó la misma historia.

Por la noche escribió en su diario: "Después de la recolección exhaustiva de información, cabe concluir que en nuestra familia no ha habido relaciones sexuales durante tres generaciones".

¡Ya son las 3:00!, y todavía tengo que estudiar.

Tu Ana M. Frank

P. D. Ya te he informado sobre la nueva mujer de la limpieza, quisiera añadir que esta señora está casada, tiene 60 años y es dura de oído. Esto último viene bien, teniendo en cuenta los posibles ruidos procedentes de ocho escondidos.

¡Ay, Kit, hace un tiempo tan bonito! ¡Si tan sólo pudiera salir!

Miércoles 10 de mayo de 1944

Querida Kitty:

Ayer por la tarde estábamos sentados en el desván estudiando francés, cuando de repente oí un chorro de agua correr detrás de mí. Le pregunté a Peter qué pasaba, pero él, sin responderme siquiera, subió corriendo a la buhardilla —la escena del desastre—, y empujó a Mouschi, que en lugar de usar su caja de arena, ya toda mojada, se había puesto a hacer pis al lado, lo metió en la caja para que siguiera orinando allí. A esto siguió un gran espectáculo y Mouschi, que entretanto había acabado, bajó como un relámpago. Resulta que el gato, buscando algo similar a su caja, pero más cómodo para hacer sus necesidades, se había sentado encima de un montoncito de virutas que tapaba una grieta en el suelo de la buhardilla; el charco que produjo no tardó en atravesar el techo del desván y, por mala suerte, fue a parar justo dentro y al lado del tonel de las patatas. El techo chorreaba, y como el suelo del desván tiene unos cuantos agujeros, pequeñas gotas amarillas cayeron en la habitación, en medio de una pila de medias y libros que había sobre la mesa.

Me destornillé de risa, el espectáculo era tan cómico: Mouschi acurrucado debajo de una silla, Peter armado con agua, lejía en polvo y un paño, y Van Daan tratando de calmar los ánimos. El desastre se reparó pronto, pero como bien es sabido, la orina de gato tiene un olor horrible, lo que quedó demostrado ayer de forma patente por las patatas y también por las virutas, que papá llevó abajo en un cubo para quemarlo.

¡Pobre Mouschi! ¡¿Cómo iba él a saber que el combustible para el horno es tan difícil de conseguir?!

Ana

Jueves 11 de mayo de 1944

Querida Kitty:

Un nuevo episodio de risa:

Había que cortarle el pelo a Peter y, como de costumbre, su madre haría de peluquera. A las 7:25 desapareció Peter en su habitación, y a las 7:30 en punto reapareció de golpe, todo desnudo, aparte de un pequeño bañador azul y zapatos de deporte.

—¿Vienes? —le preguntó a su madre.

—Sí, pero espera que encuentre las tijeras.

Peter le ayudó a buscar y se puso a hurgar bruscamente en el cajón donde la señora guarda sus artículos de tocador.

—¡No hagas un desastre, Peter! —se quejó.

No entendí qué le contestó Peter, pero debió haber sido insolente, porque la señora le dio un golpe en el brazo. Él se lo devolvió, ella volvió a golpearle con todas sus fuerzas y Peter retiró el brazo haciendo una mueca muy cómica.

—¡Venga, vieja!

La señora Van Dann se quedó donde estaba, Peter la agarró de las muñecas y la arrastró por toda la habitación. La señora lloraba, se reía, profería maldiciones y pataleaba, pero todo era en vano. Peter condujo a su prisionera hasta la escalera del desván, donde tuvo que soltarla por la fuerza. La señora volvió a la habitación y se dejó caer en una silla con un fuerte suspiro.

—El rapto de la madre —bromeé.

—Sí, pero me ha hecho daño.

Me acerqué a mirar y le llevé agua fría para aplacar el dolor de sus muñecas, que estaban todas rojas por la fricción. Peter, que se había quedado esperando junto a la escalera, perdió de nuevo la paciencia y con un cinturón en la mano entró en la habitación como un domador. Pero la señora no le acompañó; permaneció sentada frente al escritorio, buscando un pañuelo.

—Es necesario que me pidas disculpas.

—Está bien, te pido disculpas, que ya se está haciendo tarde.

A la señora le dio risa a pesar suyo, se levantó y se dirigió a la puerta. Una vez allí, se sintió obligada a darnos una explicación antes de salir. (Estábamos papá, mamá y yo lavando platos.)

—En casa él no era así —dijo—. Le habría dado un golpe que le hubiera hecho rodar escaleras abajo (!). Nunca ha sido tan insolente, y ya ha recibido unos cuantos golpes, pero es la educación moderna, los hijos modernos, yo nunca hubiera tratado así a mi madre, ¿ha tratado usted así a la suya, señor Frank?

Estaba muy alterada, iba y venía, preguntaba y decía cualquier cosa, y mientras tanto seguía sin subir. Hasta que, por fin, ¡por fin!, se marchó.

En menos de cinco minutos bajó con el rostro enfurecido, resoplando, tiró el delantal, y a mi pregunta de si ya había terminado, contestó que bajaba un momento, precipitándose como un torbellino escaleras abajo, seguramente, directo a los brazos de su querido Putti.

Ella no subió hasta después de las 8:00, acompañada de su marido. Hicieron bajar a Peter del desván y le dieron una reprimenda sin piedad acompañada de una lluvia insultos, que si insolente, que si maleducado, que si irrespetuoso, que si mal ejemplo, que si Ana es así, que si Margot hace... no pude escuchar el resto.

Lo más probable es que hoy todo se haya calmado.

Tu Ana M. Frank

P. D. El martes y el miércoles por la noche nuestra querida reina se dirigió al país. Dijo que se tomaba unas vacaciones para poder regresar fortalecida a Holanda. Dijo que: "cuando vuelva... pronta liberación... coraje y valor... y cargas pesadas".

A esto siguió un discurso del ministro Gerbrandy. Este hombre tiene una vocecita tan infantil y quejumbrosa, que mamá, sin quererlo, soltó un ¡ay! de compasión. Un pastor protestante, con una voz robada al señor Edel, concluyó la velada con un rezo, pidiéndole a Dios que cuidara de los judíos y de los detenidos en los campos de concentración, en las cárceles y en Alemania.

Jueves 11 de mayo de 1944

Querida Kitty:
Como he dejado mi "caja de cachivaches" arriba, incluida la pluma, y no puedo molestar a los que duermen su siestecita (hasta las 2:30), tendrás que conformarte con una carta escrita a lápiz.

Tengo muchísimo que hacer en este momento, y por extraño que parezca, me falta el tiempo para liquidar la montaña de trabajo. ¿Quieres que te cuente brevemente todo lo que tengo que hacer? Pues bien:

Mañana tengo que leer la primera parte de la biografía de Galileo Galilei, ya que ese libro debe ser devuelto a la biblioteca. Ayer lo empecé a leer, y voy por la página 220, como son 320 páginas en total, lo acabaré. La semana que viene tengo que leer *Palestina en la encrucijada* y la segunda parte de Galileo. Ayer también terminé de leer la primera parte de la biografía del emperador Carlos V y tengo que pasar en limpio urgentemente la cantidad de apuntes y genealogías que he extraído de ella. Luego tengo tres páginas de vocabulario extranjero que tengo que leer en voz alta, apuntar y aprenderme de memoria, todo extraído de los distintos libros. En cuarto lugar, está mi colección de estrellas de cine, que está terriblemente desorganizada y clama por ser ordenada, pero puesto que tal ordenamiento tomaría varios días y que la profesora Ana, como ya se ha dicho, está hasta las orejas de trabajo, el caos por lo pronto seguirá siendo un caos. Luego también Teseo, Edipo, Peleo, Orfeo, Jasón y Hércules están a la espera de un ordenamiento, ya que varias de sus proezas forman como una maraña de hilos de colores en mi cabeza; también Mirón y Fidias necesitan atención urgente, de lo contrario se me olvidarán por completo. Lo mismo es aplicable, por ejemplo, a las Guerras de los Siete y de los Nueve Años:

llega un momento en que empiezo a mezclarlo todo. ¿Qué se puede hacer con una memoria como la mía? ¡Imagínate lo olvidadiza que me volveré cuando tenga 80 años!

¡Ah, otra cosa! La Biblia. ¿Cuánto tiempo me llevará llegar a la historia del baño de Susana? ¿Y qué querrán decir con aquello de la culpa de Sodoma y Gomorra? ¡Ay, todavía quedan tantas preguntas y tanto por aprender! Y mientras tanto, a Liselotte von der Pfalz la tengo totalmente abandonada.

Kitty, ¿ves cómo estoy a punto de reventar?

Ahora otro tema: desde hace mucho sabes que mi mayor deseo es llegar a ser periodista y más tarde una escritora famosa. Habrá que ver si algún día esta megalómana (o loca) inclinación se llevará a cabo, pero temas hasta ahora no me faltan. De todos modos, cuando acabe la guerra quisiera publicar un libro titulado *La casa de atrás*; aún está por ver si tiene éxito, pero mi diario podrá servir de base.

También tengo que terminar "La vida de Cady". He pensado que, en la continuación del relato, Cady sale del sanatorio después de su recuperación y empieza a cartearse con Hans. Eso es en 1941. Pronto descubre que Hans tiene simpatías nacionalsocialistas, y como Cady está muy preocupada por la suerte de los judíos y la de su amiga Marianne, se produce un distanciamiento entre ellos. Después de una reunión en la que primero se reconcilian, rompen de nuevo, y Hans conoce a otra chica. Cady está hecha polvo y, para dedicarse a algo bueno, decide hacerse enfermera. Cuando acaba sus estudios se marcha a Suiza, por recomendación de unos amigos de su padre, para aceptar un puesto en un sanatorio para enfermos de pulmón. Sus primeras vacaciones allí las pasa a orillas del lago Como, donde se topa con Hans por casualidad. Él le cuenta que se casó dos años antes con la sucesora de Cady, pero que su esposa se ha quitado la vida en un ataque de depresión. A su lado, Hans se ha dado cuenta de lo mucho que ama a la pequeña Cady y ahora vuelve a pedir su mano. Cady se niega, a pesar de que, aun en contra de su voluntad, sigue amándolo igual que antes, pero su orgullo le impide volver. Hans se marcha entonces y años más tarde Cady se entera de que ha ido a parar a Inglaterra, donde cae bastante enfermo.

La propia Cady se casa a los 27 años con Simón, un hombre acaudalado ajeno a todo lo ocurrido. Empieza a quererlo mucho, pero nunca tanto como a Hans. Tiene dos hijas y un hijo, Lilian, Judith y Nico. Simón y ella son felices, pero siempre sigue estando Hans en los pensamientos ocultos de Cady. Hasta que una noche lo sueña y se despide de él.

No son tonterías sentimentales, porque el relato incluye en parte la historia de papá.

Tu Ana M. Frank

Sábado 13 de mayo de 1944

Mi querida Kitty:
Ayer fue el cumpleaños de papá, y el 19 aniversario de bodas de papá y mamá, día sin la mujer de la limpieza y el sol brillaba como nunca lo ha hecho en 1944. El castaño está en plena floración y cubierto de hojas, además, está mucho más bonito que el año pasado.

Papá recibió una biografía sobre la vida de Linneo, de Kleiman un libro sobre la naturaleza, de Kugler el libro *Amsterdam desde el agua,* de Dussel; de los Van Daan una caja enorme, adornada como por un decorador profesional, con tres huevos, una botella de cerveza, un yogur y una corbata verde dentro. Nuestro tarro de melaza desentonaba un poco. Mis rosas despiden un aroma muy rico, a diferencia de los claveles rojos de Miep y Bep. Lo han mimado mucho. De la panadería Siemons trajeron 50 pasteles (¡grandioso!), y además papá nos convidó tarta de miel, cerveza para los hombres y yogur para las mujeres.

¡Todos estaban contentos!

Tu Ana M. Frank

Martes 16 de mayo de 1944

Mi querida Kitty:
Para variar (como hace tanto que no ocurría) quisiera contarte una pequeña discusión que tuvieron anoche el señor y la señora Van Dann:

La señora: "Los alemanes han tenido mucho tiempo para reformar su Muralla del Atlántico, seguramente harán todo lo que esté a su alcance para frenar a los ingleses. ¡Es increíble la fuerza que tienen los alemanes!"

El señor: "¡Oh, sí, terrible!"

La señora: "¡Pues sí!"

El señor: "Seguro que los alemanes acabarán ganando la guerra, de lo fuertes que son, ¿es lo que quieres decir?"

La señora: "Pues podría ser, a mí no me consta lo contrario."

El señor: "Prefiero no responder a eso."

La señora: "Siempre contestas, te dejas llevar cada vez."

El señor: "¡No, siempre mantengo mis comentarios al mínimo!"

La señora: "Sí que contestas, y siempre quieres tener la razón. Y tus predicciones casi nunca aciertan, ni mucho menos."

El señor: "Hasta ahora mis predicciones siempre han acertado."

La señora: "¡Eso no es cierto! La invasión iba a ser el año pasado, los finlandeses conseguirían la paz, Italia estaría liquidada en el invierno, los rusos ya tenían Lemberg... ¡tus predicciones no valen mucho!"

El señor (levantándose): "¡Mejor cierra la boca! ¡Ya verás que tengo razón, en algún momento tendrás que reconocerlo, estoy harto de tus críticas, un día te comerás tus palabras!". (Fin del primer acto.)

No pude evitar reír, mamá tampoco, incluso Peter tuvo que contenerse. ¡Ay, qué tontos son los mayores! Tienen que aprender ellos primero, antes de estar criticando siempre a sus hijos.

Tu Ana M. Frank

P. D. Desde el viernes las ventanas están abiertas de nuevo.

Intereses de los moradores de la Casa de atrás.
(Relación sistemática de asignaturas de estudio y de lectura):

El señor Van Daan no estudia nada; consulta mucho la enciclopedia Knaur; lee novelas de detectives, libros de medicina e historias de suspense y de amor sin importancia.

La señora de Van Daan estudia inglés por correspondencia; le gusta leer biografías noveladas y algunas novelas.

El señor Frank estudia inglés (¡Dickens!) y algo de latín; nunca lee novelas, pero sí le gustan las descripciones serias y áridas de personas y países.

La señora de Frank estudia inglés por correspondencia; lee de todo excepto las historias de detectives.

El señor Dussel estudia inglés, español y holandés sin resultado aparente; lee de todo; su opinión se ajusta a la de la mayoría.

Peter Van Daan estudia inglés, francés (por correspondencia), taquigrafía holandesa, inglesa y alemana, correspondencia comercial en inglés, talla en madera, economía política y, a veces, matemáticas; lee poco, a veces libros sobre geografía.

Margot Frank estudia inglés, francés, latín por correspondencia, taquigrafía inglesa, alemana y holandesa, mecánica, trigonometría, física, química, álgebra, geometría, literatura inglesa, francesa, alemana y holandesa, contabilidad, geografía, historia contemporánea, biología, economía; lee de todo, preferentemente libros sobre religión y medicina.

Ana Frank estudia taquigrafía francesa, inglesa, alemana y holandesa, geometría, álgebra, historia, geografía, historia del arte, mitología, biología, historia bíblica, literatura holandesa; aficionada a las biografías, áridas o entretenidas, libros de historia (a veces novelas y libros de esparcimiento).

Viernes 19 de mayo de 1944

Querida Kitty:
Ayer me sentí muy mal. Vomité (¡yo, figúrate!), dolor de la cabeza, dolor de estómago, todo lo que te puedas imaginar. Hoy ya estoy mejor, tengo mucha hambre, pero los frijoles pintos que nos dan hoy será mejor que no los toque.

A Peter y a mí nos va bien. El pobre chico tiene más necesidad de cariño que yo, sigue sonrojándose cada vez que le doy el beso de las buenas noches y siempre me pide uno más. ¿Seré algo así como una sustituta de Moffi? A mí no me importa, él es feliz sabiendo que alguien le quiere.

Después de mi conquista laboriosa, me alejé un poco de la situación, pero no te creas que mi amor ha disminuido. Él es un encanto, pero mi corazón se ha vuelto a cerrar; si Peter quisiera romper otra vez el candado, la palanca esta vez deberá ser más fuerte...

Tu Ana M. Frank

Sábado 20 de mayo de 1944

Querida Kitty:
Anoche bajé del desván, y al momento de entrar en la habitación vi que el hermoso jarrón de los claveles había rodado por el suelo. Mamá estaba de rodillas fregando y Margot intentaba pescar mis papeles mojados del suelo.

—¿Qué pasó aquí? —pregunté, llena de malos presentimientos y, sin esperar una respuesta, me puse a evaluar los daños desde la distancia.

Toda mi carpeta de genealogías, mis cuadernos, libros, todo estaba flotando. Casi me pongo a llorar y estaba tan molesta, que empecé a hablar en alemán. No recuerdo en absoluto mis palabras, pero según Margot, murmuré algo así como "daños incalculables, espantosos, horribles, irreparables" y mucho más. Papá se reía a carcajadas, mamá y Margot se contagiaron, pero yo sentí ganas de llorar al ver todo mi trabajo y mis apuntes pasados en limpio todos perdidos.

Eché una mirada de cerca a los "daños incalculables" y no eran tan malos, por suerte. Con sumo cuidado en el desván despegué y clasifiqué los papeles pegoteados y los colgué en hilera en los tendederos de la ropa. Era un espectáculo muy cómico y me volvió a dar risa: María de Médicis al lado de Carlos V, Guillermo de Orange al lado de María Antonieta.

—¡Eso es escándalo racial! —bromeó el señor Van Daan.

Tras confiar el cuidado de mis papeles a Peter, volví a bajar.

—¿Cuáles son los libros estropeados? —le pregunté a Margot, que estaba haciendo una selección de mis tesoros librescos.

—El de álgebra —dijo.

Pero lamentablemente ni siquiera el libro de álgebra se había estropeado realmente.

¡Me hubiera gustado que cayera en el jarrón! Nunca he odiado tanto un libro como a este. En la primera página hay como 20 nombres de chicas que lo tuvieron antes que yo; está viejo, amarillento y lleno de apuntes, tachaduras y borrones.

Cualquier día que me dé un ataque de locura, lo rompo en pedazos.

Tu Ana M. Frank

Lunes 22 de mayo de 1944

Querida Kitty:

Papá perdió cinco frascos de yogur en una apuesta con la señora Van Daan el 20 de mayo. En efecto, la invasión no se ha producido aún. Y puedo decir con seguridad que en todo Amsterdam, en toda Holanda y en toda la costa occidental europea hasta España, día y noche se habla, se discute y se hacen apuestas sobre la invasión, sin perder las esperanzas.

La tensión aumenta. No todos los holandeses de los que pertenecen al bando "bueno" siguen confiando en los ingleses. No todos consideran que el Farol inglés es un movimiento estratégico magistral, nada de eso, la gente por fin quiere ver actos, actos de grandeza y heroicas hazañas.

Nadie es capaz de ver más allá de sus narices, nadie piensa en que los ingleses luchan por sí mismos y por su país; todo el mundo opina que ellos tienen la obligación de salvar a Holanda lo más pronto posible. ¿Qué obligación tienen los ingleses para con nosotros? ¿Qué han hecho los holandeses para merecer la generosa ayuda que tanto esperan que se les dé? No, los holandeses están bastante equivocados; los ingleses, pese a todo su Farol, no han perdido más honor que todos los otros países, grandes y pequeños, que ahora están ocupados. Los ingleses no van a presentar sus disculpas por haber dormido mientras Alemania se armaba, porque los demás países, los que limitan con Alemania, también dormían. Con la política del avestruz no se llega a ninguna parte, eso lo ha podido ver Inglaterra y lo ha visto el mundo entero, y ahora, uno a uno, incluso Inglaterra, tienen que pagar un precio muy alto por ello.

Ningún país sacrificará a sus hombres en vano, sobre todo si lo que está en juego son los intereses de otro país, e Inglaterra no es la excepción. La invasión, la liberación y la libertad llegarán algún día, pero Inglaterra elegirá el momento, y no los territorios ocupados.

Con gran pesar e indignación por nuestra parte nos hemos enterado de que la actitud de mucha gente frente a los judíos ha dado un vuelco. Nos han dicho que hay brotes de antisemitismo en círculos en los que antes eso era impensable. Este hecho nos ha afectado muchísimo a todos. La causa del odio hacia los judíos es comprensible, a veces hasta humana, pero no es buena. Los cristianos les echan en cara a los judíos que se les va la lengua con los alemanes, que delatan a quienes los protegieron, que muchos cristianos corren la misma suerte y sufren los mismos horribles castigos que tantos otros por culpa de los judíos. Todo esto es cierto. Pero como pasa con todo, tienen que mirar también la otra cara de la moneda: ¿los cristianos actuarían de manera diferente si estuvieran en nuestro lugar? ¿Puede una persona sin importar si es cristiano o judío, mantener su silencio ante los métodos alemanes? Todos saben que es casi imposible. Entonces, ¿por qué exigen lo imposible a los judíos?

En círculos de la resistencia se rumorea que los judíos alemanes emigrados en su momento a Holanda y que ahora se encuentran en Polonia, no podrán volver a Holanda; aquí tenían derecho de asilo, pero cuando ya no esté Hitler, deberán volver a Alemania. Cuando escuché esto pensé, ¿no es lógico que uno se pregunte por qué se está librando esta guerra tan larga y difícil? ¿Acaso no oímos siempre que todos juntos luchamos por la libertad, la verdad y la justicia? Y si en plena lucha ya empieza a haber discordia, ¿otra vez el judío es inferior a los demás? ¡Ay, es triste, muy triste, que por enésima vez se confirme el viejo dicho de que lo que hace un cristiano, es responsabilidad suya, pero lo que hace un judío, es responsabilidad de todos los judíos!

Para ser honesta, no puedo entender cómo los holandeses, un pueblo tan bondadoso, honrado y recto, opinen así sobre nosotros, opinen así sobre el pueblo más oprimido, desdichado y lastimero de todos los pueblos del mundo.

Sólo espero una cosa: que ese odio a los judíos sea pasajero, que los holandeses en algún momento demuestren ser lo que son en realidad, que no vacilen en su sentimiento de justicia, ni ahora ni nunca, ¡porque esto de ahora es injusto!

Y si estas cosas horribles de verdad se hicieran realidad, el pobre resto de judíos que queda deberá abandonar Holanda. También nosotros deberemos cargar nuestros paquetes y seguir adelante, lejos de este hermoso país que nos acogió tan cordialmente y que ahora nos da la espalda.

¡Amo a Holanda, en algún momento he tenido la esperanza de que, a mí, la despatriada, pudiera servirme de patria, y aún lo espero!

Tu Ana M. Frank

Jueves 25 de mayo de 1944

Querida Kitty:

¡Bep se ha comprometido! El hecho en sí no es tan sorprendente, aunque a ninguno de nosotros nos alegra demasiado. Bertus puede que sea un muchacho serio, simpático y deportivo, pero Bep no lo ama y eso para mí es motivo suficiente para disuadirla de la boda.

Bep ha puesto todos sus empeños en abrirse camino en la vida, y Bertus la frena. Es un obrero, un hombre sin inquietudes y sin ganas de prosperar, y no creo que Bep se sienta feliz con esa situación. Es comprensible que Bep quiera poner fin a esta cuestión de medias tintas; hace apenas cuatro semanas le escribió una carta de ruptura, pero luego se sintió más desdichada, y por eso volvió a escribirle, y ahora se ha comprometido.

Hay varios factores que juegan un papel importante en este compromiso. En primer lugar, el padre enfermo, que quiere mucho a Bertus; en segundo lugar, que es la mayor de las hijas mujeres de Voskuijl y que su madre le gasta bromas por su soltería; en tercer lugar, el hecho de que Bep acaba de cumplir 24 años, y es algo de gran importancia para ella.

Mamá dijo que hubiera preferido que Bep simplemente tuviera un romance con Bertus. Yo no sé qué decir, lo siento por Bep y comprendo que se sintiera sola. De cualquier manera, la boda no podrá ser antes de que acabe la guerra, ya que Bertus es un ilegal, y ambos no tienen ni un centavo ni dote. ¡Qué perspectivas tan miserables para Bep, a la que todos nosotros deseamos lo mejor! Esperemos que Bertus cambie bajo la influencia de Bep, o bien que Bep encuentre a un hombre bueno que la sepa apreciar.

Tu Ana M. Frank

El mismo día

Algo sucede todos los días. Esta mañana han detenido a Van Hoeven, el verdulero. En su casa ocultaba a dos judíos. Es un duro golpe para nosotros, no sólo porque esos pobres judíos están ahora al borde del precipicio, sino que también es terrible para Van Hoeven.

El mundo está de cabeza. Las personas más decentes son enviadas a los campos de concentración, a las cárceles y a las celdas solitarias, y la escoria gobierna sobre jóvenes y viejos, pobres y ricos. A unos los atrapan por vender en el mercado negro, a otros por ayudar a los judíos o a otros escondidos, y nadie que no pertenezca al movimiento nacionalsocialista sabe lo que pasará mañana.

También para nosotros la detención de Van Hoeven es una enorme pérdida. Bep no puede ni debe cargar con el peso de las patatas; lo único que nos queda es comer menos. Ya te contaré cómo lo arreglamos, pero no será nada agradable, sin duda. Mamá dice que no habrá más desayuno, al mediodía, papilla de avena y pan, y por las noches patatas fritas, y tal vez una o dos veces a la semana verdura o lechuga, no más. Pasaremos hambre, pero cualquier cosa es mejor que ser descubiertos.

Tu Ana M. Frank

Viernes 26 de mayo de 1944

Mi querida Kitty:
Por fin, por fin ha llegado el momento de sentarme tranquila a escribir en mi mesa junto a la rendija de la ventana para poder contártelo todo, absolutamente todo.

Me siento tan miserable como no me he sentido en meses, ni siquiera después de que entraron los ladrones me sentí tan destrozada. Por un lado, Van Hoeven, la cuestión judía (que se discute con detalle en toda la casa), la invasión que no llega, la mala comida, la tensión, el ambiente deprimente, la decepción por lo de Peter y, por el otro lado, el compromiso de Bep, la recepción por motivo de Pentecostés, las flores, el cumpleaños de Kugler, las tartas y las historias de teatros de revista, cines y salas de concierto. Esas diferencias, esas grandes diferencias, siempre se hacen patentes: un día nos reímos de nuestra situación tan cómica de estar escondidos, pero al día siguiente, y muchos otros días, tenemos miedo, y el temor, la angustia y la desesperación se leen en nuestras caras.

Miep y Kugler son los que más sienten la carga que les ocasionamos, tanto nosotros como los demás escondidos; Miep en su trabajo, y Kugler por la colosal responsabilidad de nosotros ocho, que a veces es demasiado grande para él, apenas puede hablar de los nervios y la exaltación contenida. Kleiman y Bep también cuidan muy bien de nosotros, de verdad muy bien, pero hay momentos en que se pueden olvidar de la Casa de atrás, aunque tan sólo sea por unas horas, un día, acaso dos. Ellos tienen sus propias preocupaciones, Kleiman su salud, Bep su compromiso que dista mucho de ser color de rosa, y aparte de esas preocupaciones también tienen sus distracciones, dar un paseo, visitar a algún conocido, toda su vida de gente normal, para ellos la tensión a veces desaparece, aunque sólo sea por poco tiempo, pero para nosotros no, nunca, desde hace dos años. ¿Hasta cuándo esa tensión seguirá oprimiéndonos y asfixiándonos cada vez más?

El desagüe se ha atascado de nuevo, no podemos dejar correr el agua, salvo a cuentagotas, no podemos usar el retrete, salvo si llevamos un cepillo, y el agua sucia la guardamos en una gran tinaja. Por hoy nos arreglamos, pero ¿qué pasará si el fontanero no puede solucionarnos el problema él solo? Los del ayuntamiento no trabajan hasta el martes. Miep nos mandó un pastel de uvas pasas con una inscripción que decía "Feliz Pentecostés". Es casi como si se estuviera burlando, nuestros ánimos y nuestro miedo no son para nada "felices".

Nos hemos vuelto más miedosos desde el asunto de Van Hoeven. A cada momento se oye algún "¡shh!", y todos tratan de ser más silenciosos. Los que forzaron la puerta en casa de Van Hoeven eran de la policía, de modo que no estamos seguros de ellos. Si nos llegan a... no, no debo escribirlo, pero hoy la pregunta es ineludible, al contrario, todo el miedo y la angustia que me han precedido aparecen en todo su horror.

Esta noche, a las 8:00, he tenido que ir sola al lavabo de abajo, no había nadie, todos estaban escuchando la radio, yo quería ser valiente, pero fue difícil. Sigo sintiéndome más segura aquí arriba que sola en el edificio tan grande y silencioso; arriba sólo me hacen temblar los ruidos sordos y enigmáticos, y los bocinazos de los coches en la calle cuando no me apuro para reflexionar sobre la situación.

Miep se ha vuelto mucho más amable y cordial con nosotros desde su conversación con papá. Pero eso todavía no te lo he contado. Una tarde, Miep vino a ver a papá con la cara toda colorada y le preguntó directamente si creíamos que también a ella se le había contagiado el antisemitismo. Papá se quedó perplejo y habló con ella para quitárselo de la cabeza, pero a Miep le siguió quedando en parte su sospecha. Ahora nos traen más cosas, se interesan más por nuestros pesares, aunque no debemos molestarles contándoselos. ¡Todos son personas de muy buen corazón!

Me pregunto si no habría sido mejor para todos nosotros que en lugar de escondernos ya estuviéramos muertos y no tuviéramos que pasar por esta miseria, y sobre todo que no comprometiéramos a los demás. Pero también esa idea nos estremece, todavía amamos la vida, aún no hemos olvidado la voz de la naturaleza, aún tenemos esperanzas, esperanzas de que todo salga bien.

Y ahora, que pase algo pronto, aunque sean disparos, nada puede ser más aplastante que esta ansiedad, que venga ya el final, aunque sea duro, así al menos sabremos si al final hemos de triunfar o perecer.

Tu Ana M. Frank

Miércoles 31 de mayo de 1944

Querida Kitty:
El sábado, domingo, lunes y martes hizo tanto calor, que no podía sostener la pluma en la mano, por lo que era imposible escribirte. El viernes se rompió el desagüe, el sábado lo arreglaron. Por la tarde, la señora Kleiman vino a visitarnos y nos contó muchas cosas sobre Jopie, por ejemplo, que se ha hecho socia de un club de *hockey* junto con Jacque van Maarsen. El domingo vino Bep a ver si no habían entrado ladrones y se quedó a desayunar con nosotros. El lunes de Pentecostés, el señor Gies hizo de vigilante del escondite y el martes por fin nos dejaron abrir otra vez las ventanas. Rara vez hemos tenido un fin de semana de Pentecostés tan hermoso y cálido, aunque "ardiente" sería una mejor palabra. Cuando en la Casa de atrás hace mucho calor es algo terrible; para darte una idea de las numerosas quejas, te describiré brevemente los días cálidos:

El sábado: "¡Maravilloso, qué buen tiempo!", dijimos todos por la mañana. "¡Si sólo hiciera menos calor!", dijimos por la tarde, cuando hubo que cerrar las ventanas.

El domingo: "¡No se tolera el calor!, la mantequilla se derrite, no hay ningún rincón fresco en la casa, el pan se seca, la leche se echa a perder, no se puede abrir ninguna ventana. ¡Nosotros los pobres parias nos estamos sofocando, mientras los demás tienen vacaciones de Pentecostés!" (según la señora Van Dann).

El lunes: "¡Me duelen los pies, no tengo nada de ropa fresca, no puedo lavar los platos con este calor!". Quejidos desde la mañana hasta altas horas de la noche. Fue muy desagradable.

Todavía no soporto bien el calor, y me alegro de que hoy sople una buena brisa y que sol siga brillando.

Tu Ana M. Frank

Viernes 2 de junio de 1944

Estimada Kitty:

"Quien suba al desván, que lleve un paraguas bien grande, de hombre si es posible...". Esto como protección contra la lluvia que viene de arriba. Hay un refrán que dice: "En lo alto, seco, santo y seguro", pero esto no es aplicable a los tiempos de guerra (por los tiros) y a los escondidos (por las necesidades del gato). Resulta que Mouschi ha hecho un hábito de depositar sus menesteres encima de unos periódicos o en una rendija en el suelo, de modo que no sólo el miedo a las goteras, sino también el temor al hedor están más que fundados. Sépase además que también el nuevo Moortje del almacén padece los mismos vicios, y todo aquel que haya tenido un gato no domesticado, ya imaginará los olores que impregnan esta casa.

Por otra parte, tengo que comunicarte una nueva receta antidisparos: al oír los disparos, correr a la escalera de madera más cercana, bajar y volver a subir por la misma, intentando rodar por ella suavemente hacia abajo al menos una vez en caso de repetición. Los rasguños y el estruendo producidos por las bajadas y subidas y por las caídas, te mantienen lo suficientemente ocupada como para no oír los disparos ni pensar en ellos. El autor de estas líneas ha aplicado esta receta ¡con gran éxito!

Tu Ana M. Frank

Lunes 5 de junio de 1944

Querida Kitty:
Nuevos desacuerdos en la Casa de atrás. Pelea entre Dussel y la familia Frank a raíz de la distribución de la mantequilla. Rendición de Dussel. Gran amistad entre la señora Van Daan y el último, coqueteos, besitos y sonrisas amistosas. Dussel empieza a desear la compañía de una mujer.

Los Van Daan no quieren que hagamos un pastel de especias para el cumpleaños de Kugler. ¡Qué mezquinos!

Arriba un mal humor. La señora con catarro. Pillamos a Dussel tomando tabletas de levadura de cerveza, mientras que a nosotros no nos da nada.

Entrada en Roma del Quinto Ejército, la ciudad no ha sido devastada ni bombardeada. Propaganda gigante para Hitler.

Hay poca verdura y patatas, una bolsa de pan se ha echado a perder.

El Esqueleto (así se llama el nuevo gato del almacén) no tolera la pimienta. Duerme en la caja de arena y hace sus necesidades sobre las virutas de madera de las de empacar. ¡Vaya un gato imposible!

Mal tiempo. Bombardeos continuos sobre el paso de Calais y la costa occidental francesa.

Los dólares no pueden venderse, menos aún el oro, empieza a verse el fondo de nuestra caja negra. ¿De qué viviremos el próximo mes?

Tu Ana M. Frank

Martes 6 de junio de 1944

Mi querida Kitty:
"*This is D-day*", dijo a las 12:00 del día la radio inglesa, ¡y con razón! "*This is the day*": ¡La invasión ha comenzado!

Esta mañana, a las 8:00, los ingleses anunciaron: intensos bombardeos en Calais, Boulogne, El Havre y Cherburgo, así como en el paso de Calais (como de costumbre). Además, como una medida de seguridad para los territorios ocupados: toda la gente que vive en la zona de 35 kilómetros desde la costa tiene que prepararse para los bombardeos. Si es posible, los ingleses tirarán volantes una hora antes.

Según los informes alemanes, paracaidistas ingleses aterrizaron en la costa francesa. "Lanchas inglesas de desembarco luchan contra la infantería naval alemana", según la BBC.

Conclusión de la Casa de atrás en el desayuno a las 9:00 de la mañana: es un desembarco piloto, igual que hace dos años en Dieppe.

La radio inglesa en su emisión de las 10:00, en alemán, holandés, francés y otros idiomas: "*The invasion has begun*", o sea, la verdadera invasión.

La radio inglesa en su emisión de las 11:00, en alemán: discurso del general Dwight Eisenhower, comandante de las tropas.

La radio inglesa en su emisión en inglés de las 12:00: "Ha llegado el día D." El general Eisenhower le ha dicho al pueblo francés: "Nos espera un duro combate, pero luego vendrá la victoria. 1944 será el año de la victoria total. ¡Buena suerte!".

La radio inglesa en su emisión de la 1:00, en inglés: once mil aviones están yendo y viniendo incesantemente para transportar tropas y realizar bombardeos detrás de las líneas de combate. Cuatro mil naves de desembarco y otras embarcaciones más pequeñas tocan tierra sin cesar en el área entre Cherburgo y El Havre. Tropas inglesas y estadounidenses se encuentran en pleno combate. Los discursos del ministro holandés Gerbrandy, del primer ministro belga, del rey Haakon de Noruega, de De Gaulle por Francia y del rey de Inglaterra, sin olvidar a Churchill.

¡En la Casa de atrás hay gran conmoción! ¿Es realmente el comienzo de la tan ansiada liberación?, la liberación de la que tanto se ha hablado, pero que es demasiado hermosa y fantástica como para hacerse realidad algún día. ¿Acaso este año de 1944 nos traerá la victoria? Ahora mismo no lo sabemos, pero la esperanza nos anima, nos devuelve el valor y la fuerza otra vez. Porque con valor hemos de superar los múltiples miedos, privaciones y sufrimientos. Ahora es importante mantener la calma y de perseverar, de hincarnos las uñas en la carne antes de gritar. Francia, Rusia, Italia y Alemania pueden gritar y chillar por las desgracias padecidas, pero nosotros todavía no tenemos ese derecho.

¡Kitty, lo mejor de la invasión es que me da la sensación de que quienes se acercan son amigos! Los malditos alemanes nos han oprimido y nos han puesto un cuchillo en la garganta durante tanto tiempo, que los amigos y la salvación lo son todo para nosotros. Ahora ya no se trata sólo de los judíos, se trata de toda Holanda y toda la Europa ocupada. Tal vez, dice Margot, pueda volver a la escuela en septiembre u octubre.

Tu Ana M. Frank

P. D. Te mantendré informada de las últimas noticias. Esta mañana, y también por la noche, muñecos de paja y maniquíes tocaron tierra detrás de las líneas alemanas y explotaron cuando golpearon el suelo. También aterrizaron muchos paracaidistas que estaban pintados de negro para camuflajearse con la noche. A las 6:00 de la mañana llegaron las primeras lanchas, después de que se había bombardeado la costa por la noche, con 5 000 toneladas de bombas. Hoy entraron en acción 20 000 aviones. Las baterías costeras de los alemanes ya estaban destruidas a la hora del desembarco. Ya se ha formado una pequeña cabeza de puente, todo marcha a pedir de boca, a pesar del mal tiempo. El ejército y el pueblo son "una voluntad y una esperanza".

Viernes 9 de junio de 1944

Querida Kitty:
¡La invasión marcha viento en popa! Los aliados han tomado Bayeux, un pequeño pueblo de la costa francesa, y ahora luchan para entrar en Caen. Está claro que la intención es cortar las comunicaciones de la península en la que está situada Cherburgo. Todas las noches, los corresponsales de guerra informan acerca de las dificultades, el valor y el entusiasmo del ejército, se cometen las proezas más increíbles, también algunos de los heridos que ya han vuelto a Inglaterra han hablado por el micrófono. A pesar de que hace un tiempo malísimo, los aviones van y vienen. Hemos oído a través de la BBC que Churchill quería acompañar a las tropas cuando la invasión, pero por recomendación de Eisenhower y de otros generales este plan no se llevó a cabo. ¡Imagínate el valor de este hombre tan mayor, que ya tiene por lo menos 70 años!

Aquí la agitación del otro día se ha calmado un poco; sin embargo, esperamos que la guerra acabe por fin a finales de año. ¡Ya sería hora! El lloriqueo constante de la señora Van Daan no se aguanta, ahora que ya no nos puede dar la lata con la invasión, se queja todo el día del mal tiempo. ¡Si tan sólo pudiera meterla en un cubo de agua fría y subirla a la buhardilla!

Todos en la Casa de atrás, salvo Van Daan y Peter, han leído la trilogía *Rapsodia húngara*. El libro relata la historia de la vida del compositor, virtuoso pianista y niño prodigio Franz Liszt. Es muy interesante, aunque en mi opinión enfatiza mucho las historias de mujeres; Liszt no fue tan sólo el más grande y famoso pianista de su época, sino también el mayor mujeriego hasta los 70 años. Tuvo relaciones amorosas con la condesa Marie d'Agoult, la princesa Carolina de Sayn-Wittgenstein, la bailarina

Lola Montes, las pianistas Agnes Kingworth y Sophie Menter, la princesa circasiana Olga Janina, la baronesa Olga Meyendroff, la actriz de teatro Lilla no sé qué más, etcétera, etcétera: son una infinidad.

Las partes del libro que tratan de música y otras artes son mucho más interesantes. En el libro aparecen: Schumann y Clara Wieck, Héctor Berlioz, Johannes Brahms, Beethoven, Joachim, Richard Wagner, Hans von Bülow, Anton Rubinstein, Frédéric Chopin, Víctor Hugo, Honoré de Balzac, Hiller, Hummel, Czerny, Rossini, Cherubini, Paganini, Mendelssohn, y muchos otros.

Liszt en sí era un tipo estupendo, muy generoso, nada egoísta, aunque excesivamente vanidoso; ayudaba a todo el mundo, no conocía nada más elevado que el arte, aficionado al coñac y a las mujeres, no soportaba las lágrimas, era un caballero, no denegaba favores a nadie, no le importaba el dinero, era partidario de la libertad de culto y amaba al mundo.

Tu Ana M. Frank

Martes 13 de junio de 1944

Querida Kit:
Otra vez ha sido mi cumpleaños, de modo que ahora ya tengo 15 años. He recibido bastantes regalos: los cinco tomos de la *Historia del arte* de Springer, un conjunto de ropa interior, dos cinturones, un pañuelo, dos yogures, un tarro de mermelada, dos pasteles de miel (de los pequeños) y un libro de botánica de parte de papá y mamá; un brazalete sobredorado, de Margot; un libro de la colección Patria, de Van Daan; un tarro de malta "Biomalt" y guisantes dulces, de Dussel; caramelos, de Miep; caramelos y unos cuadernos de Bep, y de Kugler lo más hermoso: el libro *María Teresa* y tres rebanadas de queso con toda su crema. Peter me regaló un bonito ramo de peonías. El pobre hizo un gran esfuerzo por encontrar algo adecuado, pero no tuvo éxito.

La invasión sigue yendo viento en popa, pese al tiempo malísimo, las innumerables tormentas, las lluvias y la marejada.

Churchill, Smuts, Eisenhower y Arnold visitaron ayer los pueblos franceses tomados y liberados por los ingleses. Churchill se subió a un torpedero que disparaba contra la costa; ese hombre, como tantos otros, no conoce el miedo. ¡Envidiable!

El ambiente que impera en Holanda es difícil de sondear desde nuestra "fortaleza de atrás". Sin duda, la gente está contenta de que la ociosa (!)

Inglaterra por fin haya puesto manos a la obra. Qué injusta la gente cuando dice una y otra vez que aquí no quiere una ocupación inglesa. En general, el razonamiento viene a ser más o menos el siguiente: Inglaterra tiene que luchar, combatir y sacrificar a sus hijos por Holanda y los demás territorios ocupados. Los ingleses no pueden quedarse en Holanda, tienen que presentar sus disculpas a todos los estados ocupados, tienen que devolver las Indias Orientales a sus legítimos dueños, y luego podrán volverse a Inglaterra, empobrecidos y maltrechos. Pobres zopencos los que piensan así, y sin embargo, como ya he dicho, muchos holandeses parecen pertenecer a esta categoría. Y ahora me pregunto yo: ¿qué habría sido de Holanda y de los países vecinos, si Inglaterra hubiera firmado la paz con Alemania, la paz posible en tantas ocasiones? Holanda habría pasado a formar parte de Alemania y con ello sanseacabó.

A todos los holandeses que aún miran a los ingleses por encima del hombro, que tachan a Inglaterra y a su gobierno de viejos seniles, que califican a los ingleses de cobardes, pero que odian a los alemanes, habría que sacudirlos como se sacude una almohada, ¡así tal vez se plegarían de forma más sensata sus cerebros revueltos!

Muchos deseos, muchos pensamientos, muchas acusaciones y muchos reproches rondan en mi cabeza. De verdad que no soy tan presumida como mucha gente cree, conozco mis innumerables fallas y defectos mejor que nadie, con la diferencia de que sé que quiero enmendarme, que me enmendaré y que ya me he enmendado mucho.

¿Cómo puede ser entonces, a menudo me pregunto, que todo el mundo me siga considerando tan tremendamente pedante y presuntuosa? ¿De verdad soy tan testaruda?

¿Soy yo realmente, o quizá los demás? Parece una locura, ya me doy cuenta, pero no tacharé la última frase, porque tampoco es tan rara como parece. La señora Van Daan y Dussel, mis principales acusadores, ambos tienen fama de carecer de inteligencia y de ser, sí, digámoslo tranquilamente, "estúpidos". La gente estúpida no soporta, por lo general, que otros hagan algo mejor que ellos; el mejor ejemplo de ello son, en efecto, estos dos estúpidos, la señora Van Daan y el señor Dussel. La señora me considera estúpida porque yo no padezco esa enfermedad de manera tan aguda como ella; me considera poco modesta, porque ella lo es menos aún; mis faldas le parecen muy cortas, porque las suyas lo son más aún; me considera una sabionda, porque ella misma habla el doble que yo sobre temas de los que no entiende nada. Lo mismo vale para Dussel. Pero uno de mis refranes favoritos es: "En todos los reproches hay algo de cierto", y por eso soy la primera en reconocer que algo de sabionda tengo.

Sin embargo, lo más molesto de mi carácter es que nadie me regaña y me increpa tanto como yo misma, y si a eso mamá añade su cuota de consejos, la montaña de sermones se hace tan inconmensurable que yo, en mi desesperación por salir del paso, me vuelvo insolente y me pongo a contradecir, automática e inevitablemente salen a relucir las conocidas y viejas palabras de Ana: "¿Nadie me entiende!".

Estas palabras son parte de mí, y aunque suenen a mentira, hay algo de verdad en ellas. Mis autoacusaciones adquieren a menudo proporciones tales que desearía encontrar una voz consoladora que las rectificara y a la que también le importara mi vida interior, pero ¡ay!, por más que busco, no he podido encontrarla.

Ya sé que estarás pensando en Peter, ¿verdad, Kit? Es cierto, Peter me quiere, no como un enamorado, sino como amigo, su afecto crece día a día, pero sigue habiendo algo misterioso que nos detiene a los dos, y no sé lo que es.

A veces pienso que mi enorme deseo por él era exagerado, pero no es así, porque cuando pasan dos días sin ir a su habitación, me vuelve el mismo fuerte deseo de verle que he tenido siempre. Peter es amable y bueno, pero no puedo negar que él me ha decepcionado en muchos aspectos. Sobre todo, su desinterés en la religión, las conversaciones sobre la comida y otras muchas cosas tan contradictorias no me gustan. Sin embargo, estoy plenamente convencida de que mantendremos nuestro trato de no peleas. Peter es amante de la paz, tolerante y capaz de ceder. Acepta que yo le diga muchas más cosas de las que le tolera a su madre. Intenta con gran empeño borrar las manchas de tinta en sus libros y de poner cierto orden en sus cosas. Pero, ¿por qué sigue ocultando lo que tiene dentro y no me permite tocarlo? Tiene un carácter mucho más cerrado que el mío, es cierto, pero yo ahora realmente sé por experiencia, que incluso los caracteres más cerrados ansían, en la misma medida que otros, o más, tener un confidente.

Peter y yo ya hemos tenido nuestros años para pensar aquí, a menudo hablamos sobre el futuro, el pasado y el presente, pero como ya te he dicho: extraño lo auténtico y sin embargo estoy segura de que está ahí.

¿Será que tanto tiempo de no salir al aire libre ha hecho que creciera mi afición por todo lo que tiene que ver con la naturaleza? Recuerdo perfectamente que un cielo azul brillante, el canto de los pájaros, la luz de la luna o el florecimiento de las flores antes no lograban retener mi atención.

Aquí todo eso ha cambiado. Por ejemplo, una noche, durante la fiesta de Pentecostés, cuando hizo tanto calor, hice el mayor de los esfuerzos para no dormirme, y a las 11:30 quise observar bien la luna por una vez a solas, a través de la ventana abierta. Lamentablemente mi sacrificio fue en vano, ya que la luna daba mucha luz y no podía arriesgarme a abrir la ventana. En otra ocasión, hace varios meses, se me ocurrió ir una noche arriba estando la ventana abierta, no bajé hasta que no terminó la hora de airear. La noche oscura y lluviosa, la tormenta, las nubes que pasaban a las carreras, me cautivaron; después de año y medio, era la primera vez que veía a la noche cara a cara. Después de ese momento, mis deseos de volver a ver la noche superaron mi miedo a los ladrones, a la casa a oscuras y llena de ratas y a los robos. Bajé sola a mirar por la ventana de la oficina y la de la cocina. Muchas personas encuentran la naturaleza preciosa, muchos duermen alguna que otra vez al aire libre, muchos de los que están en cárceles y hospitales anhelan el día en que puedan ser libres y volver a disfrutar de todo lo que la naturaleza ofrece, pero son pocos los que, como nosotros, están tan separados y aislados de la cosa que desean, y que es igual para ricos que para pobres.

No es ninguna fantasía cuando digo que ver el cielo, las nubes, la luna y las estrellas me da paciencia y me tranquiliza. Es mejor remedio que la valeriana o el bromo. La naturaleza me hace humilde y me prepara para soportar los golpes con valentía.

En alguna parte estará escrito que yo sólo pueda ver la naturaleza, de vez en cuando y a modo de excepción, a través de unas ventanas llenas de polvo y con cortinas sucias delante, y hacerlo así no resulta nada agradable. ¡La naturaleza es lo único para lo que no existen sustitutos!

Una de las muchas preguntas que no me deja en paz por dentro es por qué en el pasado, y a menudo aún ahora, los pueblos conceden a la mujer un lugar inferior al que ocupa el hombre. Todos dicen que es injusto, pero con eso no estoy satisfecha: lo que quisiera conocer es la causa de tan grande injusticia.

Es de suponer que el hombre, desde el principio, debido a su mayor fuerza física, ha dominado a la mujer; el hombre que tiene ingresos, el hombre que engendra hijos, el hombre al que todo le está permitido... Ha sido una gran equivocación por parte de tantas mujeres permitir en silencio, hasta hace poco tiempo, que todo siguiera así sin más, porque cuantos más siglos perdura esta norma, tanto más se arraiga. Afortunadamente la educación, el trabajo y el desarrollo le han abierto un poco los ojos a la mujer. En muchos países las mujeres han obtenido la igualdad de derechos; mucha gente, sobre todo mujeres, pero también hombres, ahora se dan cuenta de lo mal que ha estado dividido el mundo durante tanto tiempo, y las mujeres modernas exigen su derecho a la independencia total.

Pero no se trata sólo de eso: ¡la mujer debe ser valorada! En todas partes el hombre goza de una alta estima generalizada. ¿Por qué la mujer no habría de compartir esa estima? Los soldados y héroes de guerra son honrados y homenajeados y se les concede a los exploradores célebres fama inmortal, se venera a los mártires, pero ¿quién considera a la mujer como una guerrera?

En el libro *La lucha por la vida* leí algo que me trastocó bastante, y es algo así: por lo general, las mujeres, tan sólo por el hecho de tener hijos, padecen más dolores, enfermedades y desgracias que cualquier héroe de guerra. ¿Y cuál es la recompensa por soportar todo ese dolor? La echan en un rincón si se desfigura por el parto, sus hijos al poco tiempo ya no son suyos y su belleza se ha ido. Las mujeres son mucho más valientes y heroicas que los soldados en combate y para preservar a la humanidad padecen más dolores que muchos héroes habladores. No quiero decir que las mujeres tendrían que negarse a tener hijos, al contrario, así lo establece la naturaleza y así ha de ser. Condeno sólo a los hombres y a todo el orden mundial, que nunca quieren dar razón al importante, difícil y a veces también bello papel desempeñado por la mujer en la sociedad.

Paul de Kruif, el autor del libro mencionado, tiene razón al decir que los hombres deben aprender que en las partes del mundo llamadas civilizadas, un nacimiento ha dejado de ser algo natural y corriente. Los hombres lo tienen fácil, nunca han tenido que soportar los pesares de una mujer, y nunca los tendrán que soportar.

La opinión de que el tener hijos constituye un deber de la mujer, yo creo que cambiará a lo largo del próximo siglo, dando lugar a la estima y a la admiración por quien se lleva esa carga sobre sus hombros, sin quejas y sin pronunciar grandes palabras.

Tu Ana M. Frank

Viernes 16 de junio de 1944

Querida Kitty:
Nuevos problemas: la señora está desesperada, habla de pegarse un tiro, de la cárcel, de ahorcarse y suicidarse. Tiene celos de que Peter me dé su

confianza y no a ella, está ofendida porque Dussel no hace suficiente caso de sus coqueterías, teme que su marido gaste en tabaco todo el dinero del abrigo de piel, riñe, insulta, llora, se lamenta, ríe y luego comienza de nuevo la querella.

¿Qué se hace con una persona tan llorona y chiflada? Nadie la toma en serio, carácter no tiene, se queja con todos y anda por la casa con un aire de "liceo de frente, museo por detrás". Y lo peor de todo es que Peter es impertinente con ella el señor Van Daan, irritable, y mamá, cínica. ¡Vaya situación! Sólo hay una regla a tener siempre presente: ríete de todo y no te molestes por los demás. Parece egoísta, pero en realidad es la única cura para los autocompasivos.

A Kugler lo mandan cuatro semanas a Alkmaar a hacer trabajos forzados; intentará salvarse presentando un certificado médico y una carta de Opekta. Kleiman tiene que someterse a una operación del estómago lo antes posible. Anoche, a las 11:00, cortaron la conexión telefónica a todos los particulares.

Tu Ana M. Frank

Viernes 23 de junio de 1944

Querida Kitty:
Nada en especial ha pasado. Los ingleses comenzaron el gran ataque a Cherburgo; según Pan y Van Daan, el 10 de octubre nos liberan. Los rusos participan en la operación, ayer empezó su ofensiva cerca de Vítebsk. Exactamente el día en que los alemanes invadieron tres años atrás.

El ánimo de Bep sigue por debajo de cero. Casi no nos quedan patatas. En lo sucesivo vamos a darle a cada uno su ración de patatas por separado, y que cada cual haga con ellas lo que le plazca. A partir del lunes, Miep se toma una semana de vacaciones anticipadas. Los médicos de Kleiman no han encontrado nada en la radiografía. Está indeciso entre operarse y dejar que las cosas sigan su curso.

Tu Ana M. Frank

Martes 27 de junio de 1944

Mi querida Kitty:
El ambiente ha cambiado: todo va muy bien. Cherburgo, Vítebsk y Slobin han caído hoy. Con certeza, un gran botín y muchos prisioneros. Cinco

generales alemanes han muerto en Cherburgo, y otros dos han sido hechos prisioneros. Ahora los ingleses podrán desembarcar todo lo que quieran, porque tienen un puerto: toda la península de Cotentin en manos de los ingleses, tres semanas después de la invasión, ¡qué gran logro!

En las tres semanas que han pasado desde el "Día D", ni un solo día ha parado de llover ni de hacer tormenta, tanto aquí como en Francia, pero esta mala suerte no impide que los ingleses y los norteamericanos demuestren toda su fuerza, ¡y de qué manera! Bien, la Wuwa (arma maravilla) ha entrado en plena acción, pero ¿qué puede llegar a significar semejante nimiedad, más que unos pocos daños en Inglaterra y grandes titulares en la prensa teutona? Además, cuando se den cuenta en Teutonia de que ahora de verdad se acerca el peligro bolchevique, se pondrán a temblar como nunca.

Todas las mujeres alemanas que no trabajan para el ejército alemán, serán evacuadas de las zonas costeras junto con los niños alemanes y llevados a las provincias de Groninga, Frisia y Güeldres. Mussert ha declarado que se pondrá un uniforme militar si la invasión llega a Holanda. ¿El gordinflón tiene pensado pelear? Para eso podría haberse marchado a Rusia hace tiempo. Finlandia rechazó la propuesta de paz en su momento, y ahora las negociaciones se han vuelto a romper. ¡Ya se arrepentirán los muy estúpidos! ¿Cuánto crees que habremos adelantado el 27 de julio?

Tu Ana M. Frank

Viernes 30 de junio de 1944

Querida Kitty:

Mal tiempo, *o bad weather from one at a stretch to the thirty june* (mal tiempo de un tirón los 30 días de junio). ¿Qué te parece? Ya ves cómo domino el inglés, y para demostrarlo estoy leyendo *Un marido ideal* (¡con diccionario!).

La guerra marcha a pedir de boca: han caído Bobruisk, Moguiliov y Orsha; muchos prisioneros.

Aquí todo *all right* (muy bien). Los ánimos mejoran, nuestros hiperoptimistas festejan sus triunfos, los Van Daan hacen malabarismos con el azúcar, Bep se ha cambiado de peinado y Miep vacaciona por una semana. Estas son las últimas noticias.

Me están haciendo un tratamiento muy desagradable del nervio, nada menos que en uno de los dientes incisivos, ya me ha dolido una enormidad, tanto que Dussel pensó que me desmayaría; pues faltó poco. Al rato, la señora empezó con dolor de muela también.

Tu Ana M. Frank

P. D. De Basilea nos ha llegado la noticia de que Bernd (mi primo Buddy) ha hecho el papel de mesonero en *Minna von Barnhelm*. "Él tiene inclinaciones artísticas", dijo mamá.

Jueves 6 de julio de 1944

Querida Kitty:
Mi corazón se inquieta cuando Peter dice que podría volverse criminal o especulador. Aunque ya sé que lo dice en broma, me da la sensación de que él mismo tiene miedo de su débil carácter. Una y otra vez, escucho tanto de Margot como de Peter:

"Claro, si yo tuviera tu fuerza y tu valor, si yo pudiera imponer mi voluntad como haces tú, si tuviera tu energía y tu perseverancia, entonces..."

¿De verdad es una buena cualidad el no dejarme influenciar por los demás? ¿Está bien que siga casi exclusivamente el sendero de mi conciencia?

Honestamente, no puedo imaginar cómo alguien puede decir "soy débil" y siga siéndolo. Si uno lo sabe, ¿por qué no luchar contra esto?, ¿por qué no adiestrar su propio carácter? La respuesta fue: "¡Es que es mucho más fácil así!". La respuesta me desanimó un poco. ¿Más fácil?

¿Quieren decir que una vida comodona y engañosa equivale a una vida fácil? Oh, no, no puede ser verdad, no es posible que la facilidad y el dinero sean tan seductores. He pensado mucho acerca de lo que debía responder, cómo tengo que hacer para que Peter crea en sí mismo y, sobre todo, para que se abra camino en este mundo. No sé si habré acertado. Tantas veces me he imaginado lo bonito que sería si alguien depositara su confianza en mí, pero ahora que ha llegado el momento, me doy cuenta de lo difícil que es identificarse con los pensamientos de los demás y luego encontrar la mejor solución. Sobre todo, porque los términos "fácil" y "dinero" son algo totalmente ajeno y nuevo para mí.

Peter comienza a apoyarse en mí, y esto no debe suceder de ninguna manera. Es difícil mantenerse en pie por sí mismo en la vida, pero es aún más difícil para el carácter y espíritu estar solo y permanecer firme.

Estoy un poco confundida, buscando desde hace días un remedio adecuado contra la terrible palabra "fácil". ¿Cómo puedo dejarle claro a

Peter que lo que parece fácil y cómodo, lo arrastrará a las profundidades de un abismo, donde no hay amigos, ni ayuda, ni ninguna cosa bonita, un abismo del que es casi imposible salir?

Todos vivimos, pero no sabemos por qué ni para qué, todos vivimos con el objetivo de ser felices, todos vivimos vidas diferentes y sin embargo iguales. A los tres nos han educado en un buen ambiente, podemos estudiar, tenemos la oportunidad de lograr algo en la vida, tenemos motivos suficientes para pensar que llegaremos a ser felices, pero... hay que ganarlo a pulso. Y eso es algo que no se consigue con facilidad. Ganarse la felicidad implica trabajar por ella, y hacer el bien y no especular ni ser un holgazán. La holgazanería podrá parecer atractiva, pero sólo el trabajo da la verdadera satisfacción.

No puedo entender a las personas que no creen el trabajo, pero lo mismo me pasa con Peter, que no tiene ninguna meta fija y se cree demasiado insignificante e ignorante como para lograr algo en la vida. Pobre chico, no sabe lo que significa poder hacer felices a los demás y yo tampoco puedo enseñárselo. No tiene religión, se burla de Jesucristo, usa el nombre de Dios en vano; aunque yo tampoco soy ortodoxa, me duele cada vez que noto lo abandonado, lo despreciativo y lo pobre de espíritu que es.

Las personas que tienen una religión deberían estar contentas, porque no a todos les es dado creer en cosas sobrenaturales. Ni siquiera es necesario tener miedo del castigo después de la muerte; el purgatorio, el infierno y el cielo son cosas que a muchos les cuesta imaginarse. No obstante, tener una religión, no importa de qué tipo, nos guía por el camino correcto. No se trata de temor a Dios, sino de mantener el propio honor y la conciencia.

¡Qué hermoso y bueno sería para todo el mundo, si al finalizar cada día, antes de dormir, revisaran su propio comportamiento y analizaran lo bueno y lo malo que han hecho! Sin darte casi cuenta, intentarías mejorar y superarte desde el principio de cada nuevo día, y lo más probable es que al cabo de algún tiempo consigas bastante. Este método lo puede utilizar cualquiera, no cuesta nada y es muy útil. Porque para quien aún no lo sepa, que tome nota y lo viva en su propia carne: ¡una conciencia tranquila da fuerza!

Tu Ana M. Frank

Sábado 8 de julio de 1944

Querida Kitty:
El señor Broks estuvo en Beverwijk y consiguió fresas directamente de la subasta. Llegaron aquí todas polvorientas, llenas de arena, pero en grandes cantidades. Nada menos que 24 cajas a repartir entre los de la oficina y nosotros. Esa misma tarde hicimos los primeros seis frascos grandes de conserva y ocho de mermelada. A la mañana siguiente Miep comenzó a hacer mermelada para la oficina.

Las 12:30: la puerta de la calle fue cerrada con llave, bajamos las cajas, Peter, papá y Van Daan haciendo estrépito por las escaleras, Ana sacando agua caliente del calentador, Margot que viene a buscar el cubo, ¡todos manos a la obra! Con una sensación muy extraña en el estómago, entré en la cocina de la oficina, que estaba llena de gente: Miep, Bep, Kleiman, Jan, papá, Peter, los escondidos y su brigada de aprovisionamiento, todos mezclados, y eso a plena luz del día. Las cortinas y las ventanas entreabiertas, todos hablando alto, portazos... Yo estaba temblando de emoción.

"¿Aún nos escondemos realmente?", pensé. "Esto debe ser lo que se siente cuando uno puede mostrarse al mundo otra vez".

La olla estaba llena, corrí escaleras arriba. En nuestra cocina estaba el resto de la familia de pie alrededor de la mesa, quitándoles las hojas y los rabitos a las fresas, al menos eso era lo que supuestamente estaban haciendo, porque la mayor parte desaparecían en las bocas antes de llegar al cubo. Pronto hizo falta otro cubo, y Peter fue a la cocina de abajo, cuando el timbre ¡sonó dos veces!, el cubo se quedó abajo, Peter subió corriendo, las puertas del armario se cerraron. Nos moríamos de impaciencia, no se podía abrir el grifo y las fresas a medio lavar estaban esperando su baño, pero la regla del escondite: "Si hay alguien en el edificio, no se abre ningún grifo por el ruido que hacen las tuberías", se mantuvo.

La 1:00: Jan sube y dice que era el cartero. Peter baja rápidamente las escaleras. ¡Riiiin!, otra vez el timbre, vuelta para arriba. Voy a escuchar si alguien viene, primero detrás de la puerta del armario, luego arriba, en el rellano de la escalera. Por fin, Peter y yo nos inclinamos sobre el barandal de la escalera escuchando los ruidos que vienen de abajo como un par de ladrones. Ninguna voz desconocida. Peter baja la escalera sigilosamente, se para a medio camino y llama: "¡Bep!", y otra vez: "¡Bep!". El bullicio en la cocina tapa la voz de Peter. Corre escaleras abajo y entra en la cocina. Mientras yo, nerviosa, vigilo desde arriba.

—¿Qué haces aquí, Peter? ¡Fuera, rápido, que el contador está aquí, vete ya!

Es la voz de Kleiman. Peter llega arriba dando un suspiro, la puerta del armario se cierra. Por fin, a la 1:30, sube Kugler:

—Dios mío, no hay otra cosa que fresas, fresas para el desayuno, Jan comiendo fresas, Kleiman mordiendo fresas, Miep cociendo fresas, Bep limpiando fresas, donde quiera huele a fresas, vengo aquí para alejarme de tanto rojo, ¿y qué veo? ¡Gente lavando fresas!

El resto de ellas las hacemos conserva. Por la noche se abren dos frascos, papá en seguida los convierte en mermelada. A la mañana siguiente resulta que se han abierto otros dos, y por la tarde otros cuatro. Van Daan no los había esterilizado a temperatura suficiente. Ahora papá hace mermelada todas las noches. Comemos papilla con fresas, suero de leche con fresas, pan con fresas, fresas de postre, fresas con azúcar, fresas a montones. Durante dos días enteros hubo fresas, fresas y más fresas dando vueltas por todas partes, hasta nuestro suministro se agotó o quedó guardado bajo llave en los frascos.

—¡Mira, Ana! —me dice Margot—. La señora Van Hoeven nos ha enviado guisantes, nueve kilos en total.

—¡Qué bien! —respondo. Es cierto, lo era, pero ¡cuánto trabajo!

—El sábado deben ayudar todos a desenvainarlos —mamá anuncia sentada a la mesa.

Y, por supuesto, esta mañana, después de desayunar, la olla más grande de esmalte apareció en la mesa hasta el tope de guisantes. Si crees que desvainar guisantes es un trabajo aburrido, no sabes lo que es pelar las vainas. Creo que la mayoría de la gente no sabe lo ricas en vitaminas, lo deliciosas y blandas que son las cáscaras de los guisantes, una vez que les has quitado la piel de adentro. Pero las tres ventajas que acabo de mencionar no son nada comparadas con el hecho de que la parte comestible es casi tres veces mayor que si se comen sólo los guisantes.

Esta tarea de despellejar vainas es muy minuciosa y meticulosa, indicada quizá para dentistas pedantes y especieros meticulosos, pero para una chica de poca paciencia como yo es terrible.

Empezamos a las 9:30, a las 10:30 me siento, a las 11:00 me pongo de pie, a las 11:30 me vuelvo a sentar. En mis oídos resonaba una voz interior que me iba diciendo: quebrar la punta, tirar de la piel, sacar la hebra, desgranarla, etcétera. Mis ojos daban vueltas: verde, verde, gusanillo, hebra, vaina podrida, verde, verde, verde. Para combatir la apatía me paso toda la mañana hablando, digo todas las tonterías posibles, hago reír a todos y el aburrimiento me está matando. Con cada hebra que desgrano me convenzo de que jamás seré sólo ama de casa, nunca.

A las 12:00 desayunamos, pero a las 12:30 volvemos a la tina a quitar pieles otra vez hasta la 1:15. Cuando acabamos me sentí medio mareada, los otros también un poco. Me acosté a dormir hasta las 4:00, pero aún desperté aturdida a causa de los malditos guisantes.

Tu Ana M. Frank

Sábado 15 de julio de 1944

Querida Kitty:
De la biblioteca nos han traído un libro con un título muy provocativo: *¿Qué piensa usted de la juventud moderna?* Sobre este tema quisiera hablar hoy contigo.

La autora critica a los "jóvenes de hoy en día" de pies a cabeza; sin embargo, no los rechaza totalmente como si no fueran capaces de hacer nada bueno. Al contrario, más bien opina que si la juventud quisiera, podría construir un gran mundo mejor y más bonito, pero que, al ocuparse de banalidades, no repara en lo esencialmente bello. En algunos pasajes de la lectura me dio la sensación de que la autora se refería a mí con sus censuras, y por eso por fin quisiera mostrarte cómo soy realmente por dentro y defenderme de este ataque.

Tengo una característica sobresaliente y que llama la atención de todo aquel que me conoce, y es el conocimiento de mí misma. Sin ningún prejuicio, me analizo como si se tratara de un extraño y con una bolsa llena de disculpas me planto frente a la Ana de todos los días y observo lo que hace bien y lo que hace mal. Esa conciencia de mí misma nunca me abandona y lo sé en seguida de pronunciar cualquier palabra: "esto lo debería haber dicho de otra forma", o: "esto está bien dicho". Me condeno a mí misma en miles de cosas y me doy cuenta cada vez más de lo acertadas que son las palabras de papá: "Todos los niños deben educarse a sí mismos". Los padres tan sólo pueden dar consejos o recomendaciones, pero la formación final del carácter de uno está en sus propias manos. Añádase a esto que poseo una enorme valentía de vivir, me siento siempre tan fuerte y capaz de aguantar, ¡tan libre y tan joven! La primera vez que me di cuenta de ello me puse contenta, porque no pienso doblegarme tan pronto frente a los golpes que cada uno tiene que soportar.

Pero a menudo te he hablado de esto, quisiera ahondar en el capítulo de "papá y mamá no me comprenden". Mis padres siempre me han mimado mucho, han sido siempre muy buenos conmigo, me han defendido ante los ataques de los de arriba y han hecho todo lo que estaba a su alcance. Y sin embargo, me he sentido siempre terriblemente sola, excluida, abandonada e incomprendida. Papá intentó hacer de todo para calmar mi rebeldía, pero sin resultado. Yo misma me he curado, haciéndome ver a mí misma lo errado de mis actos.

¿Cómo es posible que papá nunca haya sido de gran ayuda en mi lucha, que haya fracasado por completo cuando trata de darme una mano? Papá ha aplicado los métodos erróneos, siempre me ha hablado como a una niña que tiene que pasar por tiempos difíciles. Eso suena loco, porque nadie ha confiado siempre en mí más que papá y nadie más que él me ha dado la sensación de ser una chica sensata. Pero algo ha descuidado: no ha pensado que mi lucha por superarme era más importante para mí que cualquier otra cosa. No quería que me hablara de "diferencia de edad", "otras chicas" y "ya se te pasará", no quería que me tratara como a una chica como todas, sino como a Ana en sí misma, y Pan no lo entendía. Además, yo no puedo depositar mi confianza en alguien si no me cuenta lo más mínimo sobre sí mismo, y como yo de Pan no sé nada, no podré recorrer el camino de la confidencialidad entre nosotros. Pan siempre se mantiene en la posición del padre mayor que alguna vez tuvo inclinaciones pasajeras parecidas, pero que ya no puede participar conmigo en ellas como amigo de los jóvenes, por mucho que se esfuerce. Todo esto me ha orillado a que nunca le contara a nadie mis puntos de vista y mis teorías bien meditadas, salvo a mi diario y alguna que otra vez a Margot. Ante papá siempre me he escondido, nunca lo he dejado ver mis emociones, nunca he dejado que compartiera mis ideales y he creado una distancia entre nosotros con toda intención. No lo puedo evitar, he actuado por completo de acuerdo con lo que sentía, de manera egoísta quizá, pero de un modo que favoreciera mi tranquilidad. Porque la tranquilidad y la confianza en mí misma que he construido de modo vacilante, las perdería completamente si ahora tuviera que soportar que criticaran mi labor a medio terminar. Y eso no lo puedo hacer ni por Pan, por más duro que suene, porque con Pan no sólo no he compartido mi vida interior, sino que a menudo mi susceptibilidad lo aleja aún más de mí. Es un tema que pienso muy a menudo: ¿cómo es posible que a veces Pan me irrite tanto? Que casi no puedo estudiar con él, que su afecto me parece forzado, que preferiría que me dejara en paz y sola, hasta que me sintiera un poco más segura frente a él. Todavía me carcome culpa por la carta que escribí aquella vez que estaba tan molesta. ¡Ay, qué difícil es ser fuerte y valiente en todos sentidos!

Sin embargo, él no ha sido mi mayor decepción. No, mucho más que en papá, pienso en Peter. Sé muy bien que yo lo he conquistado a él, y no al revés, he creado una imagen de él, lo veía como a un chico callado, sensible, bueno, muy necesitado de cariño y amistad. Yo necesitaba expresarme alguna vez con una persona viva. Quería tener un amigo que me ayudara a encontrar mi camino de nuevo. He logrado la difícil labor e hice que él se volviera hacia mí poco a poco. Cuando por fin conseguí que tuviera sentimientos amistosos para conmigo, llegamos de forma automática a la intimidad que ahora, cuando pienso en ello, me parece inaudita. Hablamos de las cosas más secretas, pero hasta ahora lo que mi corazón carga y ha aguantado lo hemos callado. Todavía no sé cómo tomar a Peter. ¿Es superficialidad o timidez lo que lo detiene, incluso frente a mí? Pero aparte de eso, cometí un error, he utilizado la intimidad para acercarme a él, y al hacerlo, he descartado otras formas de amistad. Él anhela ser amado y me quiere cada día más, lo noto muy bien. Nuestros encuentros le satisfacen, pero a mí sólo me dan ganas de intentarlo todo de nuevo con él y de no tocar nunca los temas que tanto me gustaría sacar a la luz. He atraído a Peter hacia mí a la fuerza, mucho más de lo que él se imagina, y ahora se aferra a mí y no veo ningún medio eficaz para separarlo de mí y hacer que vuelva a valerse por sí mismo. Pronto me di cuenta de que él no podía ser el amigo que yo me imaginaba, aun así, me he empeñado para que al menos superara su mediocridad y ampliara sus horizontes juveniles.

"En el fondo, el joven está más solo que el viejo". Esta frase se me ha quedado grabada de algún libro y me ha parecido una gran verdad.

¿Es cierto que los mayores aquí lo tienen más difícil que los jóvenes? No, definitivamente no. Las personas mayores tienen una opinión acerca de todo y ya no vacilan ante sus actos en la vida. Nosotros, los jóvenes, tenemos un doble problema: hacer valer nuestras opiniones en unos tiempos en los que se destruye y se aplasta cualquier idealismo, en los que lo peor de la naturaleza humana predomina, en los que se duda de la verdad y de la justicia y de Dios.

Cualquier persona que sostiene que aquí, en la Casa de atrás, los mayores lo tienen mucho más difícil, seguramente no se da cuenta que los problemas nos impactan en mucha mayor proporción a nosotros. Problemas para los que quizá seamos demasiado jóvenes, pero nos imponen hasta que creemos haber encontrado por fin una solución que luego se desmorona al enfrentar hechos y se pierde. Eso es lo difícil de estos tiempos: los ideales, los sueños y las esperanzas en cuanto se presentan son aplastados por la terrible realidad y aniquilados por completo. Es un milagro que no haya renunciado a todas mis esperanzas, porque parecen absurdas e irrealizables. Sin embargo, me aferro a ellas, pese a todo, porque sigo creyendo en la bondad interna de los hombres.

Es totalmente imposible para mí construir mi vida sobre la base del caos, el sufrimiento y la muerte. Veo cómo el mundo se va transformando lentamente en un desierto, oigo el trueno que se aproxima y que, un día, nos destruirá, siento el sufrimiento de millones de personas, y, sin embargo, cuando miro hacia el cielo, pienso que todo cambiará para bien, que esta crueldad también acabará, que la paz y la tranquilidad volverán a reinar en el orden mundial. Mientras tanto, tendré que mantener bien altos mis ideales, tal vez llegue el día en que podré realizarlos.

Tu Ana M. Frank

Viernes 21 de julio de 1944

Querida Kitty:
¡Estoy muy optimista, por fin las cosas van bien! ¡Sí, de verdad, todo marcha viento en popa! ¡Una gran noticia! Ha habido un atentado contra Hitler y esta vez no han sido los comunistas judíos o los capitalistas ingleses, sino un general alemán, que es conde y joven, además. El Führer debe su vida a la "Divina Providencia", y por desgracia sólo ha sufrido unos rasguños y quemaduras. Algunos de sus oficiales y generales más allegados han resultado muertos o heridos. El líder de la conspiración fue ejecutado.

Es la mejor prueba que hemos tenido hasta ahora de que muchos oficiales y generales están hartos de la guerra y les gustaría ver a Hitler hundirse en un pozo sin fondo, para luego establecer una dictadura militar, firmar la paz con los aliados, armarse de nuevo y, después de una veintena de años, empezar una nueva guerra. Tal vez la Providencia se haya demorado deliberadamente en quitarlo del camino, porque para los aliados es mucho más conveniente y ventajoso que los germanos impecables se maten entre ellos, así a los rusos y los ingleses les queda menos trabajo por hacer y pueden empezar antes a reconstruir sus propias ciudades. Pero todavía falta para eso, y no quisiera adelantarme a esos gloriosos acontecimientos.

Sin embargo, te darás cuenta de que lo que digo es la pura verdad y nada más que la verdad. Por una vez dejo de darte la lata con mis charlas sobre ideales superiores.

Además, Hitler ha sido tan amable de comunicarle a su leal y querido pueblo que, a partir de hoy, todos los militares tienen que obedecer las órdenes de la Gestapo y que todo soldado que sepa que su comandante participó en el cobarde y vil atentado, tiene permiso de dispararle en el acto.

¡Bonito chiste va a resultar! Al pequeño Juan le duelen los pies de tanto caminar, y su jefe, el oficial, le grita. El pequeño Juan coge su arma y exclama: "Tú querías matar al Führer, ¡aquí tienes tu merecido!". Le pega un tiro y el jefe mandón que se atrevió a regañar al pequeño Juan, pasa a mejor vida (¿o a mejor muerte?). Al final, el asunto va a ser que los señores oficiales, cuando se topen con un soldado o cuando tengan que impartir órdenes en alguna parte, van a mojar sus pantalones, porque los soldados tendrán más autoridad y poder que ellos.

¿Me sigues, o he saltado de un tema a otro de nuevo? No puedo evitarlo, estoy demasiado contenta como para ser coherente, la posibilidad de que tal vez ya podré ocupar nuevamente mi lugar en las aulas en octubre, ¡yuju!, ¿acaso no acabo de decir que no me quiero precipitar? Perdóname, no por nada tengo fama de ser un manojo de contradicciones.

Tu Ana M. Frank

Martes 1 de agosto de 1944

Querida Kitty:

"Un manojo de contradicciones" es la última frase de mi carta anterior y la primera de ésta. "Un manojo de contradicciones", ¿serías capaz de explicarme lo que es? ¿Qué significa contradicción? Al igual que muchas otras palabras, tiene dos significados, contradicción por fuera y contradicción por dentro. Lo primero es sencillamente no conformarse con la opinión de los demás, pretender saber más que los demás, tener la última palabra, en fin, todos esos rasgos desagradables por los que se me conoce, y lo segundo, que no es por ello que se me conoce, es mi secreto.

Como ya te he contado alguna vez, mi alma está dividida en dos, por decirlo así. Una parte contiene mi alegría extrovertida, mis bromas y risas, mi alegría de vivir y sobre todo el tomarme todo a la ligera. Eso también incluye el no ver nada malo en las coqueterías, en un beso, un abrazo, una broma obscena. Esa parte está generalmente al acecho para emboscar a la otra, mucho más bonita, más pura y más profunda.

Nadie conoce el lado bonito de Ana y por eso la mayoría de la gente no me puede soportar. Es cierto que soy un payaso divertido por una tarde, y luego durante un mes todos están hartos de mí. En realidad, soy lo mismo que una película de amor para los intelectuales un mero juego, un interludio cómico, algo que se olvida pronto: no está mal, pero no es especialmente buena. Odio tener que contarte esto, pero ¿por qué no debería hacerlo, si sé que es la verdad? Mi lado más ligero y superficial siempre le ganará al más profundo, y por eso siempre vencerá. No te puedes ni imaginar cuántas veces he intentado empujar a esta Ana, que sólo es la mitad de todo lo que conoce como Ana, de golpearla, de esconderla, pero no lo logro y yo sé por qué.

Tengo un gran temor de que la gente que me conoce tal y como siempre soy, descubran que tengo otro lado, un lado más bello y mejor. Temo que se burlen de mí, que me encuentren ridícula, sentimental, que no me tomen en serio. Estoy acostumbrada a que no me tomen en serio, pero sólo la "ligera" Ana está acostumbrada a ello y lo puede aguantar, la Ana de mayor "peso" es demasiado débil. Si alguna vez logro con gran esfuerzo que suba a escena la auténtica Ana durante 15 minutos, se cierra como una flor tímida en cuanto le toca hablar, cediéndole la palabra a la Ana número uno y antes de que me dé cuenta desapareció.

En sociedad la Ana buena no se ha mostrado nunca, ni una sola vez se ha mostrado a la luz, pero cuando estoy sola casi siempre lleva la voz cantante. Sé perfectamente cómo me gustaría ser y cómo soy... por dentro, pero por desgracia sólo soy así para mí. Y esto tal vez, no, seguramente es el porqué yo misma me considero una persona feliz por dentro y la gente me considera una persona feliz por fuera. Por dentro, la auténtica Ana me indica el camino, pero por fuera no soy más que una cabrita descarriada que trata de soltar su correa.

Como ya te he dicho, siento las cosas de modo distinto a cuando las digo, y por eso tengo fama de correr detrás de los chicos, de coquetear, de ser una sabelotodo y de leer novelitas de poca monta. La Ana alegre lo toma a risa, replica con insolencia, se encoge de hombros y finge que le importa un comino. La tranquila Ana reacciona de manera opuesta. Si soy sincera de verdad, te confieso que me afecta, y que hago un esfuerzo enorme para ser de otra manera, pero que una y otra vez sucumbo ante un enemigo más poderoso.

Una voz dentro de mí solloza: "Ves lo que has conseguido: malas opiniones, caras burlonas y molestas, gente que te considera antipática, y todo porque no escuchas los buenos consejos de tu lado bueno". ¡Ay, cómo me gustaría escucharlo, pero no puedo! Cuando estoy callada y seria, todos piensan que es una nueva comedia, y entonces tengo que salir del paso con una broma, por no hablar de mi propia familia, que enseguida se piensa que estoy enferma, y me hacen tragar píldoras para el dolor de cabeza y calmantes, me palpan el cuello y la frente para ver si tengo fiebre, me preguntan si estoy estreñida y me critican cuando estoy de mal humor. No soporto cuando se fijan tanto en mí, primero me pongo insolente, luego triste y al final termino volviendo mi corazón, con el lado malo hacia fuera y el bueno hacia dentro, buscando siempre la manera de ser como de verdad me gustaría ser y como podría ser... si otras personas no hubiera en este mundo.

Tu Ana M. Frank

El diario de Ana termina aquí.

Epílogo

En la mañana del 4 de agosto de 1944, entre las 10:00 y las 10:30 de la mañana, un automóvil se detuvo frente a la casa de Prinsengracht 263. De él se bajó Karl Josef Silberbauer, un sargento de las "SS" alemanas, uniformado, y al menos tres asistentes holandeses, miembros de la Grüne Polizei (Policía Verde), vestidos de civiles, pero armados. Sin duda, alguien había delatado a los escondidos. El trabajador del almacén W. G. van Maaren tenía sospechas fundadas. Dos investigaciones criminales, sin embargo, condujeron a ningún resultado que legalmente podrían haber sido suficientes para una acusación.

Detuvieron a los ocho escondidos, así como a sus dos protectores, Viktor Kugler y Johannes Kleiman —pero no a Miep Gies ni a Elisabeth "Bep" Voskuijl—, y se llevó todos los objetos de valor y el dinero que encontraron en la casa.

Después de su detención, Kugler y Kleiman fueron conducidos ese mismo día al centro de prisión preventiva de la calle Amstelveenseweg, de Amsterdam, y un mes más tarde los transfirieron a la cárcel de la calle Weteringschans, de la misma ciudad. El 11de septiembre de 1944 fueron trasladados, sin juicio alguno, al campo de concentración transitorio de la policía alemana en Amersfoort, Holanda. Kleiman fue liberado por motivos de salud el 18 de septiembre de 1944. Murió en 1959 en Amsterdam. Kugler logró escapar el 28 de marzo de 1945, poco antes de que lo enviaran a Alemania a realizar trabajos forzados. En 1955 emigró a Canadá y murió en 1989 en Toronto. Elisabeth "Bep" Wijk Voskuijl murió en Amsterdam en 1983. Miep Gies-Santrouchitz murió en Hoorn en 2010. Su marido Jan murió en Amsterdam en 1993.

Tras su detención, los ocho residentes de la casa de atrás permanecieron prisioneros durante cuatro días en el centro penitenciario de la Weteringschans, de Amsterdam, y luego enviados a Westerbork, un campo de concentración transitorio holandés para judíos. De allí fueron deportados el 3 de septiembre de 1944 en los últimos trenes que partieron hacia los campos de concentración del Este, y tres días más tarde llegaron a Auschwitz, Polonia.

Hermann van Pels ("Van Daan") fue enviado a las cámaras de gas el 6 de septiembre de 1944, día de su llegada a Auschwitz, según datos de la Cruz Roja holandesa. Según declaraciones de Otto Frank, sin embargo, murió unas semanas más tarde, o sea, en octubre o noviembre de 1944, poco antes de que las cámaras de gas dejaran de funcionar.

Auguste van Pels ("Petronella van Daan") tras haber pasado por los campos de Auschwitz, Bergen-Belsen y Buchenwald, fue a parar al campo de concentración de Theresienstadt, Checoslovaquia, el 9 de abril de 1945. Luego, por lo visto, fue nuevamente deportada. Se desconoce la fecha de su muerte.

Peter van Pels ("Peter van Daan") fue trasladado el 16 de enero de 1945 de Auschwitz a Mauthausen, Austria, en una de las llamadas marchas de evacuación. Allí murió el 5 de mayo de 1945, sólo tres días antes de la liberación.

Fritz Pfeffer ("Albert Dussel") murió el 20 de diciembre de 1944 en el campo de concentración de Neuengamme, al que había ido a parar tras pasar por el campo de Buchenwald o el de Sachsenhausen.

Edith Frank murió allí de inanición el 6 de enero de 1945 en el campo de mujeres de Auschwitz-Birkenau.

Margot y Ana fueron deportadas mediante una operación de evacuación de Auschwitz a Bergen-Belsen, al norte de Alemania, a finales de octubre. Como consecuencia de las desastrosas condiciones higiénicas hubo una epidemia de tifus en el infierno de 1944 que mató a miles de prisioneros, entre ellos Margot y, unos días más tarde, también Ana. La fecha de sus muertes ha de situarse entre finales de febrero y principios de marzo de 1945. Los restos de las niñas yacen, seguramente, en las fosas comunes de Bergen-Belsen. El 12 de abril de ese mismo año, el campo de concentración fue liberado por las tropas inglesas.

Otto Frank fue el único de los ocho escondidos que sobrevivió a los campos de concentración. Después de que Auschwitz fue liberado por las tropas rusas, viajó en barco a Marsella desde el puerto de Odesa, Ucrania. El 3 de junio de 1945 llegó a Amsterdam, donde vivió hasta 1953, cuando se mudó a Basilea, Suiza, donde vivían su hermano y su hermana con su familia. Se casó con Elfriede Geiringer, nacida Markowitz, una vienesa que, como él, había sobrevivido al campo de Auschwitz y cuyo marido e hijo habían muerto en Mauthausen. Hasta el día de su muerte, el 19 de agosto de 1980, Otto Frank vivió en Birsfelden, cerca de Basilea, y se dedicó a la publicación del diario de su hija y a difundir el mensaje contenido en éste.

Diario, de Ana Frank (Otto, su padre, fue el encargado de publicar el manuscrito de su hija; recibió miles de cartas de los lectores, a lo cual el contestaba siempre: "Espero que el libro de Ana pueda inspirarte cuando seas mayor, para que en tu entorno puedas luchar, en la medida de lo posible, por la paz y el acercamiento entre los hombres"), fue impreso en enero de 2017, en Impreimagen, José María Morelos y Pavón, manzana 5, lote 1, Colonia Nicolás Bravo, CP 55296, Ecatepec, Estado de México.

www.ingramcontent.com/pod-product-compliance
Lightning Source LLC
LaVergne TN
LVHW021939220826
846092LV00010B/1181

* 9 7 8 6 0 7 4 5 3 4 5 1 1 *